西方近代正义理论范式演变研究

——一种以英国正义思想为中心的考察

于建星 著

人民出版社

目　录

前　言　资本主义与西方近代社会：由来、发展与批判

西方近代社会是资本主义起主导作用的社会，因而西方近代思想无不与资本主义制度有着千丝万缕的关系：要么赞同资本主义制度，要么反对资本主义制度，要么对资本主义制度保持沉默。因而欲对西方近代正义作深入的研究，不能不对资本主义有一整体的认识与把握。

西方世界自中世纪封建主义①之后所形成的社会制度便是资本主义制度。不过，必须明确，资本主义制度并非天然的系统，而是人为的制度；资本主义制度既是经济的，又是政治的；同时，资本主义制度还是文化的与心理的。当然，资本主义之所以被命名为资本主义，关键点还在于"资本"，资本主义是因为"资本"且通过"资本"而形成的主义与制度。因而，我们就有必要明确资本这一概念。从表象上看，资本就是钱，但实质上资本是一种社会关系。即便从资本就是钱这一表象上来分析，资本亦又不同于一般意义上的钱，资本不是用来储藏或消费的钱而是用来生钱的钱。事实上，将钱视为资本或将钱转化为资本并不是近代的产物或专利。人类自进入文明社会以来，一直就有人将

① 封建主义是制造与规定封臣与封君的服从与役务以及封君对于封臣提供保护与豢养的的一种制度。在封建社会之中，财产（地产）的分割、等级的固化与普遍性的依附是其主要的社会特征。（参见［比］弗朗索瓦·冈绍夫：《何为封建主义》，张绪山、卢兆瑜译，商务印书馆 2018 年版，第 3—5 页。）

投资作为个人支配财富的主要方式,只不过这样的举动是个别性的行为而不占据社会主导性的地位,因而这样的社会便不能称为资本主义社会。“只有当私人投资的意愿和策略成为主流时,我们才能在‘资本’后面写上‘主义’。”①可见,在资本主义发展的历史进程中,首先出现的是具有“资本主义性质”的个别行为而非典型的资本主义制度。当然,这些“新生事物”——无论是作为“资本主义性质”的个别行为以及后来典型资本主义制度的确立——如同既往出现的其他新生事物一样均是以异端的面貌出现的。因而,“资本主义性质”的个别行为与典型的资本主义制度的确立并不是一帆风顺的,它们都受到过谩骂与攻击,受到过围攻与堵截,资本主义革命胜利也是屡经反复的。究其根源,既有阶级的原因,也有经济的原因,还有人们认识的原因。

欧洲封建主义自形成之日起便较为松散与分裂,同时经济与社会的发展也相对落后。不过,“当人类关系的网络已被拉得更紧密、商品和货币流通得到加强时,欧洲封建主义便发生了根本性的变化”。② 市民、自治性的城市与民族国家的兴起使得西方社会发生了巨大的历史变迁。到了15世纪,西欧资本主义迎来发展的契机,这与新航路的开辟以及美洲的发现有着直接的关联。从此,西欧的社会结构发生了极大的变化。人们从惯例、宗教与政府之中获得自由,全身心地投入到发财致富的美梦之中。“资本主义自16世纪开始,持续制造了一些紧张局势。”③这其中就包括被托马斯·莫尔称为“羊吃人”的圈地运动。资本主义作为一种人为的制度出现在历史舞台上则是17世纪的事,其标志性事件则是英国资产阶级革命的完成。英国社会、英国制度便成为其他西方国家学习的样板或抨击的标靶。与此同时,由于“资本的运动是没有限度的”④,

---

① [美]乔伊斯·阿普尔比:《无情的革命:资本主义的历史》,宋非译,社会科学文献出版社2014年版,第4—5页。

② [法]马克·布洛赫:《封建社会》上卷,张绪山译,商务印书馆2004年版,第139页。

③ [美]乔伊斯·阿普尔比:《无情的革命:资本主义的历史》,宋非译,社会科学文献出版社2014年版,第23页。

④ 《马克思恩格斯选集》第2卷,人民出版社1995年版,第168页。

在资本扩张的推动下,亚非拉的国家与地区也日益被卷入资本主义的体系中来,当然亚非拉的国家与地区不是居于中心地位而是处于依附与边缘的位置。

资本主义的诞生与商品经济的发展与城市文明的进程相伴而生。资本主义是对封建主义的反动。作为社会形态的封建主义(西方社会中的封建主义)具有如此的特点:“社会中的人身依附因素发展到极端,专职军人阶层居于社会等级体系的较高级别;地产所有权的极度分割;土地权利的等级体系,它由地产所有权的分割所产生,大致对应于上文提及的人身依附关系的等级体系;公共权力分散于自治等级体系。”①封建主义所采取的治理模式是“领主—附庸(小领主)—附庸的附庸”,这种治理模式事实上与人们通常所理解的封建主义的血缘与家族治理模式有所区别。领主与附庸(小领主)之间确有一定的权利与义务的契约,但领主与农奴之间有的却是命令与服从的关系。农奴依附与依赖于领主,双方绝不是平等的主体间关系。因而,封建主义社会绝对不是人间天堂,资本主义出现之前的西方中世纪的庄园生活并非如人们想象的那般美好——“领主和佃户之间和睦相处,领主像对待孩子一样照料佃户,而佃户对领主也像孩子对父亲般爱戴和服从。”②艺术家所臆构的曼妙的田园牧歌式生活其实并不存在,中世纪欧洲的庄园生活对于农民(农奴)而言是残酷的、野蛮的与悲惨的。低下的生产、脆弱的经济使得人们朝不保夕,在这样的时代,“智者可以洞悉宇宙的秘密,却无法想出对抗饥饿的方法”。③农民(农奴)几乎没有任何自由,他们要听从领主的命令与安排,他们要向领主交各种捐税,贵族要享有各种特权。这是一种不公平的制度设计与制度安排,这同时也解释了中世纪(特别是中世纪后半期)农奴之所以要逃离庄园奔

① [比]弗朗索瓦·冈绍夫:《何为封建主义》,张绪山、卢兆瑜译,商务印书馆2018年版,第3页。

② [美]内森·罗森堡、L.E.小伯泽尔:《西方现代社会的经济变迁》,曾刚译,中信出版社2009年版,第31页。

③ [美]乔伊斯·阿普尔比:《无情的革命:资本主义的历史》,宋非译,社会科学文献出版社2014年版,第1页。

向“连空气都是自由的城市”的缘由。反观资本主义制度,它相较于封建主义具有明显的历史进步性。资本主义制度所带来的富裕与繁荣使其在“事功”的层面具有着合理性与说服力;资本主义制度所宣扬的人道与尊严使其在“情理”的层面具有亲和性与吸引力;资本主义制度所宣扬的自由与平等、民主与法制又使其在“道义”层面上具有着蛊惑性与感召力。总之,恰恰是由于资本主义及其资本主义生活方式自身所具有的这些特质——世俗性、实用性、高效性以及随之所带来的自由、平等、人道与法治等新理念——使资本主义的方式逐渐为人们所认同与接纳。

资本主义是以利润与生存作为个体与组织存在的至上法则,资本主义是以个人的自由权利为核心来组织国家与社会,这便造就了资本主义社会的世俗化、功利化、理性化、科学化、实用化与组织化。资本主义是以资本(资本的增长)为核心的社会。资本主义生产方式与前资本主义方式的不同之处在于为了实现资本的增殖,它就要进行扩大再生产而非简单再生产。因而,资本主义的剥削相较于前资本主义生产方式剥削更为隐蔽也更具技巧,它表象上是在创富而实质上则是强化剥削。资本主义的剥削是在创富中进行的,并在创富中又深化剥削。中肯地讲,资本主义创造了生产的奇迹、消费的奇迹与财富的奇迹。“人们怎能否认这种制度诱人的创造力,这种诱人的创造力在短短的几个世纪内已经经历了从以流水或者蒸汽作为动力的机械织造机到能够进行一系列复杂操作的工业机械人;从印刷到电讯传输;从发现美洲到开发宇宙空间?”①资本主义不仅带来了物质的丰富与丰裕,而且还带来了人的自主与确信。在理性的作用下,人认识了自然与社会,拥有了科学与技术,于是,人宣称自己“不再是诸神的仆人和阐释者,而是神的取代者”。② 人养成了一种乐观进取的精神,一种经世致用的态度。资本主义社会追求个性的自由与个人

① [法]米歇尔·博德:《资本主义史 1500—1980》,吴艾美等译,东方出版社 1986 年版,第 299 页。

② [英]保罗·约翰逊:《知识分子》,杨正润等译,江苏人民出版社 1999 年版,第 2 页。

的解放,将人的平等与自由写进了宪法并深入人的内心。资本主义社会告别了等级与特权,注重个人的努力与奋斗,“再也没有人因为出身、神的意志和自然法则等原因注定比别人高贵。每个人都是平等和自由的”。[①] 资本主义与自由是天然一体的,这是因为资本主义社会中讲求人的个性自由,注重个人的选择自主以及个人的志向自决。尽管平等与资本主义的关系是“爱恨交织”的,资本主义在不断地制造不平等的同时却也时刻离不开平等(当然更多的是形式上的平等与名义上的平等)。更应强调的是,由于资本主义内在运行机制的隐蔽性以及资产阶级的虚假宣传,“资本主义则通过将政治领域抽离于经济等级和强制,巧妙避开了挑战。它不仅使离散‘科学’和自主‘科学’之间的简明分工(这种分工在古典政治经济学和自由主义政治哲学中都有反映)成为可能,而且使一种完全不承认‘经济’形式的权力和强制的也是权力和强制的世界观成为可能”。[②] 这也就是说资本主义通过巧妙的制度安排将经济自由与政治自由人为地进行切割,给人一种经济自由与政治自由并无本质的、必然的联系的错觉,如此一来,所有的现实生活中的不公正、不自由与不平等都可以“不受制于民主自由或问责”。[③] 总之,资产阶级牢牢抓住个人、自由、民主与人权等话语并使其成为占统治地位的意识形态。

---

① [美]埃里希·弗罗姆:《健全的社会》,王人庆等译,国际文化出版公司 2003 年版,第 96 页。

② [加]艾伦·梅克辛斯·伍德:《西方政治思想的社会史:自由与财产》,曹帅译,译林出版社 2019 年版,第 312—313 页。

③ [加]艾伦·梅克辛斯·伍德:《西方政治思想的社会史:自由与财产》,曹帅译,译林出版社 2019 年版,第 313 页。民主是社会进步的表现。民主是对君主的否定与扬弃,民主最直白意义上讲就是人民当家做主。当然形式上的民主与实质上的民主并不直接等同。但只要是民主,必须具有民主的形式。有形式的民主未必是真正的民主,但无形式的民主必然就不是民主。民主并不否定精英的存在,民主的意义与价值在于精英的认定与许可要由民众来选定而非自我认定。这种形式事实来讲在人类社会的发展进程中是有价值与意义的。对此刘小枫这样写道:“问题在于谁来决定公义、自由和平等的理念原则。在古代帝国,这种决定权是由具有宗教身份的知识精英(先知、智者、文士、僧侣)提供的宗教性宇宙论来确定的。如今,这种决定权由作为自由、平等、正义的涉身者,即社会中的个体及所属的阶层来决定。”(参见刘小枫:《现代性社会理论绪论》,上海三联书店 1998 年版,第 92 页。)

资本主义制度重视秩序与力量,资本主义制度力图通过力量或强力来建立秩序与强化秩序——对人的秩序、对自然的秩序、对本民族国家的秩序以及对世界的秩序;而力量则来自科学与技术、组织与管理、经济与政治、内政与外交,以及强大的军事力量。这种对秩序(体系)的迷恋及其对秩序建构的努力与尝试体现了西方近代社会中人的自信、乐观与进步。当然,这种对秩序(体系)的迷恋及其对秩序建构的努力与尝试在相当程度上也体现了西方近代社会中人的狂妄、自大与无知。持机械主义世界观的西方近代社会中的人相信自己能改天换地,相信自己能够勘天役物,相信自己能够成为自然的主人;同时,他们相信自己还能够成为社会的主人:他们能够重构社会与家庭,能够使民族国家与世界秩序焕然一新;等等。不过,我们应该警醒,资本主义对人与自然关系的重构是人类中心主义最为典型的代表,它的结果是人与自然关系的不和谐;而资本主义对人类社会的重构则造成了人与人、人与社会的不和谐,同时更应强调的是被西方世界所推崇的自由主义走出西方世界后就成为欺凌世界其他民族与国家的殖民主义、帝国主义与霸权主义了。

资本主义绝不是人间的天堂。资本主义世界是冷酷无情的世界,它奉行的法则是弱肉强食,适者生存。“资本主义是有开拓精神的,有竞争性的、好斗的,有生气的、不原谅错误的、无情和顽固的。”①资本主义的来临并不是平静的,资本主义来临意味着骚动、恐慌与不安。资本主义的形成过程中并不是说没有任何一点和风细雨的方式,商业伦理与契约文明的形成确有潜移默化的过程;不过资本主义的降临更多的是通过狂风暴雨尤其是血雨腥风的方式。在西方资本原始阶段,资产阶级在国内对本国的农民与工人进行残酷的压榨,在美洲与亚洲,西方殖民者屠杀原住民,抢掠原住民的财富,其残暴程度是触目惊心的,其野蛮程度是史无前例的。“几百万的非洲人则遭到暴力和易货贸易的手段从其家园、国土掠走。几百万不付给工资的劳力为他们白白使用

① [英]伊凡·亚历山大:《真正的资本主义》,杨新鹏等译,新华出版社 2000 年版,第 181 页。

掉,一两年内就被弄得筋疲力尽、榨干吸光。我们绝不应忘记,这才是十六、十七、十八世纪资产阶级发财致富的根本基础(尽管在西方人的思想中基本上无视或抹掉了这点)。"①人们有时会认为近现代西方社会是文明的社会,是远离野蛮的社会。其实,野蛮与近现代西方社会相伴而行,资本主义世界充满了冷酷、野蛮、虚伪、狡诈、欺骗,既往人类社会中的恶行在资本主义世界并未消失而是以另外的方式在这个社会中滋生与蔓延。因而,野蛮更能代表资本主义的本质。

资本主义世界的确充满了活力,并且社会财富的确出现了前所未有的增长②,人的精神面貌与社会整个文明程度相较既往社会也有了长足的进步。不过,资本主义世界有着更多阴暗的东西,资本主义世界存在严重的社会不公的问题。资本主义曾经预想的、允诺的蓝图并未能够实现而是化为空中楼阁:"平等归结为法律面前的资产阶级平等"③;"没有良心的贸易自由代替了无数特许的和自力挣得的自由"④;"革命的箴言'博爱'化为竞争中的蓄意刁难和忌妒。"⑤因而,资本主义遭到了很多人的质疑与批评。

事实上,西方近代正义诸种理论正是源自对资本主义的赞成与反对而形成的,并彼此展开了激烈的争鸣。为资本主义唱赞歌的人并非没有,即便他们自身也看到资本主义存在着各种不足与缺点,但他们仍旧认为资本主义制度是人世间最完美无缺的制度,这些人是资本主义的最为顽固的拥趸,他们也可

---

① ［法］米歇尔·博德:《资本主义史 1500—1980》,吴艾美等译,东方出版社 1986 年版,第 45 页。

② 马克思和恩格斯在《共产党宣言》里对资本主义的创富能力给予了认可与高度的评价。对此,马克思这样写道:"资产阶级在它的不到一百年的阶级统治中所创造的生产力,比过去一切世代创造的全部生产力还要多,还要大。自然力的征服,机器的采用,化学在工业和农业中应用,轮船的行驶,铁路的通行,电报的使用,整个整个大陆的开垦,河川的通航,仿佛用法术从地下呼唤出来的大量人口——过去哪一个世纪料想到在社会劳动里蕴藏有这样的生产力呢?"(《共产党宣言》,人民出版社 2018 年版,第 32 页。)

③ ［德］恩格斯:《反杜林论》,人民出版社 2018 年版,第 16 页。

④ 《马克思恩格斯选集》第 1 卷,人民出版社 1995 年版,第 275 页。

⑤ ［德］恩格斯:《反杜林论》,人民出版社 2018 年版,第 278 页。

以视为资本主义原教旨主义者。不过,这样的人整体而言并不太多。随着资本主义社会的阴暗面与欺骗性逐渐地显露出来,对资本主义制度持批评意见的人士反而变得越来越多。严格分析起来,资本主义批评者大体分为以下三种:第一类人看到资本主义的缺陷与不足,但他们认为资本主义制度已是人世间最完美的制度了,这种制度只能被改进而不能被推翻,这类人更多的是自由主义者,他们主张通过改良来完善资本主义制度,因而他们是资本主义制度的呵护人;第二类人被资本主义的粗俗和丑陋触怒,因而痛骂资本主义虚伪和残暴,希望有一种新的制度来取代这种野蛮且不公正的制度,但他们主张是用人道与同情以及寄厚望于资本家的良心发现,这类人更多的是人道主义者,他们虽有同情与博爱之心,但他们却并不赞同革命与抗争,因而他们实质上是资本主义制度的同路人;第三类人看到了资本主义的丑陋与罪恶并下定决心要用一个公正而美好的制度取代这种不公正、不美好的制度,并立志通过现实的行动来推翻资本主义制度,他们是真正的革命者,他们是资本主义制度的掘墓人。

第一章　古典自由主义正义观

资本主义是人类社会发展到一定阶段后出现的历史现象，同时资本主义在不同的历史阶段也有不同的样态与表现形式。不过，就整体而言，资本主义一贯标榜“自由、平等、博爱”，人们往往将自由主义与资本主义相提并论，自然，人们也便将资本主义正义观与自由主义正义观等量齐观。事实上，资本主义正义观是多样化的存在，自由主义正义观只是其中一种而不是全部。不过，自由主义正义观是近代西方社会最早出现的正义观，并且是其中最重要的一种正义观。自由主义正义观产生之后近代西方社会所出现的资本主义正义观均与其有着千丝万缕的关联：要么是赞同，要么是反对。总之，欲对近代西方正义观有一整体的了解，首先就要对自由主义正义观进行深入的研究。

第一节　早期资本主义与古典自由主义正义观

15—19世纪是资本主义崭露头角且蒸蒸日上的阶段，资本主义展现出其生机与活力，古典自由主义逐渐地取得话语主导权。与此同时，资本主义以及古典自由主义弊端也有了初步的展示。对此，有着敏锐思想的学者——早期的空想社会主义者、人道主义思想家或小说家（如狄更斯与巴尔扎克等人）——对此均有所揭示，而普通的民众对此则反应相对较为迟缓，但也已经开始有所觉悟。人们在欢迎资本主义时代的到来之余，也开始对这个新的时代进行了初步的审视与批判。这一状况，正如法国学者保罗·阿扎尔所言："这不是一个麻木不仁的时代，这个时代厌恶冷漠的态度，害怕怀疑的思想，这个时代是一个不断探索追寻的时代……这个时代充满了荒唐、疯狂之事，但这些荒唐之事都得到了人们的揭露，这些疯狂之事都受到了人们批驳。"①

一、古典自由主义的兴起及其主张

自由主义的兴起与繁荣并非易事。自由主义是在反对封建王权、提倡个性解放的斗争中发展起来的，自由主义是在反对宗教神权迫害与提倡宽容与信仰自由的斗争中发展起来的，自由主义是在反对行会垄断与独占倡导自由贸易的斗争中发展起来的，同时自由主义是在民族国家的兴起以及民族主义的高涨中发展而来的。自由主义主张人的权利与选择的自由，自由主义倡导人的自我实现与个性解放，自由主义强调宗教信仰自由与社会的宽容，自由主义重视个体责任与公民美德的养成，自由主义强调权力的监督与权力的制衡。近代以来，自由主义的代表人物层出不穷，17 世纪的洛克、18 世纪的孟德斯鸠、19 世纪的贡斯当、20 世纪的哈耶克等人均是自由主义的代表性人物。当然在这其中自然还包括以休谟、亚当·斯密、柏克与弗格森为代表的苏格兰启蒙运动学派，苏格兰启蒙运动学派是自由主义非常重要的一个流派，甚至在某种程度上决定着英美自由主义的方向。

中肯地讲，自由主义是西方近代社会最为成功的理论主张与思想潮流。自由主义在整个西方世界占据着绝对的主导地位，其他的学派与潮流对于自由主义要么支持，要么反对，但终究是围绕着自由主义相关的主题而展开学术争鸣的。

自由主义按不同的标准可以分为不同类型。若以年代为标准，自由主义

① ［法］保罗·阿扎尔：《欧洲思想的危机：1680—1715》，方颂华译，商务印书馆 2019 年版，第 315 页。

可以分为古典自由主义与新自由主义;若以价值偏好为依据,自由主义可以分为平等主义的自由主义与保守主义的自由主义;若以对自由内核的信奉程度为尺度,自由主义可以分为激进的自由主义与温和的自由主义。当然,从阶级属性上看,各种类型的自由主义均是资产阶级的意识形态,都是为维护资本主义制度存在而服务的。自由主义诞生于马克思主义出现之前,自由主义不是人类社会的发展方向,更不能代表人类思维的最高理论成果,自由主义是科学社会主义形成过程中一个被否定的环节、一个被批判的对象。作为否定的环节与批判的对象,自由主义并非完全没有意义与价值,最起码在否定意义上是有一定意义与价值的。那么,从理论自身而言,自由主义到底有哪些特质呢?

对于自由主义的定义,人们是众说纷纭的。萨托利认为"自由主义就是通过宪政国家而对个人政治自由和个人自由予以法律保护的理论与实践"。①美国学者劳伦斯·E.哈里森则主张自由主义包含着这些思想内核:(1)每个人都能通过接受教育、勤奋努力,运用个人才能改善他或她的经济和社会地位;(2)政治制度与司法制度一般是公平和公正的,所以,遵守法律是必需的,而违背法律则要受到惩处;(3)遭遇过偏见的个人有资格有尊严,不被偏见左右,享有改善他们生活的机会;(4)积累财富是一种德行;不应当仅凭他比邻居更有地位,就认为某人已触犯了某种伦理标准。② 基于对自由主义这一理解思路,我们试图通过描述性的方法揭开自由主义的面纱。

第一,自由主义注重人的自由。自由主义之所以被命名为自由主义,顾名思义就是围绕着自由而形成的系统化的理论主张与制度安排。因而,自由主义的第一要义就是"自由"。自由主义关注人的自由、维护人的自由并保障人的自由。不过,人是多样化存在的,自由(人的自由)也必然会是多样的。因而自由主义首先面临着这样的问题:自由主义关心的是哪类人的自由以及人

---

① [美]乔·萨托利:《民主新论》,冯克利、阎克文译,东方出版社1998年版,第430页。

② [美]劳伦斯·E.哈里森:《自由主义的核心真理:政治如何能改变文化并使之获得拯救》,严春松译,吉林出版集团有限责任公司2010年版,第82—83页。

的何种自由。从字面上与法律规定上讲，自由主义关心、维护与保障的是所有国民的自由以及人类所有成员的自由。（但从历史经验角度与现实生活层面来看，自由主义所主张的人皆具有平等的自由权利原本仅限于西方国家中的成年白人男性，成年白人女性取得大体与成年白人男性相同的公民权利是20世纪初的事了，而移民与有色人种初步取得与白人大体相同的平等自由权则是20世纪60年代以后的事情了。）接下来我们看第二个问题，自由主义关心、维护与保障的是人的何种自由？由于自由这一问题较为复杂，在此，我们略加拓展。自由可以分为良心的自由、生活计划的自由以及政治参与的自由；自由也可以分为积极的自由与消极的自由。对于这二类自由的划分，大家较为熟悉，其实，关于自由的划分，还有第三种划分：认识实践论的自由与生存本体论的自由。认识实践论的自由主要表明的是作为认识者的主体与客观事物及规律的关系，主要涉及人们改造外部世界的实践活动。易而言之，此种自由涉及的是自由与必然的关系问题。自从有了人，有了人的主体性活动，也就有了试图使自由与必然统一的努力与追求。培根的"知识就是力量"这一论断鲜明地体现了近代人类的心声。那时，人们认为只要拥有了知识，只要拥有了对外部世界的认识，就能够在认知上得到真理并从而能最终在行动上得到自由。当人还不能认识规律时，人在客观规律面前是盲目的，谈不上认识的自由；只有当人认识了自然界和社会发展的客观规律，那种盲目的必然性就化为"为人的必然性"，人就获得了自由。人类社会每前进一步，人们对社会和自然界的认识能力和支配水平就提高一步，人们也就随之而获得了越来越多的自由。尽管对必然性的认识与理解，对于实现人的自由（个体的自由与类的自由）起着至关重要的作用。但是有了认识实践论的自由并不必然意味着所有的人在所有的领域当中就实现了或拥有了自由。如果把认识实践论的自由唯一化与绝对化，那么就极易可能引起思维上的混乱与理论上的混乱。首先，有了对外部必然性的认识并不就必然等同于解决了人与自然及人与社会之间的矛盾从而实现了人的自由，尤其对个体自由而言更是如此。因为对外在必然性认识的深入并不必然意味着个体在社会领域中的自由也随之而增多。其次，人既有理性也有情感，即便人对必然性有了充分的认知，但也并不能避免人会有情感冲动下的任性行为，这看似荒唐而实则真实。再次，自由是人的实践活动的自由，人的存在及其人的实践活动是复杂多样的，认识实践论的自由是人类活动的一个非常重要的方面，但无论如何重要，它都不能代替人的自由的其他方面，如经济自由、政治自由、思想自由，等等。总之，自由主义并不否认认识实践论自由的重要性，不过自由主义自身的关注焦点是人的生存本体论的自由。生存本体论的自由则主要从人的生活世界的维度来考察人的自由状况。生存本体论的自由认为，自由是人的最高价值追求，自由是每个人生来就有的品质，因而，自由既是人的存在方式，也是人对人的自主自觉的向往与追求。生存本体论上的自由体现在人的生存本体的各个方面，它具体表现为政治自由、经济自由与思想自由，等等。政治自由是指人具有参政与议政的权利，个体拥有选举权与被选择权，个体具有集会、游行、示威等政治生活方面的各种权利。经济自由则是指个体真实地拥有对自己财产的支配权，同时经济自由还包括个体的就业自由、生产自由与经营自由。思想自由包括言论自由、新闻自由、出版自由以及信仰自由，等等。人的诸多方面自由合在一起形成了个体最终的、真实的自由，因而人的自由既是一又是多。自由的“一”是对人的自由质的规定，即人到底是自由的还是不自由的；自由的“多”则是对人的自由量的规定，即人的自由的种类与数量上的具体体现。同时，我们应该注意到，人的各种自由之间是紧密联系的，而不是不相关的。在人的诸多自由之中，经济自由、政治自由与思想自由是最为基本的自由。在这三者之中，经济自由是基础，政治自由是保障，思想自由是核心。对于经济自由的重要性，黑格尔这样讲道：“‘真实的自由’更需要工商业方面的自由——准许每个人无拘无束地运用他的能力，以及任何人都可以自由充任‘国家’的大小官职。这就是真实的‘自由’的因素，这些因素并不依据着情感——因为情感也让农奴制度和奴隶制度继续存在——而是依据着人类从他的精神本质得来的思想和自我意识。”①

第二，自由主义注重人的权利及其权利的平等。自由主义强调一切公众都享有“生命、自由与财产”的自然权利。其实，权利的实质即自由，权利是用来确定和准许人们在社会关系中的行动自由。权利是人们行为自由的表现，同时，权利还是人们行为自由的保障。总之，权利是人的自由的具体化与现实化。权利以自由为精神实质，自由以权利为存在形式。因而，权利与自由之间有一种转化和还原的关系。说某人具有财产权，也就是说他有支配财产的自由；说某人具有言论自由，也就是说他被授予（即拥有）公开表达言论的权利。权利可以表述为“可以做某事的自由”。权利是自由在规范之中的化身。权利是以肯定的方式对主体的自由做出的限定。因而，权利是人真实的自由与真实的自由的标尺。权利是个体化的人在现实生活中真实的诉求，并且这种诉求是自我化的诉求同时更是一种社会化的诉求，权利的诉求是要求社会其他成员对于个体自我诉求的承认与认可，这一种过程即确权——社会确权与自我确权。有些人认为权利是个体性与私人性的，其实，这是一种错误的认知。权利具有个体性，权利更具有社会性；权利具有私人性，权利更具有公共性。权利是普遍的、互惠的与共享的。现实之中，权利的要义是资格，这也就是说谁具有权利也就是被承认拥有配享此种权利的资格。肯定了资格，也就肯定了权利；否定了资格，也便是否定了权利。自由主义之所以反对封建社会与等级制度，就是因为封建社会与等级制度将资格只特许给了少数人而没有给大多数的人，大多数的人被剥夺了资格因而也便不能配享权利。同时，这也就是人们反对等级与特权、倡导平等与自由的原因所在了。对此，英国学者狄金森在《十八世纪英国的大众政治》一书中对这一历史趋势有这样的表述：“在一个真正自由的国家里，不可能存在拥有特权的阶层；自由人的头脑里永远不会冒出这种念头，他们不会在人与人之间设置如此荒谬的屏障。在一个

① ［德］黑格尔：《历史哲学》，王造时译，上海书店出版社 2001 年版，第 442 页。

自由的国家里，只能有一个阶级，这就是公民；这里也只会有一种意志，那就是人民的意志。”①

第三，自由主义强调私有财产的重要性。在自由主义看来，“财产是自由精神的载体，也是自由的保障”。② 因而，私人财产神圣不可侵犯，宪法与法律的目的就在于保护个人的私有财产。私有财产是与公有财产相对的概念。私有财产是指被私人占有且具有支配、处置与分配的财产。私有财产具有如下特点：①排他性，是我的而非你的；②时间上的分隔；③社会的认可，即社会予以承认且加以保护；④社会定义，什么是财产以及财产的大小与多少均由社会所决定；⑤社会的不平等，一方面是法律面前的平等，另一方面则是社会对于每个人的回报不平等。③ 为什么自由主义如此看重私有财产权呢？这是因为如果没有财产、没有基本的生活保障，那么个体也就很难实现自己的自由，即便有所谓的自由，但这种自由也是虚幻的；同理，如果没有财产权、没有对于财产的保护，那么自由同样也将是虚幻的。因而，自由主义极其重视财产。在自由主义者眼中，私有财产具有诸多的德性，而保护财产私有制具有诸多作用：①私有财产能确立人格。黑格尔认为只有当人把他的意志体现于物内，形成物权与所有权，人的人权才由虚幻与抽象变为真实与具体。人通过所有权，通过物而扬弃人格的纯粹主观性，成为具体的实存；人又通过物的占有，表达与实现了自己真实的自由。这就是黑格尔所讲的：“所有权所以合乎理性不在于满足需要，而在于扬弃人格的纯粹主观性。人唯有在所有权中才是作为理性而存在的。”④按黑格尔的理解，在对物的占有中，物就成为意志，物和意志

---

① ［英］H.T.狄金森：《十八世纪英国的大众政治》，陈晓律等译，商务印书馆 2015 年版，第 179—180 页。

② ［英］埃德蒙·柏克：《自由与传统：柏克政治论文选》，蒋庆等译，商务印书馆 2001 年版，第 156 页。

③ 参见［英］伊凡·亚历山大：《真正的资本主义》，杨新鹏等译，新华出版社 2000 年版，第 49—53 页。

④ ［德］黑格尔：《法哲学原理》，范扬、张企泰译，商务印书馆 1961 年版，第 50 页。

合为一体,这样,人格、自由意志、权利也便产生了。②私有财产能保障人格尊严。人的财务独立与自主之后,人才会获得真正的自由,人才会有可能追求更为高尚的生活。事实上,人的独立性、人的自主性均来源于财产,来源于财产的分有与占有。在自由主义者看来,分有的财产而非共享的财产是个人自由、人格独立的基本保证。对此,洛克、休谟与亚当·斯密以及他们之后的自由主义者对此均持相同的观点。③私有财产能保证与保障人的自由。在自由主义者看来,私有财产是自由的最基本要素,财产权是生命权的一个延伸,没有私有财产,个人会缺乏起码的自由活动的空间,个人价值就不会受尊重,个人自治的能力就会受到限制;更为重要的是,财产是保障人们在必要的时刻选择内心拒绝与公民不服从的基石。唯有确保公民的财产权,个体方能享有"风能进,雨能进,国王不能进"的公民自由。④财产能够孕育与培养美德。在自由主义者看来,财产权对于人的心性养成至关重要,他们均持"无恒产者无恒心,有恒产者有恒心"的理念,他们均主张财产权是道德与善行的催化剂与助推器。

第四,自由主义倡导宽容并将宽容视作其核心价值观。人们往往将资本主义的核心价值观定义为"自由、平等与博爱"。这种理解大体不谬。不过,宽容亦是资本主义社会中所鼓吹与倡导的一种核心价值观。不过,"宽容"原本并不是一个褒义词,"宽容"这个词原本是用来指责别人的词汇,宽容是指对罪恶松懈的满足,宽容是指对真理性认识的悬置。① 不过,自洛克倡导宗教宽容之后,宽容大有成为自由主义核心要义的趋势。自由主义主张一切合乎宽容与促进宽容的言行都是善的,一切违反宽容与禁止宽容的言行都是恶的。严格分析起来,宽容是个矛盾体。一方面,宽容是对自我的坚持,个体并未因宽容就改变自己的立场与信仰;另一方面,宽容还是对他者的尊重,个体并不会因他人的立场与信仰和我的立场与信仰不同就强行让他人改变其立场与信

① 参见[英]伊凡·亚历山大:《真正的资本主义》,杨新鹏等译,新华出版社 2000 年版,第177—180 页。

仰。宽容是对“异”的包容，宽容是对“多”的倡导，宽容更是对自我的坚守。宽容既表现为个体的宽容，宽容更表现为社会的宽容与制度的宽容。作为个体的宽容是个体公民平等的体现，作为制度的宽容是制度正义的表现。无论是作为个体的宽容还是作为制度的宽容均是对异的允许与承认，均是对与自我具有不同生活方式、价值观念、爱好情趣等的容忍与尊重。当然，宽容并不是无原则的妥协与退让。宽容是有底线的，宽容是有原则的。首先，对那些邪恶的、突破人类道德底线的行为是不能予以宽容的。其次，宽容是相互的宽容，宽容要求双方（多方）均持如此的良善与互惠的理念，如果一方不持合作态度或者以“君子报仇十年不晚”的隐忍方式乃至于以原教旨主义的方式来进行人际交往与人际互动，那么这种宽容的氛围与和谐的人际关系是很难维持下去的。因而，宽容的确是一种奢侈品，但宽容恰恰又是一种必需品。

第五，自由主义注重秩序、安全与保障。没有秩序、安全与保障，就不会有自由。自由主义尤其强调与看重人的自由，不过这种人的自由是社会的自由，是关系中的自由。自由主义所讲的自由绝不是随心所欲的任性，自由主义所倡导的自由是要受到——“（1）互动的不自由和（2）损害的不自由的限制”①——的自由。如果有人对此加以违反，那么基于最简单与最普遍意义上的公正，法律就要对其给予处罚，国家要通过奖善惩恶从而保障社会的规范有序。如此一来，自由主义不仅要求强而有力的政府，同时还要求强而有力的国防。唯有强而有力的政府方能够确保国内的秩序，唯有强而有力的军队与国防方能够保障国家的安全。因而，尽管自由主义者担心国家会成为侵犯个人自由的“利维坦”，但他们均认为政府与国家是一种必要的存在，所以，自由主义者不会是政府万能主义者，但自由主义者也绝不会是无政府主义者。当然，自由主义注重秩序、安全与保障这一原因也造就了自由主义与民族主义及其帝国主义之间产生了某种隐蔽而又微妙的关系。

---

①　[美]乔·萨托利：《民主新论》，冯克利、阎克文译，东方出版社 1998 年版，第 369 页。

第六,自由主义的核心是人的自主。自由主义包含着诸多的因素,比如自由、平等、人权、民主、法治以及多元主义等,但自由主义的核心指向却是人的自主。自主是最终的目的,其他价值与其相比只能是手段与工具。自主是指人要做自己的主人,人要摆脱被束缚与被奴役的状态,人要实现真正意义上的觉醒,实现真正意义上的启蒙。这种状态恰如康德所言:"启蒙运动就是人类脱离自己所加之于自己的不成熟状态。不成熟状态就是不经别人的引导,就对运用自己的理智无能为力。……要有勇气运用你自己的理智!"①自主不仅是智识方面的觉醒,自主更是将自己意愿与意图现实化的追求、状态与结果。因而,真正的自主是在突破外在束缚下将自己的意图现实化过程中自我的真实实现,而绝非犬儒主义者那种自以为是的心灵自由。其实,那种自以为是的自由、那种自以为是的自主实质上是一种伪善,是一种自我欺骗。人们应该牢记——"自由的本义:自我驾驭"。②

二、古典自由主义正义观的基本主张

自由主义流派众多,主张各异,因而不同流派与类型的自由主义正义观也是各有侧重的。早期自由主义相对来讲更重自由,因而更为推崇交换正义与程序正义;而后期自由主义相对来讲则重平等,更为推崇分配正义与实质正义。不过,作为自由主义家族中的家族成员,不同流派与类型的自由主义正义观仍然具有着诸多共性。

第一,强调个人及其个人价值的先在性与优先性。尽管自由主义者都非常清楚人既具个体性又具社会性,自由主义者都非常清楚任何人的在世均是复数化方式而在的,单子化的个体只是一种理论假设与理论虚构。不过为了强调个体的先在性,为了凸显其个人主义的价值取向,他们在逻辑上以及在价

① [德]康德:《历史理性批判文集》,何兆武译,商务印书馆1990年版,第22页。

② [英]阿克顿:《自由与权力:阿克顿勋爵论说文集》,侯健、范亚峰译,商务印书馆2001年版,第308页。

值序列中,强调个体优先于整体与共同体。自由主义的这一价值立场与理论旨趣鲜明地体现在近代自由主义者的社会契约论方法之中,在他们的理论设计中,个体先于国家,国家源自个体的契约与个体的授权,国家是为个体而服务的。

第二,强调人的权利的平等、尊严的平等以及人格的平等。资本主义社会之所以能够取代封建社会,是有一定原因的。资本主义社会相较于封建社会有一定的历史进步性。资本主义社会承认了人的平等地位,赋予了人相同的权利,激发了人的主动性与能动性,并从而带来了社会全方位的进步。权利的平等、尊严的平等以及人格的平等,已成为近代以来人类的共识与基本信仰。洛克曾说:“人类天生都是自由、平等和独立的,如不得本人的同意,不能把任何人置于这种状态之外,使受制于另一个人的政治权力。”①罗尔斯的两个正义原则中的第一个原则便是平等自由的原则,第二个原则才是差别原则,当代保守主义代表人物哈耶克与诺齐克更是对人的权利平等奉若神明。总而言之,在自由主义者看来,权利的平等、尊严的平等以及人格的平等就是正义,权利的不平等、尊严的不平等以及人格的不平等就是不正义。

第三,主张人在社会资源的最终占有方面的差异具有合理性。自由主义者大多是坚定的市场法则与交换正义的赞同者、倡导者与支持者。自由主义者赞同的正义必不可少的要素有:机会均等、规则透明以及自由竞争。自由主义者认为在一个常态社会中,各人凭借各自的才能、努力以及运气获取各自的“应得”,尽管各人的所得并不相等,但这种不同恰恰是正义的。这也就是说,在形式正义与实质正义之间,自由主义者更加倾向于形式正义而非实质正义。我们都知晓即便有所谓的机会的均等与规则的平等,竞争的结果也必然会是两极分化。更何况,现实中人的出身是不一样的,人的体力、智力、能力以及运气也是有差异的,事实上在资本主义社会中从来就不存在所谓起点的平等与

① ［英］洛克:《政府论》下篇,叶启芳、瞿菊农译,商务印书馆 1964 年版,第 59 页。

机会的均等。但自由主义者对此采取了回避与无视的态度，他们认为资本主义世界必然会产生两极分化、贫富悬殊的现象是很正常的现象，唯一可做的且能做的是尽量避免社会矛盾的激化而已。

三、古典自由主义正义观批判

相较于封建社会的等级正义观，资本主义正义观具有一定的历史进步性。资本主义正义观至少肯定了人形式上的平等，承认个体自由权利以及通过自身奋斗改善自我境遇的自由权。不过，资本主义正义观是资本主义社会的意识形态，实质上是为资产阶级统治而服务的，因而资本主义正义观具有抽象性、虚假性与欺骗性。作为资本主义正义观的一个组成部分、一个环节的自由主义正义观自然具有资本主义正义观的上述特点。

第一，自由主义正义观中对道德、法等制度设计均是抽象的，均源自抽象的人性观。资本主义人性观不是从现实的社会关系中去发现人，去对人的本质加以认识；而是从抽象的人性观出发，将人设定为理性的、利己的人，并且人性永远都不会改变。在自由主义者看来，人性不变，正义永存。尽管休谟、斯密等人并不否认人性之中有善的成分，但他们均优先肯定人性之中恶的成分并将人性设定为恶，而其他的近代思想家大多均以人性恶为依据来进行契约论的构思从而创建出国家与法的各种理论。即便是当代著名思想家罗尔斯也未能免俗，罗尔斯构建其正义理论仍然要假定“无知之幕”，仍然在坚持着契约论的方法，事实上仍然坚持人性恶的论点。

第二，自由主义正义观认为自由、平等与博爱是能够实现的，而这恰恰注定是不能变成现实的。自由主义者相信只要有了自由、只要有了机会均等，自然就会出现结果均等，每个人都能过上美好的生活。而事实却一再告诉人们，这只是个梦。当然，对于资本家而言，这个梦是美梦；对于工人阶级而言，这个梦则是噩梦。平等的自由带来的是自由的不平等。没有经济上的平等与经济上的自由，政治上的平等与政治上的自由、社会上的平等与社会上的自由则均是镜花水月。如果说早期自由主义者有如此的认知与立场尚可原谅的话，那么之后的自由主义者如果仍旧坚持如此理念的话，那就是虚伪与不诚实的。无产阶级的革命家与思想家对此认识是非常清楚的，恩格斯早就指出，“无产阶级抓住了资产阶级所说的话，指出：平等应当不仅仅是表面的，不仅仅在国家的领域中实行，它还应当是实际的，还应当在社会的、经济的领域中实行”。①

第三，自由主义者为了维护资本家统治，一再宣称资本主义制度的合理性。他们主张资本主义制度保护所有人的权益，既保护了强者的发展权，又保护了弱者的生存权。同时，资本家还欺骗工人，资本家宣传资本家的勤俭与禁欲养活了工人，工人应该认同现行制度，工人应该对这个制度与社会感恩戴德。事实上，马克思主义经典作家早就告诉我们：资本主义制度是罪恶的，是不公正的；工人辛苦劳动所创造的财富（剩余价值）被资本家拿走，这才是工人阶级陷于贫困的根源，同时这也是资本家发家的秘密；资本主义制度从根本上讲是不正义的，是应该被推翻的制度。这才是问题的关键。而自由主义者却在维系与论证资本主义制度的合理性。这就是其最根本性的错误之所在。

第二节　洛克的正义思想

洛克对于近代西方社会变革有着敏锐的感知，并从哲学、政治、法律、宗教等方面揭示这一时代变革并力求重构变革时代人的心灵秩序与生活秩序。洛克的社会契约论、有限政府论以及宗教宽容说为近代西方社会政治架构与社会秩序的建构提供了根本遵循，从而被视为西方政治自由主义的鼻祖。对于洛克在政治思想史中的历史地位，英国学者约翰·邓恩有过这样的论述：“伟大的历史运动永远不是个人成就的产物。但是将欧洲启蒙运动视作洛克的遗

① ［德］恩格斯：《反杜林论》，人民出版社2018年版，第112页。

产确实是公正的:这是他的成就,也是他的悲剧。"[①]洛克的正义思想是其政治思想的重要组成部分,是西方自由主义正义观的最具典型的代表,洛克的正义思想在后来的西方社会中产生了巨大的影响,但这些影响未必完全是出于其本意的。

一、洛克:时代与人

约翰·洛克(1632—1704),17世纪英国著名的哲学家与思想家。洛克的主要著作有《政府论》《人类理解论》以及《论宗教宽容》。

相较于其他思想家,洛克的人生显得跌宕起伏。洛克生活的时代英国正处于剧烈的社会变革时期,英国社会的经济结构、阶级关系与社会面貌都在发生着翻天覆地的变化。这一时期的英国正处在新旧两个文明、两种制度激烈对峙与交锋的时代。这一时期,中世纪阴影还在相当程度上笼罩着英国,但科学与启蒙已初放光芒;这一时期,城市开始繁荣、商业日益发展、贸易不断扩张;这一时期,畜牧文明与农耕文明仍旧存在,但人们已开始听到了工商文明的脚步声;这一时期,等级与特权仍未彻底消除,但平等与自由逐渐成为人们的信仰。总之,这一时期社会有了新时代气息与精神面貌,更为重要的是,这一时期出现了"新人"——"他总是凭自己自私的偏好、非存心的效果,狭隘的知识和无限的欲望,去追求他不能得到的东西,从事他无意去做的事"。[②] 而这一时期的核心任务便是论证资本主义制度的合理性与现实性以及批驳中世纪封建社会的落后性与现存性。

洛克生活的年代相较霍布斯稍晚,不过两人却有许多共同之处:他们均经历了英国第一次资产阶级革命、斯图亚特王朝(查理二世)复辟,也都曾流亡海外。不过,霍布斯并没有像洛克那样见证1688年英国的"光荣革命",同

① [英]约翰·邓恩:《洛克》,方尚芩译,译林出版社2020年版,第25页。

② [德]约瑟夫·福格尔:《资本的幽灵》,史世伟等译,中国法制出版社2014年版,第29页。

时，两个人的理论与主张也不尽相同。不过，同为资产阶级启蒙思想家的霍布斯与洛克在著书立说，为“自由与公正的资本主义”制度的合理化摇旗呐喊，为“自由与公正的资本主义”制度的现实化方面不遗余力。中肯地讲，霍布斯与洛克是较为圆满地完成了这一时代任务。

二、洛克正义思想的内容

1. 自由：消极自由及其消极自由之外

人生而自由平等，这是自由主义的基本理念。作为自由主义鼻祖的洛克是将这一理念清晰化、明朗化与系统化的第一人。洛克以批判菲尔麦的君权神授与霍布斯的专制主义为原点，通过认识论的自由与生存本体论的自由相关论述构建起一个以理性主义为特质的古典自由主义自由观。

（1）自由：类型、内涵与特质

自由的内涵与类型是丰富多样的。因而，在具体讨论洛克自由思想之前，首先应明确我们所讨论的自由侧重于公民自由与社会自由（生存本体论的自由）而非意志自由（认识论的自由）。当然这并不是说洛克没有意志自由等相关方面的论述。恰恰相反，洛克在《人类理解论》中对于意志自由及其认识论的自由等相关内容有着极其深刻的论述。认识论的自由是人的自由重要组成部分，并且人生存本体论的自由事实上是以认识论的自由为前提的，自由王国的实现是建立在必然王国基础上的。不过，无论认识论的自由多么重要，它仍然是人的自由的一个方面、一个组成部分，它既不能代表人的全部自由，也不能否定人的其他方面的自由，如政治自由、经济自由、信仰自由与言论自由，等等。政治自由、经济自由、信仰自由与言论自由等自由是人能够更为真切感受到的自由，是人的真正生活样式与生存状态的映象，因而被称为生存本体论的自由，这也便是政治思想家们更为关注公民自由与社会自由的原因所在。

洛克批驳了菲尔麦的人类生而不自由的观点，洛克强调“人类确实具有一种'天赋的自由'。这是因为一切具有同样的共同天性、能力和力量的人从本性上说都是生而平等的,都应该享受共同的权利和特权"。[①] 洛克认为自由不应也不能是空泛的,自由必须要现实化与客观化,自由的现实化与客观化便是被我们可知、可感与可用的权利。自由即权利,权利即自由。权利即资格,权利即许可。权利可以表述为因具有资格所以具有做某事的自由。现实中人的自由必然会以社会权利的形式表现出来,公民自由与社会自由的现实表现就是立法权、选举权、财产权、迁徙权、集会游行示威权,等等。对于自由即权利这一主张,洛克讲得十分明确:"在他所受约束的法律许可范围内,随心所欲地处置或安排他的人身、行动、财富和他的全部财产的那种自由,在这个范围内他不受另一个人的任意意志的支配,而是可以自由地遵循他自己的意志。"[②]

洛克主张人是生而自由的,自由是人的天性。人的自由可以分为自然自由与社会自由两类[③],社会自由还可以细分为有政府的社会自由以及暂时缺少政府的社会自由。因而,我们大体上可以将洛克的自由视为两类三种。当然,无论是在自然状态下还是在社会状态下,人的自由以及人所享有的自由权是连贯的而非割裂的。人在自然状态下,人具有天赋的自由,即自然自由。人的天赋自由主要包括生命权、财产权及自我保存权等权利。其中,生命权是最为重要的权利,生命权是其他权利产生与维系的前提,无生命则无财产权与自我保存权;财产权对于生命的维护与保障起着重要的作用,因而财产权也备受洛克的重视;而人的自我保存权是生命权自然的延伸,因而同样是一种重要的

---

① [英]洛克:《政府论》上篇,瞿菊农、叶启芳译,商务印书馆1982年版,第57页。

② [英]洛克:《政府论》下篇,叶启芳、瞿菊农译,商务印书馆1964年版,第35—36页。

③ "人的自然自由,就是不受人间任何上级权力的约束,不处在人们的意志或立法权之下,只以自然法作为他的准绳。处在社会中的人的自由,就是除经人们同意在国家内所建立的立法权以外,不受其他任何立法权的支配;除了立法机关根据对它的委托所制定的法律以外,不受任何意志的统辖或任何法律的约束。"([英]洛克:《政府论》下篇,叶启芳、瞿菊农译,商务印书馆1964年版,第15页。)

权利。不过，由于缺少公认的是非标准、公正的裁判者、强有力的执行者以及外来入侵等因素，自然状态下人的生存状态绝非看上去那般美好，因此告别自然状态进入到社会状态就成为人的理性抉择。人们通过契约与同意进入到社会生活，目的是更好地保护生命、财产与自由。洛克认为，在社会状态下人的生存方是更为真实的存在。

洛克认为人的自由（尤其是社会自由）绝不是“各人乐意怎样做就怎样做，高兴怎么生活就怎么生活”①那般放纵与任性。自由是以理性为基础，自由是以规则为尺度，自由是以幸福为归宿。总之，自由是对理性的秉持与坚守。洛克强调人的自由源于自然法，而自然法即道德法则，人的自由、人的活动一切均应按自然法行使。这也便意味着人要按理性行事。洛克强调人类要通过运用其理性能力知晓自然法且只有通过遵守自然法才能获得真正的自由。同时，真实的自由不能仅仅停留在认识的层面上，真实的自由注定要付诸行动，见诸现实。所以，人的自由之理性既体现为认识的理性，更表现在行动的理性。人自由行动的理性具体表现为对自己与他人的生命权、财产权的尊重与保障，人自由行动的理性必然将自由处于规则与秩序之中，这也就是说人自由行动的理性注定是普遍化的自由与制度化的自由，因此，法律与制度就成为人自由之实现与保障之必需。当然，洛克所讲的法律与制度应是良法与善制，良法与善制是以权利保障、个性自由与幸福生活为宗旨的。

洛克认为自由具有普遍性。洛克所强调自由的普遍性有两个所指：一是指享有自由主体的普遍性；二是指拥有自由权利的个体所配享的具体自由内容的普遍性。所谓享有自由的主体的普遍性是指只要是人，只要是该国的公民，就拥有相同的权利，就应该被一视同仁而不能区别化对待。这也就是说，所有人在自由面前一律平等。所谓拥有自由权利的个体所配享的具体自由内容的普遍性是指每个人所拥有的权利在种类上是相同的，而不应该存有缺项。

① ［英］洛克：《政府论》下篇，叶启芳、瞿菊农译，商务印书馆 1964 年版，第 15 页。

人所享有的权利首先就是生命权。生命至上，生存第一，其他任何权利都不能凌驾于生命权之上，并且事实上其他权利都从属于生命权，并且服务于生命权。在生命权之下，就要保障个人的行动自由权不受任何他者的干扰。

洛克认为自由是至善的自由。人的自由现实表现为意志自由与行动自由。从实然意义上看，人的自由可以划分为为善的自由与为恶的自由。对此，洛克并不否认。不过，洛克所强调的人的自由是应然意义上的自由——为善的自由。洛克强调我们越能够趋善避恶，我们就越能够实现自由。自由并不是做傻事，“如果那是自由，是真正的自由，则疯子和愚人可以说是世上唯一的自由人”。① 自由应体现在真、善、美的追求与实现过程之中，而非去做假、恶、丑的那种任性、无知与愚蠢的行为之上。同时，自由并非价值中立，自由是以善为旨归的，自由是以善为目的。自由善的规约与善的保证不但不会限制与减少人的自由，反而促进与增加人的自由。

洛克认为自由是人的本质属性，自由具有不可转让性。“谁都不能把多于自己所有的权力给予他人；凡是不能剥夺自己生命的人，就不能把支配自己生命的权力给予别人。”②任何人都应拥有自身的自由权利，就应该对天赋自由（其实是自由是人赋的）高度重视与珍爱。洛克一再强调：“这种不受绝对的、任意的权力约束的自由，对于一个人的自我保卫是如此必要和有密切联系，以致他不能丧失它，除非连他的自卫手段和生命都一起丧失。”③所以，洛克必然会反对为了财富或情欲等原因出让与转卖自身权利的行为，哪怕是自己卖身为奴都是不许可的。在洛克看来，自己若将自己卖身为奴，事实上就是将自己的自由权利完全地转让给他者，这既是不对的，更是不被许可的，原因就在于这种自由权利失而复得的概率是极其低的。

---

① ［英］洛克：《人类理解论》上册，关文运译，商务印书馆 1959 年版，第 253 页。

② ［英］洛克：《政府论》下篇，叶启芳、瞿菊农译，商务印书馆 1964 年版，第 15 页。

③ ［英］洛克：《政府论》下篇，叶启芳、瞿菊农译，商务印书馆 1964 年版，第 15 页。

(2)宽容与信仰自由

自由主义的基本理念是人生而自由,自由是人不可能剥夺的权利。按照自由主义这一理念,我的生活、我的自由只要不影响到他人的生活与自由就应该被许可。因而,宗教宽容以及信仰自由便成了一种很自然的事。不过,这只能被看作是自由主义逻辑的 A 面,自由主义逻辑事实上还存有 B 面。按照自由主义的逻辑,你的生活、你的信仰若在我看来影响到我的生活,即使我感官上不适应或者心理上不舒服,我是有权阻止你的自由或限定你的信仰的。因而,干涉他人的自由、干涉他人的信仰并不像人们通常想象的那样不合理,甚至是自由主义的一种内在逻辑。

与常规相伴的是异端,之所以被称为异端就在于其是对于常规的挑战。异端是社会动荡的前兆,同时也可能是社会进步的先声。因而人们对于异端的反应前后往往是截然相反的。当异端刚开始出现的时候,人们对其是不断地加以声讨与攻击的。孔子就曾讲过:“攻乎异端,斯害也已。”(《论语·为政》)对于异端的攻击在西方更是屡见不鲜。苏格拉底之死就在于雅典人视之为异端,耶稣被钉在十字架上也是为时人视为异端。当然,当后人越来越发现曾经被视作异端的观点反而是社会文明与进步的标志后,人们(尤其是有远见的人)逐渐地改变原先的态度与观点:人类社会的繁荣与进步绝不依靠于简单性的“同”而必然取决于多样性的“和”,因而人们开始逐渐地认识到要正确地看待“异”,要对“异”加以宽容。当然,学会与“异”的共存并非易事,它既需要时间与耐心,又需要社会各方之间的斗争与妥协。既然宽容的实现如此之难,那么那些倡导与践行宽容之人自然便不会是“常人”而是被后人所铭记“异人”,洛克无疑就是其中一位。

洛克生活于 17 世纪的英国,此时的西方世界尽管经历了文艺复兴与宗教改革,人文主义运动也随之而起,但这并不意味着宗教(基督教)就彻底告别了西方人的生活世界。基督教不仅在人的精神生活中占据着统治地位,同时对于世俗生活仍有着强烈的影响,宗教迫害与宗教压迫仍然是一个严重的社会问题。此种现象在洛克所生活的英国自然不能免除:不同宗教间的纷争与迫害时有发生;基督教中的新教与旧教之间的纷争与迫害时有发生;新教内部不同宗派间的纷争与迫害时有发生。针对这一现状,洛克勇敢地提出了宗教宽容的主张。尽管由于时代的原因,洛克没有彻底提出信仰自由与思想自由等主张,并且洛克所主张的宗教宽容仅仅限于基督教内部(这具有着明显的局限性),不过洛克宗教宽容这一主张无疑开启了信仰自由与社会宽容的先河,具有非常重要的思想启蒙与社会解放的作用。

第一,洛克在宗教宽容上首要贡献是重申了政教分离。政教合一是中世纪最为典型的社会形态。在政教合一的社会中,政权与神权的合一,个体的权利不仅被压抑到最低,同时个体自由也是无法保障的。只有到了政教分离的近代社会,个体自由权利成为社会结构的制度安排时方为现实。因而,洛克主张"教会与国家互相有别并绝对分离,他们之间的界限是明确不变的"。① 近代社会人的生活空间有了公共空间与私人空间的界分,从而人的生活便有了公共生活与私人生活两种形态。个体要成为真正的主体存在,必然不能脱离公共生活,必然要接受国家的管制;不过,个体更多的是在私人空间进行私人交往与私人活动。在私人生活这一空间中,市民享有充分的自由,只要不违背法律,国家是无权干涉私人生活的。洛克主张宗教信仰是个人内在的心灵信仰,它纯属于个人的私事,国家不应也不能对此加以干涉。洛克对中世纪教会那种既垄断神权又垄断政权的做法提出了批评,认为教会不能再像中世纪那样具有至上的权威与权能,教会仅仅具有管辖教徒精神信仰之权力,同时,洛克认为教会是自愿的组织,教会只能劝勉公众对其信仰而不能强迫人们对其信仰,教会不能干预世俗社会,教会的权力不能超越教会之外。

第二,洛克虽未明确将信仰自由视为人的一种权利,但洛克开启了信仰自由合法性的论证。洛克主张信仰自由是个人不可剥夺的权利,是任何他者不

① [英]洛克:《论宗教宽容》,吴云贵译,商务印书馆 1982 年版,第 15—16 页。

能取代或强迫的。这是因为信仰是个人的私人事务，个体能否得救以及是否能够成为上帝的选民不源于他者的担保而源于个体的自我确信。更为关键的是，信仰是个人的权利——我的信仰我做主。因此，“不管友善、仁爱和对拯救人的灵魂的关心等一类借口是何等的高尚，但是人们是不能在不顾其愿意与否的情况下，因强迫得救的”。[①] 总之，在洛克看来，任何他者要强行干涉个体的信仰注定是不能成功的。因而，人的良心自由与信仰自由就成为必然。

第三，洛克认为宗教宽容既合乎耶稣基督的本意又是人类理性的必然选择，因而，对于异端的惩罚与迫害这种行为既违背了宗教（基督教）的教义又不合乎人的理性。“如果有人真诚期望拯救别人，而又认为把别人折磨至死是恰当的，这种情况，即便是在一个不信基督教的国家里，我认为也是非常奇怪的，而且我认为对任何其他的人也是一样。”[②]此外，洛克认为宽容能带来社会的繁荣与进步、和谐与稳定，根源就在于宽容能够实现政治的真正目的——自由。

第四，洛克强调国家对宗教宽容应起重要作用。洛克并非无政府主义者，相反洛克是极其看重政府的职能与作用的。洛克看到了宗教宽容与宗教信仰自由既离不开宽容的个体更离不开宽容的社会与国家。洛克认为虽然人的灵魂不朽因属于灵的世界可以脱离现实世界，但灵魂的载体——肉身——却必然要在尘世间加以呈现与展开，因而，人的现实幸福与灵魂宁静绝对离不开现实社会，也离不开国家。“一种美好的生活即使其中丝毫不包含宗教与真正虔诚的成分，也是与公民政府息息相关的，而且人们的灵魂拯救和国家的安全两者都寓于其中。”[③]事实上，在这里洛克谈及了政府及其善治等相关要求。

第五，洛克认为宽容是有底线与原则的。宽容既不是纵容也不是不容异己，宽容处于不容异己与纵容的中间。宽容体现了个体与社会对“异”的容

---

① ［英］洛克：《论宗教宽容》，吴云贵译，商务印书馆 1982 年版，第 23 页。
② ［英］洛克：《论宗教宽容》，吴云贵译，商务印书馆 1982 年版，第 3 页。
③ ［英］洛克：《论宗教宽容》，吴云贵译，商务印书馆 1982 年版，第 35 页。

忍,宽容体现了个体与社会对“异”的主动性的接纳与预防性的限定。新、奇、异虽孕育着新生事物与社会发展的方向,但新、奇、异中注定有一些不具有合理性的内容与成分,这也就是说新、奇、异本身并非天生就具有现实性与合理性。因此,对于新、奇、异,一味地否定,自然不好;但盲目地肯定,也有不妥之处。同时,社会发展要在创新与传统之间保持适度的平衡,唯如此社会才会既不失稳定又不乏活力。因而,宽容是有底线的接纳,宽容是有原则性的认同。洛克所主张的宽容是以不违犯社会的公序良俗、不背叛国家以及否定上帝存在为限度。此外,洛克所主张宽容的对象仅仅是基督徒而并非后人所想的那样对于所有异教徒的广义上的宽容。①

洛克的宽容思想因其时代原因是有一定局限性的。不过,洛克毕竟将宽容引入了社会,引起了人们的广泛的关注与共鸣,这对社会后来思想自由、言论自由以及信仰自由均是有着积极促进作用的,对此我们应该予以肯定。

(3)自由与自由能力

人的自由事实上取决于机会与能力,缺一不可。“传统上,无外界限制时称为‘消极自由’(客观的自由),而具有行动或享受的力量或能力称为‘积极自由’(主观的自由)。”②如果说机会于自由是“消极的自由”,那么能力于自由则是“积极自由”。自由离不开机会,更离不开能力。真正的自由应该是消极自由与积极自由的统一。消极自由意味着我被授权如此行动的权利,即我有“免于…… 自由”,但这种自由只是一种许可意义的自由;积极自由则强调我具有如此自由行动的能力,即我有“做…… 自由”。消极自由侧重于我可以,积极自由侧重于我能够。在自由及其自由的实现过程当中,个体能力的大小相当程度上决定着个体真实自由的大小。因而,自由、机会与能力之间有着复杂与微妙的关系:无机会,无权利,注定无自由;有机会,有权利,未必有自由,因为个体可能缺少能力。基于一种惯性思维,人们往往认为洛克以及以洛

① 参见[英]洛克:《论宗教宽容》,吴云贵译,商务印书馆 1982 年版,第 39—52 页。

② [美]科恩:《论民主》,聂崇信、朱秀贤译,商务印书馆 1988 年版,第 122 页。

克为代表的古典自由主义者所关注的重点应该是消极自由——外界的无障碍,这自然不谬。不过,作为思想大家的洛克事实上还注意了自由不仅仅是外界的无障碍更在于主体的有能力。这也就是说洛克不仅仅强调了自由的A面——消极自由,洛克更看到自由的B面——积极自由。这既体现了洛克思维的缜密,同时也是洛克对自由思想的极大贡献。

对于洛克自由思想的论述,人们往往从《政府论》中去挖掘思想资源,这自然有其合理之处。不过,洛克关于自由的相关论述还体现在《人类理解论》与《论宗教宽容》等著作之中,并且这些论述同样是非常值得重视的。在《人类理解论》中洛克重点谈及了人的能力与自由的相关关系。我们在此拟通过《人类理解论》中三个案例的剖析来分析洛克关于人的意志、人的能力与人的自由的内在逻辑关系。

> 案例A:"一个人在熟睡时被人抬在一个屋内,与他所希望晤谈的一个人相会,并且在抬进以后,便被锁入,再没有出来的能力;他在醒了以后,看到自己同一个可意的伴侣在一块,因此觉得很高兴,并且宁愿停着,不愿意出去。在这种情形下,我可以问,他的停留不是自愿的么?我相信,人都不会怀疑这点,不过他既然被人锁进,他就非停留不可,并没有出来的自由。"①
>
> 案例B:"一个人如果由高岩下坠,则他虽在运动中,亦仍没有自由,因为他虽愿意停止那种运动,势亦有所不能。"②
>
> 案例C:"一个人在静坐时,可以说是自由的,因为如果他愿意的话,他还可以走动。不过那个静坐的人如果没有移动的能力,则他可以说是不自由的。"③

在案例A中,洛克事实上谈及了自由的首先条件即外界的无阻碍。案例

---

① [英]洛克:《人类理解论》上册,关文运译,商务印书馆1959年版,第225页。
② [英]洛克:《人类理解论》上册,关文运译,商务印书馆1959年版,第233页。
③ [英]洛克:《人类理解论》上册,关文运译,商务印书馆1959年版,第233页。

A之中的当事者即便心愿已偿,但由于他无法再拥有离开房屋的机会,因而他事实上已失去了自由。

在案例B中,洛克谈及人的意志虽是自由的,但由于某种外在条件的限定,人并没有能力改变如此的境况,人在此种条件下只能是不由自主、听天由命。

在案例C中,当个体的消极自由与积极自由两方面同时存在时,人的自由方是真实的。若仅提供了个体可以如此行动的机会,但个体却并不具备如此行动的能力,那么个体可以如此行动的自由事实上也仅仅停留在形式上,或最多是一种潜在而当下绝非现实。因而,洛克作出了这样的补充说明:"由于超出自然常规而可能发生某些缺陷,以致有人并未达到可被认为能够了解法律、从而能遵循它的规则而生活的那种理性的程度,他就决不能成为一个自由人,也决不能让他依照他自己的意志行事。"①

由于时代等诸多原因,洛克对于自由及其自由实现的条件并没有如后来者伯林、哈耶克与罗尔斯等人那样深刻,但作为政治自由主义的开创者与奠基人,洛克事实上已经开始注意到了人的能力等有关积极自由等相关问题,这已实属不易了。洛克认为能力可以分为自动能力与被动能力两种。自动能力是能够引起变化的能力,而被动能力是指能够接受变化的能力,真实能力是自动能力与被动能力的统一。洛克认为人的能力同样是由被动能力与主动能力所构成,其中,被动能力是人的能力不可或缺的一环,不过自动能力是人的能力关键所在。洛克认为人的自动能力可以划分为意志与理解两种能力,与此同时洛克又认为人的自由又分为思想自由与运动自由两种。因而,一种人的真实的自由活动是"一个主因有一种能力来按照自己心理的决定或思想,实现或停顿一种特殊那样一个动作"。② 在此,我们需注意洛克强调自由是人的能力及其能力的现实化过程。洛克主张不能讲人的意志是否自由,而应讲人是

① [英]洛克:《政府论》下篇,叶启芳、瞿菊农译,商务印书馆1964年版,第37页。

② [英]洛克:《人类理解论》上册,关文运译,商务印书馆1959年版,第224页。

否自由。这是因为在洛克看来意志与自由均属于人的活动,因而主张意志自由与否的问题首先是主体确立的不恰当。洛克认为意志是人的选择及其选择能力,而理解则是思想与运动的能力(即自由实现的所必需的能力)。因而,人的真实的自由既需要意志的选择,更需要理性的抉择。"离了思想、离了意欲、离了意志,就无所谓自由。"不过,"有了思想、有了意欲、有了意志,亦不必就有自由"。① 洛克在这里又强调了自由及其自由的实现是离不开人的现实活动与现实活动能力的。

人通过能力来展现自我的自由存在。"我能,故我在"事实上比"我思,故我在"更具合理性。因而,洛克极为重视人的自由能力的养成。人的自由能力的养成是离不开教育的,洛克自然便极为重视教育。在教育方面,洛克强调人的理性思维及其理性能力的培养。洛克认为理性是人的星辰与罗盘,人若离开理性的导引注定无法实现真正的自由,反而会做出种种无法无天的事情来。为了培养人的理性思维与理性能力,洛克主张社会要加强对所有社会成员的规训与教化,父母更要重视对子女的教育,使子女有能力为自己的生存而工作并且使子女成为对己对人都十分有用的人。

总之,洛克对于积极自由——主体的有能力——是颇为重视的,尽管这一点论述不如消极自由的论证那么引人注目,但注重人的积极自由以及注重人的自由能力提升是洛克自由思想中不容忽视的重要组成部分。

2. 平等:形式与内容

洛克坚信人的平等与自由,"这是因为一切具有同样的共同天性、能力和力量的人从本性上说都是生而平等的,都应该享受共同的权利和特权"。② 洛克对于人平等理念的秉持,不仅基于神学的背景,更是基于其自然法理论。按照洛克的看法,在自然状态下所有人都是平等的,当人摆脱自然状态进入社会

---

① [英]洛克:《人类理解论》上册,关文运译,商务印书馆 1959 年版,第 224 页。

② [英]洛克:《政府论》上篇,瞿菊农、叶启芳译,商务印书馆 1982 年版,第 57 页。

状态后并未将这种平等丢失，而是为了人的平等权更好地得以实现与保障。洛克将人的自由平等奉为圭璋，因而对于人的自由平等的任何威胁与破坏，在洛克看来都是不能接受的。“谁企图将另一个人置于自己的绝对权力之下，谁就同那人处于战争状态。”①在这里我们可以看出，洛克对于人的平等与自由是何等的重视与强调。同时，我们也可以看到当时的英国人（有远见的英国人）对于人的自由与平等的获得与维系是何等的紧张与重视。这既与洛克亲历了17世纪中后期英国跌宕起伏的变革社会有着直接的关联，又与平等自由本身难得易失这一特质相关。

在人们眼中，自由主义的自由与平等是爱恨交织在一起的。自由主义自产生后之所以毁誉参半根源就在于不能很好地处理公平与效率、自由与平等的关系。在人们眼中，自由主义的自由与平等是爱恨交织在一起的。作为古典自由主义的奠基人洛克有没有注意到围绕平等的相关争论呢？答案是肯定的，并且洛克对于平等及其平等与自由的关系比常人所直观的古典自由主义平等观要深刻得多。

第一，洛克虽未像后人萨托利那样明确平等是一个家族概念，萨托利将平等分为：①法律—政治平等；②社会平等（被理解为身份与尊严的平等，因而意味着阶级和财产的差别不再成为差别）；③作为平等利用的机会平等，即对平等的功绩给予平等的承认；④表现为平等起点（或平等出发点）的机会平等，即为了平等地利用机会，从一开始就应具备平等的物质条件；⑤可支配性资源占有的平等。② 其实，洛克的文本对平等的家族成员以及家族秩序均有所涉及并不缺乏精致的论述。为后来者所秉持的“自由先于平等”这一理念事实上亦源自洛克。其实，罗尔斯的正义两个原则以及诺齐克的持有正义的理论莫不如是。

---

① ［英］洛克：《政府论》下篇，叶启芳、瞿菊农译，商务印书馆1964年版，第11页。

② ［美］参见乔·萨托利：《民主新论》，冯克利、阎克文译，东方出版社1998年版，第388页。

第二,洛克强调“所有的人生来都是平等的,却不能认为我所说的包括所有的各种各样的平等”。[①] 人是生而平等且是有差异的存在,社会应保障个体在权利与尊严方面的平等而在其他方面(尤其是资源占有方面)则不必强求平等,因而并非所有的不平等都是不公平的,反而有些不平等恰恰就是公平与正义的体现。洛克的平等观归结起来就是主张人在权利占有方面类的平等(种类的平等)以及在具体权利占有上量的差异并存是合理的与正义的。黑格尔对于洛克这一平等观是十分认同的。黑格尔这样写道:“人们(Mensob)当然是平等的,但他们仅仅作为人(Person),即在他们的占有来源上,是平等的。从这意义说,每个人必须拥有财产。所以我们如果要谈平等,所谈的应该就是这种平等。但是特殊性的规定,即我占有多少的问题,却不属于这个范围。”[②]洛克这一强调权利平等而非结果平等这一立场我们应辩证地看待。古典自由主义正义观强调人有平等自由权,凸显了人的尊严,鼓励了人的自主,从而既给社会带来活力又给社会带来了相对公正的制度安排。这也使得人类社会由身份社会进入契约社会,人的平等、男女的平等以及民族的平等逐渐地成为一种共识。对于这样的历史进程及其历史进步性,我们应予以承认。不过,自由主义平等观亦有其短——自由与平等的矛盾以及形式正义与实质正义的矛盾随着社会的发展而愈发明显。基于此,马克思与恩格斯才强调资本主义世界的不公正与虚伪性。同时,我们也应该注意到,部分资产阶级思想家也发现自由主义平等观的弊端且努力通过调整政策以修正与弥补这一弊端所造成的诸多社会问题,当然他们所做的任何努力最终证实均是徒劳的。

第三,洛克在批驳了菲尔麦父权制的同时论述了父子平等以及妻子也具有权利的思想。菲尔麦认为父亲对于子女具有至高无上的权力,并因此将君权至上性归于父权。对此,洛克是极为反对的。洛克认为父权是共享的、阶段

---

① [英]洛克:《政府论》下篇,叶启芳、瞿菊农译,商务印书馆 1964 年版,第 34 页。

② [德]黑格尔:《法哲学原理》,范扬、张企泰译,商务印书馆 1961 年版,第 58 页。

的与有限的，而并不是独占的、永恒的与无限的。洛克认为父权制凸显的是长辈对于晚辈的控制权，而长辈既可以为男性，也可以为女性，尽管洛克在他所生活的时代没有明确地提出男女平等，但洛克事实上已经承认母亲可以与父亲一样分享父权。洛克本人虽未明确提出男女同等的思想，但母亲分有父权这一观点至少比明确地否定男女不平权具有进步性。除了认为母亲分享父权之外，洛克认为“只有上帝才能吹动生命的气息”。[①] 作为个体的人——无论其如何聪颖与孔武——注定是不能与上帝相提并论，注定不能配享上帝那样的权威，因而，任何人——君主与臣民、父亲与子女——在上帝面前是平等的，君主也没有超越臣民额外的特权，父亲也没有超越子妇额外的特权。同时，洛克强调父母对于子女的管教既有内在规定性又是有时间的限定。父母对于子女的教育是以增强其理性与培养自主生活能力为目的，当子女具有理性能力与自主生活能力之后，父母的管教权力自然就会消失。这也就是说父母与子女在终极层面上是平等的——在上帝面前具有独立人格的存在。这样洛克就较为完整地批驳了父权制。

第四，洛克对主仆关系与主奴关系作了区分。洛克认为主仆关系具有合法性而主奴关系则不具有合法性。洛克对奴仆与奴隶作了区分。奴仆是自由人，奴仆具有与主人相同的人权；而奴隶则不是自由人，奴隶因而也就不具有人权。对于主仆关系，洛克这样写道：“一个自由人向另一人出卖在一定时期内提供他的劳役以换取工资，从而使自己成为另一人的仆人；并且，虽然这一行为通常使他处在主人的家庭内，受一般的纪律管束，然而这只给主人以暂时支配他的权力，而且不超越他们之间契约中所规定的范围。”[②]从洛克这一论述中，我们可以得出以下三点：①主仆关系在时效上是有限的而非无限的；②主仆关系的形成源于奴仆的自愿而非主人强迫的；③主仆之间约束与管制作用的低阶性。主仆之间的这种约束与管制的关系应服从于自然法——不能有

① ［英］洛克：《政府论》上篇，瞿菊农、叶启芳译，商务印书馆 1982 年版，第 45 页。
② ［英］洛克：《政府论》下篇，叶启芳、瞿菊农译，商务印书馆 1964 年版，第 51 页。

损于人的生命、自由与财产与尊严。主奴关系则与主仆关系大为不同。主奴关系一经形成就不能再更改，从而便不具有限性；同时，主奴关系的形成更多的是源自主人的征服与强迫；更为重要的是，在主奴关系之中，奴隶要受主人的绝对统辖权和专断权力的支配，奴隶已失去了他们的生命权、自由权与财产权。① 洛克倡扬人的平等，尽管洛克并未强烈地反对奴隶制，但洛克至少流露出奴隶制存在的不现实与不合理的态度。

第五，形式平等固然重要，实质平等也不可忽视。对于古典自由主义，我们往往认为他们就是持自由至上的理念——仅仅强调形式平等与形式正义，而对实质平等与实质正义根本就加以忽略。其实仔细阅读洛克（以及休谟与斯密，甚至包括经常为人们所批判的马尔萨斯）的文本，我们就会发现他们并未对实质平等与实质正义完全无视，他们甚至会有这样的主张——适度的收入差距是合理的，但收入差距过多则不合理。如果由于种种原因，本应该由所有人共享的权利而部分人（甚至大多数人）不能享有权利，那么这种权利事实就会变成了特权。尽管洛克不像后人那样对于财富特权取代等级特权有那么深刻的揭示，但洛克较早地提出来收入差距应有一个底线——让人能够活下去。这也就是说，收入有差距并不可怕，可怕的是部分人因缺少生活的必需品而使生存权受到挑战。同时，作为思想缜密的思想大家，洛克注意到了自由主义所秉持自由至上、机会平等的矛盾性（抑或是虚假性），洛克不无遗憾地写道："我承认孩童并非生来就处在这种完全的平等状态中，虽然他们生来就应该享受这种平等。"②因而，洛克反复地强调了要通过仁爱来弥补正义的不足。"任何有财产的人如果不肯从他的丰富财物中给予他的兄弟以救济，任他饥饿而死，这就永远是一宗罪恶。"③

---

① ［英］参见洛克：《政府论》下篇，叶启芳、瞿菊农译，商务印书馆 1964 年版，第 51—52 页。

② ［英］洛克：《政府论》下篇，叶启芳、瞿菊农译，商务印书馆 1964 年版，第 34 页。

③ ［英］洛克：《政府论》上篇，瞿菊农、叶启芳译，商务印书馆 1982 年版，第 36 页。

3. 财产与财产权:来源、意义与限度

个体对于物的占有、支配、使用与收益状况决定了个体在生活世界真实生存样式,因此,人们对于财产权褒贬不一,赞成者有之,反对者亦有之。洛克是主张财产权的,并且认为个人财产神圣不可侵犯,因而,论证与完善财产权合法性便成为洛克的主要任务并成为其思想中最具特色的部分。洛克认为财产权不仅仅是指个体对物的占有与支配的权利,同时还包括了个体对于自身生命保存权与自由维护权利,事实上洛克的财产权有广义与狭义两种理解。洛克广义的财产权实质上包括了人之权利的全部或绝大部分,洛克狭义的财产权即我们通常所理解的财产权——对物的占有、支配、使用与收益的权利。我们在此谈及洛克的财产权,侧重于狭义上的财产权。

洛克之所以被视作古典自由主义的鼻祖首要原因就在于他对财产权做出了系统的、完整的论证。洛克的财产权是以自我所有权为核心展开了财产的占有、使用、支配与保护等财产权的相关理论。洛克认为"每人对他自己的人身享有一种所有权,除他以外任何人都没有这种权利"。① 自我所有权既然是天赋的,那么自我所有权就是不可剥夺的,劳动就是自我努力的付出,因而劳动所得就必然成为个人的合法所得,社会与他人就应当对个人的所得予以承认和保护。洛克认为现实中的财产权并非均具现实性,财产权的合理性与正当性取决于四个要件:①财产权要通过劳动来获取。劳动是价值的源泉与手段,也是财产权合法性的第一要义。②资源的共享而非独占。不能因为我占有资源而使他人一无所有,我要为他人留下足够的资源。③占有的财物使用的恰当,即个体对其所拥有的财物不能挥霍与浪费,而应节俭与珍惜。④价值的增殖。若个体实现占有财物的增多以及价值的增殖,那么个体对于财物的持有便具正当性。

① [英]洛克:《政府论》下篇,叶启芳、瞿菊农译,商务印书馆 1964 年版,第 18 页。

在洛克看来,财产权的获得首先要通过劳动。当然,真实的财产权的形成是离不开劳动作用的对象与客体的。自然是劳动作用的最初与最重要的客体。洛克认为自然是上帝对于整个人类的恩赐,任何人都拥有使用自然资源的资格与权利。因而,谁若第一个发现自然之物,谁便取得了这一自然物的使用权。事实上,洛克在这里强调了先占权,当然,财产权的取得不仅仅是源于先占,更在于个体的劳动。在财产权的形成过程中,劳动至关重要。当共有之物附加了个体劳动,那么,原有的公有财物就转化为排他性的私人之物。“谁把橡树下拾得的橡实或树林的树上摘下的苹果果腹时,谁就确已把它们拨归己用。”①在这里,洛克强调这种行为不应且不能视为盗窃,因为我通过“我的劳动”给原初共有之物(无主之物)赋予“我”的意志、塑形或符号,所以原初共有之物(无主之物)理应归属于我。这一切的根源就在于每人对他自己的人身享有一种所有权。我通过我的劳动所产生的收益与回报必然要归我所有,其他人不能对此加以否认与剥夺,否则就是违反自然法,就要受到惩罚。洛克在此强调付出与回报之间的正向对应关系,他否定了那种不劳而获或抢掠他人财物的不正义行为。在通过劳动确立财产权的过程中,洛克还补充道,我通过劳动使共有之物成为我个人私有之物没有必要经过所有人的同意,因为那样做既不现实同时更是对我权利的剥夺。

洛克强调财产占有的第二个要件是不能因为我的占有而使你的利益受损。对于自然资源的无限性,洛克是十分确信的。洛克坚信土地与河水等自然资源不会也不可能因为我的占有而使其他的人没有资源可用。中肯地讲,洛克的这一理论预设有其合理性,但其局限性亦是非常显明的。“这种开垦任何一块土地而把它据为己有的行为,也并不损及任何旁人的利益,因为还剩有足够的同样好的土地,比尚未取得土地的人所能利用的还要多。所以,事实上并不因为一个人圈用土地而使剩给别人的土地有所减少。”②这恰恰是问题

① [英]洛克:《政府论》下篇,叶启芳、瞿菊农译,商务印书馆1964年版,第18页。
② [英]洛克:《政府论》下篇,叶启芳、瞿菊农译,商务印书馆1964年版,第21页。

关键所在。在这里,洛克假定了资源的无限性以及人的理性自制。而事实上,自然资源是有限的,人的慷慨是有限的,人的理性也是有限的。阳光、空气以及淡水等自然资源在常态条件下确因其无限性不会出现你争我夺的现象,但土地以及土地之上林木与果实却是有限的,当人数并不太多时,资源有限性的问题并不会凸显;当人数一旦增多后,我的占有注定会影响到他人的占有,而此时,洛克的这一主张——"他的邻人(在旁人已取出他的一份之后)仍然剩有同划归私用以前一样好和一样多的财产"①——的现实性就会缩减。尤其需要指出的是,即便看到了世上人越来越多、资源越来越少这一实际,洛克仍然辩解道:"世界现在似乎有人满之患,但是同样的限度仍可被采用而不损及任何人。"②在财产权的形成上,为什么洛克有意或无意地忽视了人性恶以及资源有限性的这一事实呢?或许,洛克仅仅是出于天真抑或是为了私有财产神圣与不可侵犯这一自由主义基本理念故意回避了这一挑战。不过,无论是何种原因,至少我们可以做出这样的结论:洛克的财产持有正义这一主张在理论上是不能完全自洽的,同时洛克的财产持有正义这一主张也为资本主义世界的虚伪性、狡诈性与残酷性埋下了伏笔。

洛克主张财产占有正义的第三个要件是强调财产不能浪费。洛克认为"同一自然法,以这种方式给我们财产权,同时也对这种财产加以限制"。③ 人应理性地对待财富,人若不能理性地对待与使用财富,社会可以剥夺其财产权。洛克之所以强调财产不能浪费原因有二:首先,洛克本人有着浓厚的神学背景;其次,洛克看到了财产的社会属性。财产从本源意义上起源于共有之物,属于社会全体成员所共有,尽管经过个人劳动这一环节转化为个人所有,但个人对于财产的占有与使用却不能浪费与挥霍,这是因为财产并不仅仅属于个人,财产还属于社会。洛克认为任何人都可以占有与使用公共之物,但应

---

① [英]洛克:《政府论》下篇,叶启芳、瞿菊农译,商务印书馆 1964 年版,第 22—23 页。

② [英]洛克:《政府论》下篇,叶启芳、瞿菊农译,商务印书馆 1964 年版,第 23 页。

③ [英]洛克:《政府论》下篇,叶启芳、瞿菊农译,商务印书馆 1964 年版,第 20 页。

以够用为限度。如果一个人不能很好地耕耘、播种、改良、栽培其所拥有的土地,那么他就应该让出部分土地直到其能够很好地耕耘、播种、改良、栽培其所拥有的土地为止。洛克对于超过限度的占有给予了如此的劝导——"过多地割据归己,或取得多于他所需要的东西,这是既无用处,也不诚实的"。① 同时,洛克认为社会与他人也有权将这个人不能很好地利用的土地拿走。洛克鼓励多劳多得,但洛克反对贪得无厌;洛克承认物质利益的重要性,但洛克又反对将财富作为人生的终极目的;洛克既激励人在尘世中积极工作,又强调人应追求精神的崇高与虔敬。洛克的财产观具有典型清教主义色彩,对此,我们应全面地看待与解析而不易作简单的否定与肯定。洛克主张对于财产占有与使用的合宜性的尺度。节约光荣,浪费可耻,因为资源并非仅属于个体,而属于全体,个体对于财物的不恰当使用既是不理性的又是不道德的。这些主张是值得肯定的。不过,洛克的这一主张也为侵略与干涉留下了一道暗门。"如果它们在他手里未经适当利用即告毁坏;……他就不再享有权利。"②如果我觉得你没有充分利用土地与资源,你便是对上帝的亵渎与不敬,现在我占有原来属于你的土地与资源,是因为我能够更好地利用这些土地与资源,能够创造与生产更大的财富以此来向上帝效忠,那么,我的这一侵略行为反而就具有了合法性。看似谦逊表象下的财产持有正义主张背后竟然隐含着如此的强盗逻辑,尽管这可能并非洛克的本意,但后来西方殖民主义者在殖民入侵时往往就是以此为理据的。

洛克强调取得财产占有的第四个要件是能够使得资源、财富增殖。洛克之所以肯定共有之物的私有转化就在于洛克认为财产私人占有能够实现价值增长与社会财富增加。在洛克看来,"人类生活的条件既需要劳动和从事劳动的资料,就必然地导致私人占有"。③ 这是因为洛克认为私人占有制度不是

① [英]洛克:《政府论》下篇,叶启芳、瞿菊农译,商务印书馆1964年版,第32页。
② [英]洛克:《政府论》下篇,叶启芳、瞿菊农译,商务印书馆1964年版,第24—25页。
③ [英]洛克:《政府论》下篇,叶启芳、瞿菊农译,商务印书馆1964年版,第22页。

减少了而是增加了人类的财富。既然私有制能够带来财富的增长,私有制自然便具有合理性与正当性。洛克将财富增殖而非财富占有平等视为财富占有与使用正义与否的标准。“超过他的正当财产的范围与否,不在于他占有多少,而在于是否有什么东西在他的手里一无用处地毁坏掉。”[①]其实,这才是洛克持有正义的关键。无论富人手里的财富有多少,只要富人用其来增殖而没有挥霍与浪费,那么富人使用财富就是正当的与合理的;同时,富人持有的财富越多,富人则越光荣,富人就越能够成为上帝的选民。洛克的这一主张事实上是在为资产阶级发家致富进行善的论证。对此,马克思进行了深刻的揭示与彻底的批判。资本家发家致富的奥秘不在于洛克以及后来韦伯等人所倡导的新教伦理与资本主义精神,资本家无偿地占有了工人阶级在剩余劳动时间所创造的剩余价值才是资本家发家致富的真正原因所在。此外,在财富增殖过程中,货币的出现就成为一种必然。众所周知,金银成为人们所公认的货币。生活在商业气息浓厚的英国,洛克自然不会忽视货币这一经济社会生活中不可或缺的因素,同时洛克还将人类社会分为前货币时代与货币时代。在前货币时代,由于果实等生活资源不易贮存特点,按洛克所主张的财产占有的前三个要件,人与人之间财富占有不均的情况即便存在但也不会过大,社会资源也不会显得那么紧张,但自从货币出现之后,情况就发生了明显的改变,人与人之间财富占有不均的情况是逐渐拉大,但洛克并不认为财富占有不均的这一状况就是不公正的。“正义要求各人的财产一律平等这种主张是错误的,因为正义所要求的仅仅是各人都应该有财产而已。其实特殊性就是不平等所在之处,在这里,平等倒反是不法了。”因而,“法对于特殊性始终是漠不关心的”。[②] 黑格尔的“漠不关心”道出了以洛克为代表的古典自由主义的基本立场——对强者的尊崇以及对于弱者的无视。

---

① [英]洛克:《政府论》下篇,叶启芳、瞿菊农译,商务印书馆 1964 年版,第 30 页。

② [德]黑格尔:《法哲学原理》,范扬、张企泰译,商务印书馆 1961 年版,第 58 页。

4. 有限政府论：政府的必要性、正当性与限度

洛克承认政府及其存在的作用，因而洛克注定不是无政府主义者。洛克之后的自由主义者大多反对全能式的政府以及政府职能的盲目扩张，但事实上他们绝不否认政府的作用与价值，即便是作为“守夜人”式的最弱意义上的国家仍然是社会所必需的。当然，这并不意味着任何政府都具有正当性与合法性。

（1）政府的必要性：免于恐惧与危险

尽管洛克一直在强调他的自然状态是一种美好与和谐的状态，是一种与霍布斯敌对与紧张的状态相悖的状态。其实，两者的关系是微妙的与复杂的。

第一，洛克的自然状态与霍布斯的自然状态并不是截然对立而是密切相关的，相较于洛克的自然状态，霍布斯的自然状态反而显得更为本源，因为洛克的自然状态一旦失控就会直接演化为霍布斯的自然状态①。

第二，洛克本人对于自然状态也是不放心的，自然状态下人们的生活并非想象的那么安全与美好，反而是充满了恐惧与恐怖。自然状态下人们的生活既会受到内部人员侵扰又会受到外来侵犯。洛克认为，自然状态下人的行动并非永远都具理性，因而会出现有人侵犯他人的权利而他人就要加以报复的社会现象，由于自然状态下缺乏公认的仲裁尺度、公正的仲裁者以及强力的执行者等原因，人们的报复行为往往会超越应有的程度，所以在自然状态下人们的生活事实上是处于恐惧与危险之中的。为了谋求人们“彼此间的舒适、安全和和平的生活，以便安稳地享受他们的财产并且有更大的保障来防止共同

---

① 洛克认为自然状态中的个人是自身与财产的主人，且与尊贵的人平等，不受他人的支配，但由于自然状态缺少众所周知的法律、公正的裁判者以及确保判决得以执行的强有力的权力等原因，所以自然状态的那种美好是不稳定的，因而看似美好的自然状态极有可能变成了不美好的自然状态。（参见［英］洛克：《政府论》下篇，叶启芳、瞿菊农译，商务印书馆1964年版，第74—78页。）

体以外任何人的侵犯"①这种理想性的生活,人们选择放弃自然状态从而走进了社会生活。因而,洛克事实上对于其自然状态的持存是充满了疑虑的。

第三,尽管按洛克本人的看法,自然状态是一种真实的存在,不过,自然状态似乎更应被看作是一种理论预设。这种理论预设的形成主要目的并不是在于说明自然状态下的完美,而是为政治社会中制度创建进行理论的铺垫以及成为一种应然意义上的价值尺度来对现实政治生活加以导引。否则,人们就会追问:如果自然状态下人们的生活已如此美好,人们为什么还要进入到社会生活与政治生活之中呢?

第四,人类注定是要走向社会状态的。自然状态尽管是美好的,但同时也是脆弱的;人类只有进入到真正的政治社会之中,才能过上更为自由、安全与和平的生活。人类社会何以要由貌似"黄金时代"的自然状态进入经常受批判的"白银时代""青铜时代"抑或"黑铁时代"的社会状态,根源就在于此。

(2)政府的合法性:契约与同意

人类由自然状态进入社会状态成为了一个必然,然而怎样建构人类社会方是合理的,这是洛克政治哲学的重点。洛克在其名著《政府论》中,将其心志说得非常清楚:"寻求另一种关于政府的产生、关于政治权力的起源和关于用来安排和明确谁享有这种权力的方法的说法。"②

洛克认为政府的产生源自人们的同意与授权。由于对更加美好生活的向往与追求,人类必然要告别自然状态进入社会状态。这一过程自然是复杂的,同时也不是一蹴而就的,而是经过不断的协商,最终使每一个想进入政治社会中的人均对政治共同体(政府)的基本原则整体予以认同。这即洛克所言的政府产生的同意说。洛克一再强调:"这样,而且只有这样,才曾或才能创立

① [英]洛克:《政府论》下篇,叶启芳、瞿菊农译,商务印书馆1964年版,第59页。
② [英]洛克:《政府论》下篇,叶启芳、瞿菊农译,商务印书馆1964年版,第2页。

世界上任何合法的政府。”①尽管有不少的学者(如亚当·斯密与黑格尔②)并不认同这一观点,然而洛克却确信政府是如此形成的——“有很多证据足以证明,就历史来看,我们有理由断定政权的一切和平的起源都是基于人民的同意的。”③洛克认为同意有明确的同意与默认的同意的区分。明确同意的个体自然就会认同政治社会中的规则,自然就会成为政治社会中的正式成员;默认同意的个体是未公开反对政治社会中的规则,因而默认同意的个体是否就可以被认定为政治社会的正式成员有待于进一步的分析。洛克的契约论与霍布斯契约论相比存有两点不同:①个体转让权利的多少。霍布斯认为进入政治社会中的个体所转让的是个体的全部权利,而洛克则主张进入政治社会的个体同意转让的权利只是部分权利——保护自己与惩罚他人的权利,个体的自由权、生命权与财产权并未加以转让。②个体是否具有退出政治社会的权利。霍布斯认为进入政治社会中的个体是不能再退出这一政治共同体的,而洛克则主张进入政治社会中的人们一旦发现自己曾经同意的共同体并未能如自己所愿般地行动且不能达至自己美好生活之实现时,个体是有权选择退出这一共同体并重新构建一个全新政治共同体。

众所周知,政治是对众人之事的管理。政府既然源自人们的同意,那么是

---

① [英]洛克:《政府论》下篇,叶启芳、瞿菊农译,商务印书馆1964年版,第61页。

② 亚当·斯密认为契约论不能很好地论证国家的产生以及人们服从国家的理由。斯密主张人们构建国家(进入文明社会)绝不是基于契约而是源于权能原则与实利原则。权能原则是指人们之所以服从行政司法长官是由于某些人(行政司法长官)因高龄、卓越的体力和智力以及门弟和雄厚的财力等原因所具有的强力不得不去服从;实利原则是指人们之所以服从行政司法长官是因为服从行政司法长官能带来社会正义和安宁从而每个人均能从中获益因而人们主动服从。斯密认为人们之所以服从国家均源自这两个原则,所谓的差别只在于权能原则在君主国家里占主要地位而实利原则在民主国家里占主要地位。斯密认为国家先于个人,国家也非源于个人同意的,无论个人同意与否,国家事实上均对个人具有管辖权。(参见[英]坎南:《亚当·斯密关于法律、警察、岁入及军备的演讲》,陈福生、陈振骅译,商务印书馆1962年版,第35—40页。)黑格尔尽管是唯心主义者,但其在国家与政府产生的问题上与斯密的观点反而是非常接近的。黑格尔主张“一个国家第一次的产生是靠威力和本能”。([德]黑格尔:《历史哲学》,王造时译,上海书店2001年版,第46页。)

③ [英]洛克:《政府论》下篇,叶启芳、瞿菊农译,商务印书馆1964年版,第70页。

否任何一项政府的具体政策都要源于人们的同意呢？洛克认为不必，如果政府所做的任何一项政策都要通过所有社会成员的同意，那么这一政府必然是软弱的、缺乏效能的与短命的。因此，现实的抉择必然是多数人的同意而非全体的同意。尽管这看起来并不完美，但它更具现实性。同时，这也体现了洛克在政治上是现实主义者而非浪漫主义者。当然，为了更好地体现民意以及保障人（尤其是少数异议人）的权利与权益，则需要对间接民主与多数人同意加以限定：①间接民主与多数人的同意应是真实民意的体现。②不能因多数人的同意就否定少数异议人士观点存在的合理性，更不能因此对持异议的少数人进行攻击或伤害。

（3）政府的正当性：权力分立与权力制衡

洛克认为政府的正当性源于以下三点：政府的形成源自人民的同意；政府的权力源于人民的授权；政府的目的是为了人民的福祉。因而，洛克一再强调："人民的利益和本意既然需要有公平和平等的代表制，谁使它更接近于这一目的，谁便是政府的真正朋友和建立者。"①不过，如何才能使政府这一公权力真正地做到为公民福祉而服务这一最初的以及最终的目的呢？这还需要进一步的制度设计与制度建构。众所周知，洛克本人并未提出完整的三权分立学说，但洛克的分权与制衡理论确是三权分立的最为直接的理论来源。因而洛克也被认为是权力分立与权力制衡的代表性人物。

洛克认为生活世界存在三种权力：父权、政治权力与专制权力。在这三种权力之中，洛克的重点在于如何规避专制权力以及恰当地使用政治权力。不过，洛克首先是谈及了父权。所谓父权是指作为子女监护人的父母为了子女的幸福而管理子女的权力，这种权力是有时效性的，当子女具有知识且能够运用理性独立生活时父权即告终止。政治权力是指公民通过契约协议给予统治者的权力。政治权力是有限度的，公民只转让了部分权力，因而政治权力并非

① ［英］洛克：《政府论》下篇，叶启芳、瞿菊农译，商务印书馆1964年版，第100页。

无限的与全能的。同时,公民之所以转让权力是出于个体更好地生活这一目的,政治权力必然就要为公民的福祉而服务,否则就违背了公民订立契约的初心与本意了。专制权力就是为菲尔麦所秉持且为洛克所批判的君权神授、一人独裁的那种专制权力。专制政府为什么不好以及立法权为什么要与执行权分开等这些政治建构的基本问题之所以能够被洛克相对完善地加以解释与解决,根源就在于洛克对于政治实践有切身体悟以及对政治中人性的深刻认知。对于人性,洛克是持谨慎乐观的态度,他看到了人性的幽暗①,但洛克对于人性的光明仍充满了信心——“上帝既把人造成这样一种动物,根据上帝的判断他不宜于单独生活,就使他处于必要、方便和爱好的强烈要求下,迫使他加入社会,并使他具有理智和语言以便继续社会生活并享受社会生活。”②洛克认为人是具有理性的且是可以信赖的,当然这种信赖是有条件的——需要进行制度设计与制度安排,即分权与制衡。

洛克将政治权力分为立法权、执行权与对外权。立法权是国家中最高的权力,立法权决定着国家的大政方针、道路方向、精神风貌以及国民的安全与福祉。立法权尽管如此重要,但立法权并不是也不会是全能的。立法机关所通过的提案与决议是要经过执行机关去加以落实的。因而,执行权是必不可少的常设权力。在洛克看来,立法机关只需定期开会时行使立法权这一最高的权力而平时则只需执行机关行使权力,因而日常真正行使国家权力的反而是执行机关。洛克认为国家权力除了立法权、执行权之外还有第三种权力——对外权。对外权主要涉及外交事务的权力。洛克将对外权从后人常讲

---

① 在自然状态下,洛克认为人性之中是有阴暗的成分的——“人们充当自己案件的裁判者是不合理的,自私会使人们偏袒自己和他们的朋友,而在另一方面,心地不良、感情用事和报复心理都会使他们过分地惩罚别人,结果只会发生混乱和无秩序。”即便是进入政治社会,人性的幽暗仍然存在,“谁认为绝对权力能纯洁人们的气质和纠正人性的劣根性,只要读一下当代或其他任何时代的历史,就会相信适得其反”。([英]洛克:《政府论》下篇,叶启芳、瞿菊农译,商务印书馆 1964 年版,第 8、56 页。)

② [英]洛克:《政府论》下篇,叶启芳、瞿菊农译,商务印书馆 1964 年版,第 48 页。

的行政权(执行权)分离出来这一主张可能与其切身的政治活动有关,也可能与作为海洋国家的英国重视外交事务的传统有关。权力不仅需要分开,权力更应受到约束与监督。首先,洛克强调权由民而来,立法权力(包括执行权与对外权)源自人们的同意与委托,"没有人民的这种同意和委派,他们中间的任何一个人或若干人都不能享有权威来制定对其余的人具有约束力的法律"。① 其次,权要为民而用。权由民而来,自然权应该为民所用。立法权要以公民的自由、财产与安全为最高宗旨,舍此无他。如果立法机关制定了违背了人民的意愿的法律则该项法律是不具备合法性。最后,执行权从属于立法权,接受立法机关的监督,一旦执行机关违背了人民的意愿,那么立法机关是有权力收回和处罚任何违法的不良行政。

洛克强调权力的分立与制衡就在于如果不这样做就会出现公权私用的腐败现象,就会有与人民通过社会契约建立国家的这一初衷相悖的情况。对此,洛克这样写道:"如果同一批人同时拥有制定和执行法律的权力,这就给人们的弱点以绝大诱惑,使他们动辄要攫取权力,借以使他们自己免于服从他们所制定的法律,并且在制定和执行法律时,使法律适合于他们的私人利益,因而他们就与社会的其他成员有不同的利益,违反了社会和政府的目的。"②

洛克并不认为国家管理形式就直接决定了政府的合法性,政府的合法性不在于由谁来执政,关键在于怎样执政以及为谁来执政。洛克认为国家形式按照制定法律的权归谁这一标准可以分为君主制、寡头制与共和政体。洛克承认共和政体相较于前两种政体形式具有更多的合理性,不过洛克并不认为共和(民主)政体天然且永久地具有合法性,共和(民主)政体一旦失去监督与控制同样会失去其合法性与合理性;与之相反,具有监督与控制的君主政体比失控的共和(民主)政体反而更具合法性与合理性。洛克的这一思想看似保守与落后,不过也恰恰是这一点体现了洛克的中肯与老成。其实,洛克这一主

---

① [英]洛克:《政府论》下篇,叶启芳、瞿菊农译,商务印书馆 1964 年版,第 135 页。

② [英]洛克:《政府论》下篇,叶启芳、瞿菊农译,商务印书馆 1964 年版,第 91 页。

张与亚里士多德的主张是相通的。亚里士多德认为常态政权的形式分为君主政体、贵族政体、共和政体，而非常态的政权形式则分为僭主政体、寡头政体、民主政体，同时，亚里士多德认为政体的形式不是僵死的而是流变的。洛克在看到政权形式与政权性质流变的同时，强调衡量与判断政权形式与政权性质的合法性与正当性的标准就在于——“人民的福利是最高的法律”。① 公权力的最终目的就是人民的和平、安全和公众福利。超过了或违背了这一限度，那么公权力的合法性就受到了伤害，长此以往，此种公权力就不被人们所认同，就会被一种更能代表人民意愿与心声的新公权力所取代。这就是洛克契约论的要义之所在，同时也是其价值之所在。洛克这一主张实质上为革命进行了合法性的论证。人们往往认为英国人重改良、尚妥协，这一理解自然有其道理，不过，若作进一步的思考，如果没有激进主义者的革命，只有保守主义者的顽固，社会何来改良与妥协呢？事实上，洛克以及以洛克为代表的古典自由主义者（包括后来的伯林、斯密等人）事实上均不拒斥革命。

（4）特权：自由裁量权的必要性及其限度

生活世界是复杂的，再好的预案也不可能应对各种突发状况，因而在具体行政过程中执行机关必然要被授予一定的自由裁量权。这种自由裁量权被洛克称为特权。洛克认为执行机关被授予自由裁量权是必然的，同时洛克还对于特权的持存进行了正当性的辩护。

洛克首先从历史的维度论证了特权存在的价值。“只要读一下英国的历史便会看到，我们的最贤明善良的君主享有的特权最大，这是因为人民注意到了他们的行动的整个倾向是为公众谋福利，因而并不计较他的没有法律根据的、为此目的而作出的一切行动，即使由于人类的任何弱点或过失，以致与这个目的稍有出入，但只要他们的行动的主要趋向显然只是关怀公众，而不是其他的话，也是这样。”②其次，洛克从理论角度论证了特权及其特权的任务。为

① ［英］洛克：《政府论》下篇，叶启芳、瞿菊农译，商务印书馆 1964 年版，第 100 页。

② ［英］洛克：《政府论》下篇，叶启芳、瞿菊农译，商务印书馆 1964 年版，第 105 页。

了使人们不至于对特权产生误解，洛克先从概念上对特权加以明晰。洛克强调他所讲的特权并非等级社会中那种一部分人只享受权利而不尽义务而另一部分只尽义务而不享受权利的不平等制度安排，洛克所指的特权是指在人与人自由平等的社会结构中行政机关以及公职人员所被授予的未经由法律与法规明文规定的自由裁量权以及紧急处置权。洛克给特权的存在以善的论证。"这种并无法律规定、有时甚至违反法律而依照自由裁处来为公众谋福利的行动的权力，就被称为特权。"①事实上，无论是何种社会，都要给公共权力的执行者一定的自由裁量权，这是一种现实所需。

然而，无论何种特权只要被称为特权均是一种法外权力的行使，因而总是充满了风险与不确定性。"一个有关特权的老问题会被提出来，即谁来判定这个权力是否使用得当呢？我的回答是：在赋有特权的经常存在的执行权和一个由执行权来决定召集的立法机关之间，世界上不可能有裁判者。"②洛克对于这一问题的回答初看起来有些保守抑或无奈，但实质上是积极的与乐观的。在洛克看来对于特权的正当性行使仍然是有保障的。这体现在以下几点：①特权只能是特权，特权不是惯例，同时更不能取代日常而成为惯例。②特权的目的是公众福利而不是个人私利。③特权行使的正当源于个体良心的确信。洛克将特权善的目的以及善的应用诉诸个体良知，看似无奈实则是智慧。好的社会与好的人是同构的，任何好的政策若离开公职人员的较高的道德水准与职业素养也注定无法实现预期。④对于特权的变质与变异不必太过担心。公道自在人心，人民一般情况下会容忍个别性的特权（变质与变异的特权），当忍无可忍时，人民自然就会奋起抗争。

（5）公民不服从：反抗及其限度

洛克认为，当暴政出现后，事实上政府已经解体，那么，公民便没有必要服从这个性质已经发生根本性改变的政府。洛克认为界定暴政并非难事，暴政

---

① ［英］洛克：《政府论》下篇，叶启芳、瞿菊农译，商务印书馆1964年版，第102页。

② ［英］洛克：《政府论》下篇，叶启芳、瞿菊农译，商务印书馆1964年版，第106页。

有以下三个特征:第一,政府及其公职人员行使越权的、任何人原本没有行使过的权力;第二,政府及其公职人员行动的目的不是保护人民而是满足其个人的私欲;第三,对现行法制公开的破坏。[①] 洛克认为不仅君主制存有暴政之可能,其他政体也并不能排除出现暴政的可能。无论是何种政治社会,只要暴政出现,事实上便宣告了政府的解体,这时人民便可以行使自然法所赋予的最高权力来建构新的政体或政府。因而,洛克一再告诫那些执政者要保持警醒——“这就是认为人们竟如此愚蠢,他们注意不受狸猫或狐狸的可能骚扰,却甘愿被狮子所吞食,并且还认为这是安全的。”[②]生命、自由、安全与福祉是人的自然的权利,是任何人不能剥夺的。人们之所以进入社会,构建政府,目的就是要过上比自然状态下更好的生活。若现实状况与这一初衷相背离,那么人们自然便会寻求改变甚至是追求政权的重构。这不是犯上作乱而是革命,革命无罪,革命有理。

政治生活是复杂的,对于政治生活人们应该持审慎的态度。洛克在提出人们有权反抗暴政之后,接下来就提出这样的问题——“是否一个人只要觉得自己受害,并且认为君主并不享有对他这样做的权利,就可以随时加以反抗呢?”[③]洛克的回答是否定的,洛克认为如果社会之中的个体均如此行事的话,那么社会必然就会陷入无政府主义的混乱状态。其实,洛克在这里涉及政治生活中一个非常重要的问题——公民的不服从。

洛克认为公民具有不服从的权利,当公民受到不公正对待的时候,公民不能也不应麻木不仁、任人宰割。公民应该对那些使自己不公平对待而权益受损的现象积极地抗争,行使公民不服从的权利。不过,洛克强调不应将公民不服从的这种权利过于夸大。洛克给出了以下理由:第一,在有些国家,君主的

---

① 参见[英]洛克:《政府论》下篇,叶启芳、瞿菊农译,商务印书馆 1964 年版,第 127—128 页。

② [英]洛克:《政府论》下篇,叶启芳、瞿菊农译,商务印书馆 1964 年版,第 57 页。

③ [英]洛克:《政府论》下篇,叶启芳、瞿菊农译,商务印书馆 1964 年版,第 129 页。

人身基于法律是神圣的,因而不能轻易地冒犯。第二,即使政府元首的人身不那么神圣,但动辄而起的公民合法抗争也会使政府陷于混乱。第三,公民不服从过程中不宜过分强调强力,强力会造就不安与非义,公民不服从过程中应注重良心拒绝与非暴力反抗等形式。第四,公民的不服从往往不易达至目的。①整体而言,洛克的公民不服从理论确有软弱与不彻底之嫌。不过,我们也不应将洛克这一缺点过于夸大。事实上公民的不服从的恰当运用确实是一门高超的艺术。对于公民的不服从,当代政治哲学名家罗尔斯对于非暴力反抗与良心拒绝也持赞同态度,但罗尔斯同样强调不应轻易地动用与行使公民不服从这项权利。罗尔斯认为只要社会的整体结构是正义的,那么公民就应该整体上服从与认同这种制度安排,哪怕其中有个别法律条文制定仍有不合理之处。

5. 惩罚正义:惩罚权的来源、主体及限度

洛克承认自然状态下存在着伤害的可能,洛克同时也并不否认当人类告别自然状态进入社会生活之后这种伤害依然存在的这一现实。之所以如此,根源就在于人。尽管洛克并不像霍布斯那样是赤裸裸的性恶论者,甚至还有些人主张洛克是性善论者,作为注重现实与经验的思想家,洛克对于人性有着清醒认知——人尽管向往光明与追求神圣,但人亦有阴暗与邪恶心理。洛克之所以强调人要告别自然状态进入社会状态,之所以要将惩罚权由个体转移给社会,根源就在于人的自私、心地不良、感情用事和报复心理等幽暗心理。哪里有伤害,哪里便有惩罚。不过,并非所有的惩罚都是正义的与恰当的。因而,洛克认为要做到惩罚正义应对惩罚权的来源、实施惩罚的主体以及惩罚的限度作进一步的分析。

首先,惩罚权来源的正当。洛克认为社会的惩罚权并非“无”中生“有”,而是“有”中生“有”。易言之,社会中惩罚权直接源自于自然状态下个体惩罚

① 参见[英]洛克:《政府论》下篇,叶启芳、瞿菊农译,商务印书馆 1964 年版,第 129—132 页。

权。依自然法规定，惩罚权是每个人的天赋权利。在自然状态下，个体的惩罚权归自己所有且为自己所用，但由于个体惩罚权存有任性与无力等缺陷从而使得个体将惩罚权交给社会与国家了。这便是洛克所强调的惩罚权合法性的来源。

其次，惩罚权主体的正当。洛克认为在自然状态下，基于自然法所有的人均可以成为处罚的主体，但自从人告别自然状态进入社会之后，个体便将惩罚权转让给社会，此时，个体便不再拥有惩罚权。如果个体仍然行使惩罚权，事实上便是重回自然状态，个人私自行使惩罚权在社会状态下是不允许的。如果在社会状态下发生公权私用——社会惩罚权个体化行使——这一现象，自然便是不正义的。

再次，惩罚理由的恰当。洛克强调对于个体的惩罚必须要有充足的理由，而不能无缘无故地对人进行惩罚。若无缘无故地对人进行惩罚，那便是对个体生命、自由与财产权的侵犯，就是不正义的体现。因此，洛克一直强调惩罚的理由必须是恰当的与充分的。恰当的与充分的惩罚权的标准则是"理性和公道的规则"。[①] 人按照理性与公道的规则行事，谁便是正义的；谁若是有意或是无意地破坏了理性和公道的规则，谁的行为就是不义的，谁就应该受到惩罚。不过，这样讲似乎仍有抽象之嫌，所以洛克对于惩罚的理由又做了进一步的细分，洛克认为惩罚的理由可以分为违法与不符合正当理性这样两种。[②] 洛克的这一表述可谓思虑周全。人们往往认为惩罚的直接根源就在于违法，这是很好理解的。法从本源意义上讲是人们意志与意愿普遍的、真实的表达，法维系着社会的繁荣与发展以及保障人们的安全与福祉。因而，社会公众均应遵守法律，守法可以视作公民最基本的德性与德行，因而凡违反法律之事必须得到惩罚从而维护法的尊严与社会的安宁。不过，若仔细地思考，我们就会发觉如果仅仅将惩罚的依据归结为对法律的背离，可能也会产生对不正义行

① ［英］洛克：《政府论》下篇，叶启芳、瞿菊农译，商务印书馆 1964 年版，第 5 页。

② 参见［英］洛克：《政府论》下篇，叶启芳、瞿菊农译，商务印书馆 1964 年版，第 5—6 页。

为的纵容以及对于正义行为的伤害。这是因为:①法具有滞后性。法作为既成的人的意志与意愿的表达,对于新生事物往往并不敏感甚至在相当程度上还有某种程度拒斥与否定,因而法虽不乏前瞻性但却难以避免地具有某种程度的滞后性。②法具有局限性。法的规定不能囊括人世间的一切现象,亦不能覆盖个体的所有行为,更为重要是,法虽能起到事前防范的作用,但法更侧重于事后惩罚;法虽也应涉及人的动机,但法更看重行为的后果。易言之,法的作用范围不是无限的,法的作用效力同样也不是无限的。③法具有流变性。法的流变性突出体现在法的合法性存有流变的可能。某些法令虽原本具有合法性但随着时间的推移其自身的合理性与合法性在逐渐消减,极有可能由合理性变成不合理性、由合法性变成不合法性。因而,此时若严格地按具体法律条文行事,极有可能出现形式上合法而实质上不合法。作为思维缜密的思想家,洛克自然不会忽略这一现象,所以洛克才将违反理性规则作为惩罚正义的要件,这是明智之举。在生活世界中,合理与合法的关系是多样的。大多数情况下,二者是统一的;但在有些时候,两者也会发生背离的现象。有时,不合法未必就是不合理的,不合法反而是合乎法律精神的。因而,若教条般地理解与运用法律条文,就会出现合乎法律条文但不合乎法律精神的情况。对此,人们应给予警醒。

最后,惩罚限度的恰当。即便对某人的某种违反自然法的行为前几个要件均是成立的,惩罚是应该的与必然的,但惩罚同样应该是有限度的。惩罚不应是随意与任性的,惩罚应是遵循理性和良心的指示。易言之,即惩罚应遵循自然法。洛克认为在自然状态下,人们易出现惩罚过度的现象,这是因为“人们充当自己案件的裁判者是不合理的,自私会使人们偏袒自己和他们的朋友,而在另一方面,心地不良、感情用事和报复心理都会使他们过分地惩罚别人,结果只会发生混乱和无秩序”。[①] 正是出于对这一缺憾的规避,洛克才强调人

① [英]洛克:《政府论》下篇,叶启芳、瞿菊农译,商务印书馆1964年版,第8页。

要由自然状态进入社会状态，将惩罚权由个人交给社会。

6. 战争与正义：正义的战争与战争的正义

尽管有着强烈的神学信仰与救世情怀，但洛克并未否认战争与征服，甚至在相当程度上还肯定了战争与征服。当然洛克并非马基雅维利主义者，洛克认为战争与征服虽不可避免，但战争与征服是有底线的，逾越与触碰战争与征服的底线，即便是原本正义的战争与征服也将会变得不正义。

在洛克的视域中，征服与入侵并非个案而是常态。洛克首先是看到了人世间存在着强者对于弱者的凌驾。这种恃强凌弱的现象既体现在一国之内，也体现在国与国之间。对于这种人世间的不正义，洛克整体上是持批评态度的。洛克认为强者并不必然是正义的化身，只不过由于掌握了强权而已，强者与小偷本质上是一样的，“惟一的差异就是，大盗惩罚小盗使他们服从自己，而大盗们因为过于强大，决非这个世界的软弱的司法力量所能惩办，就得到桂冠和胜利的酬赏，反把惩罚罪犯的权力拿到手里”。[①] 其实，洛克这一主张与庄子的——“彼窃钩者诛，窃国者为诸侯，诸侯之门，而仁义存焉，则是非窃仁义圣知邪？”（《庄子·胠箧》）——这一观点是极其相近的。对于世间这种不正义现象，洛克认为应取的立场与态度是努力地消除不正义或使不正义的危害降到最低。正是基于如此的理念，所以洛克提出了他的正义的战争观以及战争的正义观。

首先，战争发起的正义。任何一场战争，交战双方均要为自己找寻到发起战争或进行战争的充足理由从而做到师出有名。洛克战争正义的理据源于其一贯所坚持的自然法——“人类天生都是自由、平等和独立的，如不得本人的同意，不能把任何人置于这种状态之外，使受制于另一个人的政治权力”。[②] 因而，在一国之内，若一部分人力图对我的自由、平等与独立加以剥夺，那么事

① ［英］洛克：《政府论》下篇，叶启芳、瞿菊农译，商务印书馆 1964 年版，第 112—113 页。
② ［英］洛克：《政府论》下篇，叶启芳、瞿菊农译，商务印书馆 1964 年版，第 59 页。

实上这样一些人便与我处于战争状态。战争状态绝不是临时起意的、随意的行为,战争状态是有计划、有准备且往往是以公开的形式发起的对敌对方的毁灭性的攻击行为。① 洛克认为,当个体发觉自己已经处于战争状态下,“我可以合法地把他当作与我处于战争状态的人来对待,也就是说,如果我能够的话,就杀死他们”。② 洛克这一主张大体不谬。既然现实世界避免不了伤害与战争,那么束手就擒、任人宰割绝不是正确的选择,所以奋起抗争本身就具有现实性与合理性。仅就洛克所生活时代而言,英国国民的自由随时都有被剥夺的可能,洛克提出这种主张既是对于其所生活时代英国所发生的革命与战争进行的合法性论述,同时这一论证也为后来的战争的正当性理由提供了一定的有意义的思想资源。人之自由获得实属不易然而维系则更难,无论是国内还是国外,总会有个别人或势力企图剥夺公民的自由将公民变为奴隶,这样的行为事实上均是敌对的、不友好的行为,均应将其视作拉入战争状态正当理由。当然,发生战争以及进行战争的理由并不局限于国内,国与国之间也会发生类似于一国之内的类似纷争。假设另外一国(或一国家联盟)力求于对本国人民的自由、平等和独立加以剥夺,那么本国就与这一国以及这一国家形成的联盟处于战争状态。此时,本国政府与人民就有了进行战争正当的理由。对此,我们亦应该对洛克所讲的战争的理由加以进一步的思考。洛克这一主张看似合乎逻辑,不过问题的关键则在于这种理据是否真实的。洛克之后的近现代西方世界所发起的战争哪一个不是打出了冠冕堂皇的理由——自由、平等、人权等,然而这些战争无一不是非正义的侵略战争。对此,我们应该警醒。当然,我们不能将西方自由主义的这种虚伪与狡诈、野蛮与残酷等标签直接贴到洛克头上,这对洛克本人来说是不公平的。不过,整个近现代世界史确

---

① “战争状态是一种敌对的和毁灭的状态。因此凡用语言或行动表示对另一个人的生命有沉着的、确定的企图,而不是出自一时的意气用事,他就使自己与他对其宣告这种意图的人处于战争状态。”([英]洛克:《政府论》下篇,叶启芳、瞿菊农译,商务印书馆 1964 年版,第 11 页。)

② [英]洛克:《政府论》下篇,叶启芳、瞿菊农译,商务印书馆 1964 年版,第 12 页。

实验证了洛克所倡导的自由主义理论与实践的名实不符以及由此所产生的虚假与不诚实，尽管这可能并非洛克的本义，但却是一种无法否定的现实。

其次，战争过程中的正义。关于战争正义与否并不仅仅取决于战争理由的正当，同时还取决于战争手段与战争后果的正当。在关于战争手段与战争后果的正当性方面，洛克同样做出了有价值的论述。我们都知晓战争是残酷的，这种残酷不仅仅体现在战争过程对于敌对一方的攻击，还体现在胜利之后对于战败一方的迫害。中古世纪战争胜利一方对于战败方往往有屠城等血腥屠杀，战争的残酷即便是进入了现当代社会也不免有种族屠杀之暴行。洛克对于这种战争的残酷与战争中的不人道之举是不赞成的，洛克主张战争行为不能是无底线的，战争的手段不应是野蛮的与残酷的。洛克认为正义战争应守规则、有底线。为了保障这种正义战争不至于变成非正义战争，洛克对于战争行为进行了诸多的限定："如果征服者的征服是合乎正义的，他就对一切实际参加和赞同向他作战的人们享有专制的权利，而且有权用他们的劳动和财产赔偿他的损失和费用，这样他并不侵害其他任何人的权利。对于不同意战争的其余的人民，如果有这样的人的话，以及对于俘虏的子孙或对两者的财产，征服者都不享有任何权力，从而他不能基于征服而具有统辖他们的任何合法的权利根据，或把它传给他的后裔。但如果他企图侵犯他们的财产，他就成为一个侵略者，从而使自己处在与他们敌对的战争状态。"①洛克关于战争手段中及其战后善后事宜的论述是有合理之处的：第一，尊重战败方的生命权，这相较于之前战争对于战败方所进行的野蛮与血腥屠杀无疑是一种很大的进步；第二，保障战败方的财产权，这相较于原先的那种烧、杀、抢、掠无疑也是有进步的；第三，战争不能伤及无辜，即便是战败方的子女，这相较于原先那种斩草除根式的血腥屠杀是一种社会进步。洛克上述关于战争正义的主张具有着浓厚的悲悯情怀又有着强烈的人道关怀，体现了社会的文明与人类的进步，理

① ［英］洛克：《政府论》下篇，叶启芳、瞿菊农译，商务印书馆 1964 年版，第 124 页。

所当然是应该被肯定的。

最后,关于殖民主义与奴隶制的相关正义问题。洛克是否赞成奴隶制以及是否是殖民主义的拥护者,这是一个颇为争议的话题。一方面,洛克是批评奴隶制的,“奴隶制是一种可恶而悲惨的人类状态,它同我们民族的宽宏性格与英勇气概那样直接相反,以致难以想象”。① 另一方面,洛克生活的时代既是英国正在开启着海外殖民入侵的时代又是西方世界贩卖黑奴猖獗的时代。洛克对于英国所从事的殖民战争以及由此而来的殖民地人民的抗争并未做出激烈的批评。更为重要的是,洛克本人以及以洛克为代表的自由主义与殖民主义以及奴隶制有着内在的关联。洛克本人的确认为主仆关系不同于主奴关系,仆人与奴隶是有区别的,不能将两者混为一谈。② 人们对此的理解往往就停留在洛克主张人与人的平等关系之上。然而,若我们再进一步思考,事实上洛克并没有否定生活世界中奴隶的不存在,洛克反而以相当平静的态度描述了奴隶的生存样式——“他们是在一次正义战争中被获的俘虏,基于自然权利要受他们主人的绝对统辖权和专断权力的支配”,“这些人既已放弃了他们的生命权,因而也放弃了他们的自由,丧失了他们的财产”。③ 初看起来,洛克的这一主张与其所持的人人自由平等的自由主义理念是相矛盾的。不过,我们都应该知晓洛克所主张的自由平等是资本主义国家内部的人与人之间平等与自由(尤其是富人间平等与自由),而绝非是指宗主国与殖民地与半殖民地的人们间的平等与自由。洛克是无法超越其时代亦无法超越其阶级的。其

① [英]洛克:《政府论》上篇,瞿菊农、叶启芳译,商务印书馆 1982 年版,第 3 页。

② 洛克认为平等的主体之间可以形成主仆关系。“一个自由人向另一人出卖在一定时期内提供他的劳役以换取工资,从而使自己成为另一人的仆人;并且,虽然这一行为通常使他处在主人的家庭内,受一般的纪律管束,然而这只给主人以暂时支配他的权力,而且不超越他们之间契约中所规定的范围。”([英]洛克:《政府论》下篇,叶启芳、瞿菊农译,商务印书馆 1964 年版,第 51 页。)这也就是说,在洛克看来,主仆之间虽有约束与被约束的关系,但这种关系一是有期限的而非终生的,二是源于自愿而非强迫的,三是作用相对性的而非绝对性的。所谓作用的相对性是指这种规约之上还有自然法与人为法,即这种规约不能有损于人的生命、自由与财产,易言之,不能有损于人的尊严。

③ [英]洛克:《政府论》下篇,叶启芳、瞿菊农译,商务印书馆 1964 年版,第 51 页。

实,自由主义与殖民主义并不矛盾,殖民主义就是自由主义的直接产物,自由主义内在逻辑必然会产生帝国主义、军国主义与殖民主义。洛克一再强调战争的正义取决于理据的充足与道义的崇高,而近现代西方世界对于第三世界国家所进行的历次殖民战争往往都打着诸如“让亚非拉的人民过上自由、民主与文明的生活”的旗号。其实,这只不过是西方殖民主义者为其殖民入侵所编造的骗人口号而已。

三、洛克正义思想评述

洛克是西方自由主义思想奠基人,因而其在西方正义思想史占有着举足轻重的地位。同时,洛克的正义思想是丰富的与复杂的,因而,我们很难在很短的篇幅中对洛克的正义思想加以全面的评述,在此,我们就洛克正义思想中的三个内容作一简短的评述。

第一,洛克的契约正义思想。洛克关于政府起源的契约思想在西方近现代政治社会中起过非常重要的作用。自文艺复兴、启蒙运动以来,君权神授被人们开始普遍性地质疑,然而如何重塑人的心灵秩序与社会的生活秩序就摆在人们的面前,同时,如何为人们的精神世界与意义世界找寻到牢固基石也成为时代性的课题。洛克反对菲尔麦的君权神授说,同时也不赞成霍布斯“利维坦”式的政府起源说。洛克以其独特的自然状态、公民同意与人民反抗学说构建了政府合法性的理论。中肯地讲,契约论是有其合理性的。契约论是一种约定论,并且这种约定是人与人的约定,而非神与人的约定,从而体现了人的主体性。同时,契约论又是基于权利平等的人之间基于自愿同意的约定,因而又体现了人的自主性。契约论是以人的现实幸福与福祉为旨归,从而又体现了人的自为性。不过,契约论也面临着诸多的挑战,对于契约论挑战的应答直接影响着整体近代社会的价值走向——从信心满满到游移踌躇直至最后的悲观绝望。当然,人们对于契约论的看法,也是有所反复的,也是有一个过程的。这个大的认识过程历经了三百年,未来会怎样,人们仍需要观察。不过，仅就洛克的时代而言，洛克的契约论相对而言完美地解决了这一时代所需要解决的现实课题。洛克的契约论迎合了近代民族国家的确立，符合了近代化所要求的世俗化、工业化、科层制等诸方面的要求，从而具有一定的现实性与合理性。

第二，洛克的劳动—财产正义观。自由主义都认为财产权与私有制是天经地义，财产权与私有制具有天然的合法性。洛克认为财产权与私有制的合理性有这样三点：①纯粹的自然物是无主的共有物，但一旦某种自然物被赋予"我"的意志、"我"的努力与"我"的付出之后，它便成为"我"的私有财产，他人应对此予以承认且不能侵犯。②当"我"确立了对某物的所有权后，社会财物并不会因此而减少。这是因为确立了"我"个人的财产权，并没有破坏他人争取自身财产的权利与自由，同时，自然与社会留给他人的生存与发展的空间与资源并没有缩小。③个体确立了私有财产之后，社会并不会发生混乱与纠纷，社会反而会和谐与稳定，这是因为财产各有其主之后，人与人的交往反而更加便捷，社会因此也会和谐与繁荣。对于财产及其所有权，自由主义均秉持如此的理念，无论他们是自由主义阵营中的左翼还是右翼。即便是对所有权持批判态度的普鲁东也承认所有权"丰富了人的存在，增强了人的力量，提高了人的尊严"。[①] 自由主义者均认为离开了财产与财产权，人及其人的其他的一切权利都是虚幻的与漂浮无根的。在他们看来，财产即自由，财产既是物权更是人权，人是通过财产而真实地存在着，无财产即无自由，无财产即无人权。洛克的劳动—财产正义观有一定的合理性，它的合理性在于首先承认劳动的作用，财富非天赋抑或神授，财富源于人的劳动，劳动既是光荣的又是神圣的，同时这也在某种程度上承认了劳动者是历史的创造者，这无疑是值得肯定的。当然，洛克劳动—财产正义观也存有很大的局限，那就是承认私有制的永恒性与合法性，其实，私有制并非永恒的，私有制只是人类社会发展过程中的阶段

① [法]蒲鲁东：《贫困的哲学》下卷，余叔通、王雪华译，商务印书馆1998年版，第593页。

性现象。私有制是恶之源泉,私有制必然要被公有制所代替,这才是人类社会发展的方向。

第三,洛克的人道主义正义观。洛克作为古典自由主义的鼻祖并不像有些人想象的那样是自由至上的鼓吹者,洛克注意到了人世间的不幸以及社会底层人士的悲残生活,面对着如此的社会不公平的现象,洛克大声疾呼富人的财产权要让位于穷人的生存权。洛克在《政府论》上篇中饱含深情地写道:“任何拥有财产的人如果不肯从他的丰富财物中给予他的兄弟以救济,任他饥饿而死,这将永远是一宗罪恶……一个人如果乘人之危,利用拒绝拿出上帝要求他提供给贫困兄弟的救济的办法,强迫他成为自己的臣属,这种行为之不义,不亚于一个力量较强的人进攻一个弱者,逼他服从,拿着匕首针对他的咽喉,威胁他不当奴隶就是死亡。”①洛克的这一表述无疑是有进步意义的,是值得肯定的,一个好的社会既应给强者以发展权,更应该给弱者以生存权。如果一个社会只讲求强者的利益,那么这个社会就不是属人的社会与为人的社会而成为人间地狱了。

第三节　亚当·斯密的正义思想

亚当·斯密在思想史上是有重要地位的人,同时也是在历史上产生过巨大影响的人。斯密既是一个道德哲学家又是一个政治经济学家,他把道德、公正与经济以隐蔽的方式近乎完美地统一在一起,从而使得斯密古典自由主义别具一格成为古典自由主义之中非常具有代表性的人物。

一、亚当·斯密:时代与人

亚当·斯密(1723—1790),英国著名的古典政治经济学家、哲学家,资本

① [英]洛克:《政府论》上篇,瞿菊农、叶启芳译,商务印书馆1982年版,第36—37页。

主义自由主义道德的奠基人。亚当·斯密的主要著作有《道德情操论》《国民财富的性质和原因的研究》《哲学问题论集》以及坎南编著的《亚当·斯密关于法律、警察、岁入及军备的演讲》。

亚当·斯密生活在18世纪的英国。18世纪的英国,经济蓬勃发展,国力大幅增强,海外贸易与殖民地不断拓展,国内的社会生活相对平静,社会文明也有一定程度的提升。然而,在这种所谓的"盛世"或"黄金时期"之下,却隐藏着诸多的丑陋与阴暗:阶级剥削加剧、阶级矛盾激化,社会道德腐化、奢靡与游惰之风盛起,北美殖民地与英国本土的矛盾日炽……生活在英国这一时期斯密是注意到这些现象的并力图对这此现象加以理论上的诠释。因而,斯密开始殚精竭虑,著书立说,目的就是将他心目中理想的人、理想的社会与理想的国家之确立与实现。

亚当·斯密所处的时代是资本主义蓬勃发展时代,资本主义的优点开始充分地展现出来,同时资本主义的弊端也开始表现出来。对于这样的社会现实,不同的思想家于各自的立场做出了不同的理论反映。有人认为这样的时代就是最好的时代,因而他们为资本主义制度唱赞歌;也有人认为这是最坏的时代,因而他们要为找寻取代资本主义制度的其他制度而努力。斯密既肯定其所生活时代,同时又对其所生活的时代有所担忧,不过,斯密更多的是积极地去思考对策。因而,亚当·斯密的正义思想必然是从整体上肯定他所处时代社会权利与义务的制度安排的合理性,同时,斯密又对他所处时代社会权利与义务的安排进行了局部的、细微的调整。

斯密试图以其庞大的体系为资产阶级提供自由竞争、自由贸易的经济理论,同时也提供建立新的经济关系和社会生活秩序的道德学说,并为建立商业社会中好生活的样式以及与之相匹配的制度安排提供有益的思想资源。《道德情操论》是斯密第一部著作,也是斯密本人最为看重的著作。斯密一方面继承了哈奇逊和休谟的道德情感论传统,另一方面又深受洛克和孟德威尔的影响,建立了他的独具一格的情感主义伦理学说。斯密在《道德情操论》中重点谈及了同情与公正的旁观者,斯密认为谨慎、仁爱、公正与自制是个人良好的德性。《国民财富的性质和原因的研究》是斯密最为著名的作品,斯密在《国民财富的性质和原因的研究》中谈及了分工与一只看不见的手等内容,斯密对追求利润是善的论断,以及自利能利他、利社会的理论,解放了人的思想,更新了人的观念,迎合了时代的需要,对推进市场经济的发展和消除封建制度都发挥了重要的作用。《国民财富的性质和原因的研究》与《道德情操论》的思想主旨是统一的:为新的商业社会提供建立新的心灵秩序与生活秩序的学说。《亚当·斯密关于法律、警察、岁入及军备的演讲》则是连接《国民财富的性质和原因的研究》与《道德情操论》的纽带,同时更是斯密法权思想的集中体现。

二、亚当·斯密正义思想的内容

在具体阐释斯密正义思想之前,我们有必要对正义的人为特性以及苏格兰启蒙运动学派的正义特点再简单地说明一下。正义之德与自然的自然秩序一样皆是人为之物而非自然原来所有。正义是一种人的认识、一种人的态度、一种人的活动、一种人的设计以及一种制度化的结构安排。正义会涉及与人的方方面面的权益的关系,其中最为鲜明的是人与人、人与社会、人与国家、人与自然之间的权利与义务安排。因而,正义无论如何都是一种人为的德性。此其一。其二,18 世纪苏格兰启蒙运动学派的正义观还具有与欧洲大陆理性主义不同的特质,那就是“一方面,苏格兰学者们把正义看做是一种个人特征,但另一方面,他们又从社会层面出发,将正义看做是一种制度化了的习惯,这两种解释看似矛盾,却紧密相连”。① 作为苏格兰启蒙运动学派代表型人物的斯密自然具有着这些的共性。斯密将正义的人视作合宜的人;同时,斯密将自然自由的制度视作正义的制度予以高度评价并加以推崇。

---

① ［英］亚历山大·布罗迪:《苏格兰启蒙运动》,贾宁译,浙江大学出版社 2010 年版,第 194 页。

1. 正义的源起:对自我合宜的关注

斯密对于生存本体论的人的样式做了这样的描述——“人只能存在于社会之中,天性使人适应他由以生长的那种环境。人类社会的所有成员,都处在一种需要互相帮助的状况之中,同时也面临相互间的伤害。”①人是社会性的存在,人天生有互通有无、交换的天性。并且,人需要他人的协助,人是互助性的存在。单子化的个体与孤立的个体可以作为文学想象抑或是心理表白而出现,但绝不是生活世界真实的写照。现实之中,人必然生活于社会之中,处于关系之中,人的在世未必是“为……而在”,但一定是“与……同在”的样式。由于人性的本然决定了自己一定不能只受人恩惠而不能给他人恩惠,人都是手段与目的链中的环节与中介。因而,每个人都应是、都必然是有利于他人的存在,并且还要不断地提醒对方自己是对他人有利的,这样才能有利于自己的生存,有利于自己的发展。不过,由于每个人都会有自身的利益诉求并且往往追求自己欲望及其利益满足的最大化,因而,这就难免会发生人与人之间的利益的纠葛及其矛盾。因而,秩序、规范的出现就成为必然。合理的秩序安排被人们称作正义,同时按合理的秩序去规范地行事也被称作正义。前者被称为正义的制度,而后者则被称为正义的人。

其实,认真思考起来,无论是正义的制度与正义的人都是用来规范人的行为,使社会有序运转的。休谟对于正义产生的条件曾给了两点解释:资源的有限性与人的有限慷慨。休谟对于正义起源的解释是合乎常识的。人们所争取的往往都是有限的资源,人不会对当下充沛的资源展开争夺,比如常态情况下的阳光,但在特殊情况下的阳光则成为稀缺资源时,人们也会对阳光展开争夺,比如高层住宅中的居民会提出采光权的问题。正义产生的第二个条件是人的有限慷慨。所谓有限慷慨是指人虽有同情与利他之心,但是人的这种同

① [英]亚当·斯密:《道德情操论》,蒋自强等译,商务印书馆1997年版,第106页。

情与利他之心并不是无限的而是有限的,更为重要的是人还有自利与自爱之心,因而人往往不会慷慨到对任何资源都无偿地交付给他者而放弃对自我利益的争取与维护。在一个温馨的家族里,更多的是仁慈与关爱而不能讲过多的正义;但当一个家族出现破裂时,当亲情已消亡时,涉及财产分割时,正义的问题便会凸显出来。

在正义的起源上,斯密与休谟的观点是相近的。斯密认为“每个人首先和主要关心的是他自己。无论在哪一方面,每个人当然比他人更适宜和更能关心自己”。① 更为重要的是在斯密看来每个人对自己行为与利益合宜的关注恰恰就是德行真正的精髓。对于自身行为的合宜性的关注不仅仅是德行的起源,其实更是正义的源起。一个忽视自身正当利益的人,他要么高于正义——无私与神圣,他要么低于正义——无耻与卑鄙。总之,这样的人无论如何不是一个现实之中追求常态化、世俗化生存的“合宜之人”。斯密认为在生活世界中具有道德的人首先就要关注个人的健康、财富与地位,而那些对自己的健康、财富与地位给予合宜性(为他人赞同与许可)关注的人即正义的人、有道德的人。这样的人虽然并不十分高尚且并不十分让人尊敬,但他们却是具有最基本德性的人,这些人在斯密眼中被视作具有正义的、拥有谨慎美德的人。

2. 自然的自由秩序与惩罚正义:人为之德与消极之德

“亚当·斯密是18世纪的思想家,当时的思想家预示,社会只有在宪法、秩序和公正的制度框架内才可以运作,而这种框架则具有坚强的社会道德和宗教基础。”②因而,包括斯密在内当时的思想家都主张社会要有一个好的秩序——自然的自由秩序。斯密主张社会是秩序的社会,并且这个社会的秩序

① [英]亚当·斯密:《道德情操论》,蒋自强等译,商务印书馆1997年版,第283页。

② [美]帕特里夏·沃哈恩:《亚当·斯密及其留给现代资本主义的遗产》,夏镇平译,上海译文出版社2006年版,第11页。

是自然的自由秩序。那么,究竟应该怎样理解斯密(以及整个苏格兰启蒙运动学派)自然的自由秩序呢?第一,这种秩序并非自然之德,自然界并不存在自然的自由秩序;第二,这种秩序的形成一定且必然是与人及其人的活动密切相关的,所谓神创世界以及神创自然秩序的说法同样是错误的;第三,这种秩序的形成必然是人为的,但这种人为秩序的形成不是像大陆理性主义者所主张的那样由某些智识超群的人主观设计并在社会中强行推广而成的人为秩序;第四,这种秩序的形成是人们生活世界中经过摸索与实验而不断地积累而成的,自然的自由秩序的每一环节与步骤都是人们在探索中形成的,没有原本就设定好的预案。自然的自由秩序的形成就和道德共同体的形成一样,"它仅仅是一个经验的、历史的事实"。① 正因如此,秩序是人为的德性,但又是自然而然形成的。所以,在早期古典自由主义者之中,尤其是以休谟与斯密为代表的苏格兰启蒙运动学派对于自然的自由秩序的作用都予以相对低调化的处理。自然的自由秩序不主张对人的抉择与社会的活动主动介入,一切都应顺其自然,这样的社会就是自然的且是自由的。这就是古典自由主义者所推崇的社会。

作为古典自由主义突出代表的斯密自然也秉持如此的理念,因而,斯密的正义观给人的第一个印象便是消极正义观。这种认知是有相当合理性成分的。的确,斯密论证的重点是交换正义与惩罚正义而非分配正义。在以斯密为代表的古典自由主义者眼中,作为正义之德的社会首先就是要保障人的生命安全与财产的安全,保障个人的权利不受他人的侵犯。这种对公正的理解类似于自然法,它的理据就是"理所当然"。这种对公正的理解构成了任何社会(尤其是现代性社会)的基础。一个正义之人既不受他人的侵犯,也不侵犯他人。一个正义的社会就是能保障每个人的自由不受他人的侵犯。因而,"在绝大多数情况下,正义只是一种消极的美德,它仅仅阻止我们去伤害周围

① [英]亚历山大·布罗迪:《苏格兰启蒙运动》,贾宁译,浙江大学出版社 2010 年版,第 195 页。

的邻人”。[1] 与此相应,斯密正义理论的第一个形象便是消极的而非积极的存在。大家都知道《国民财富的性质和原因的研究》中斯密强调分工,《道德情操论》中斯密强调同情,但无论分工与同情均不是斯密体系的核心,斯密体系的核心其实是正义。在斯密看来,社会如果缺乏分工,社会可能并不繁荣,但社会仍然可以存在;社会如果缺乏同情与仁慈,社会可能不完美但社会同样可以保持存在;不过,社会如果真的缺乏正义,社会就将不复存在。这是因为,“社会不可能存在于那些老是相互损害和伤害的人中间。每当那种伤害开始的时候,每当相互之间产生愤恨和敌意的时候,一切社会纽带就被扯断,它所维系的不同成员似乎由于他们之间的感情极不和谐甚至对立而变得疏远”。[2] 为了避免类似伤害频繁地发生,就需要有制度与秩序的存在,就需要有正义保障。正义与秩序是社会维持存在的底线。社会的存在首先就要求有秩序,同时更要求有正义的法则。正义最初的形态便是“一报还一报”式的惩罚正义。在斯密看来,正义是人们所必须要遵循的美德,正义的对象既“是愤恨的合宜对象,也是惩罚的合宜对象”。[3] 因此,每一个人都要严格地按正义行事,而对于那些违法者要给予其最严厉的惩罚,既教育其本人同时又警醒其他社会成员。斯密认为欲实现惩罚的正义,社会的法制应是健全与完备的。“最神圣的正义法律就是那些保护我们邻居的生活和人身安全的法律;其次是那些保护个人财产和所有权的法律;最后是那些保护所谓个人权利或别人允诺归还他的东西的法律。”[4]

3. 交换正义:分工、合作与互惠

斯密的惩罚正义强调保护人民的财产与权利免受伤害,因而具有消极德

① [英]亚当·斯密:《道德情操论》,蒋自强等译,商务印书馆 1997 年版,第 101 页。
② [英]亚当·斯密:《道德情操论》,蒋自强等译,商务印书馆 1997 年版,第 107 页。
③ [英]亚当·斯密:《道德情操论》,蒋自强等译,商务印书馆 1997 年版,第 99 页。
④ [英]亚当·斯密:《道德情操论》,蒋自强等译,商务印书馆 1997 年版,第 104 页。

性的特点。但正义不能仅仅是消极的，正义还是积极的，正义要发挥更多的作用。斯密理论的重点在于论证在商业社会中人们如何交往以及如何做到行为的得体与合宜。因而，交换正义在斯密的正义观中处于核心地位。斯密力图提出一种合宜的交换正义来为其经济自由主义与政治自由主义的推广创造条件与提供保障。

（1）财产权与私有制

斯密之所以强调公平的游戏原则，这是与其所处的时代密切相关。正如我们在前文所讲的那样，斯密所生活的时代是商业蓬勃发展的时代。在这样的时代，分工、合作就成为人际交往的主流，如何进行合宜的人际交往就成为时代的课题与人们关注的核心话题。斯密在《国民财富的性质和原因的研究》中写道："不论是谁，如果他要与旁人作买卖，他首先就要这样提议。请给我以我所要的东西吧，同时，你也可以获得你所要的东西：这句话是交易的通义。"①斯密在这段话中事实上已经将商业社会中人交往活动的基础、内容与原则说得清清楚楚了：①商业社会中人际交往的个体都是具有利益诉求的利益主体。"我"首先会承认"我"的存在，承认"我"自身存在的合理性以及"我"个人诉求的合理性，同时"我"不会因为承认"我"自己就不承认他人。在商业社会，"我"也会承认他人的存在及其诉求的合理性。②商业社会中人际交往的个体都是能够满足他人利益诉求的利益主体。"我"之所以能够在商业社会市场交换关系中得以存在，源于"我"自身能够提供给对方所需要的东西（有形的或无形的物与服务）——"我"的有用性的证明。③商业社会中人际交往是平等的、互惠的交往，是对暴力抢夺与蓄意欺诈的拒斥。④商业社会中人际交往的前提是对个人拥有自己合法财产权利的承认与保护。事实上，这一点是极为重要的，这才是市场交往真正的前提与基础。

作为古典自由主义的典型代表，斯密对于私有产权制度的理念与其他自

① ［英］亚当·斯密：《国民财富的性质和原因的研究》上卷，郭大力、王亚南译，商务印书馆1972年版，第13—14页。

由主义者是一致的，并且正是由于斯密对于私有产权制度以及经济自由主义与政治自由主义有着经典的论述才被后来的自由主义者视为古典自由主义的鼻祖来供奉。斯密认为政府的产生就在于保护财产及其财产的私有，政府就是用来抵抗穷人保护富人的机构。同时，斯密对于私有制、国家等一切资本主义社会的上层建筑给予了高度的评价与赞美——“任何国家，如果没有具备正规的司法行政制度，以致人民关于自己的财产所有权，不能感到安全；以致人民对于人们遵守契约的信任心，没有法律予以支持；以致人民设想政府未必经常地行使其权力，强制一切有支付能力者偿还债务，那么，那里的商业制造业，很少能够长久发达。简言之，人民如对政府的公正，没有信心，这种国家的商业制造业，就很少能长久发达。”①与此同时，斯密认为私有制能够使人艰苦奋斗、勤俭节约，私有制能够培养人进取心与意志力，私有制能养成人自律与自制良好的德性。

(2)人的平等

在斯密的正义思想中，人的平等及其平等对待是首要原则，这也是斯密交换正义的核心。斯密认为商业社会中人们交往遵循的基本法则是——“不论是谁，如果他要与人作买卖，他首先就要这样提议：请给我以我所要的东西吧，同时，你也可以获得你所要的东西。”②斯密认为这是交易的通义。其实，这也可以视作斯密认可与倡导的商业社会中的一般性的交往准则。这种交往准则是对既往社会——等级社会——那种不平等与不自由人际交往的否定。斯密认为商业社会通行的是平等的主体之间互惠的交往，是对那种野蛮掠夺、肆意侵犯对方权利的交往方式的否定。

自由主义均主张人生而平等且自由，不过现实中人却有着阶级与阶层的

① ［英］亚当·斯密：《国民财富的性质和原因的研究》下卷，郭大力、王亚南译，商务印书馆1974年版，第473页。

② ［英］亚当·斯密：《国民财富的性质和原因的研究》上卷，郭大力、王亚南译，商务印书馆1972年版，第13—14页。

划分。怎样来解释这种看似矛盾的现象呢？古典自由主义者均认为首先要确认与确保人的权利的平等与尊严的平等及其机会的平等，而人因种种机缘所形成的社会层阶的划分与人的法权意义上的平等与尊严的平等并不矛盾。尽管斯密本人是智识的精英与社会的上层，但他本人并没有将底层人士视为无物，他不像亚里士多德将奴隶视作会说话的工具，也不像尼采那样贬低一切凡人存在的价值与意义。斯密主张凡人皆平等，并且这种平等全方位地体现在人身之上。斯密有一观点是极为可贵的，他认为“人们天赋才能的差异，实际上并不像我们所感觉的那么大。人们壮年时在不同职业上表现出来的极大相同的才能，在多数场合，与其说是分工的原因，倒不如说是分工的结果”。① 斯密这一思想对于等级特权思想的抨击、对于自由平等理念的维护无疑具有着巨大的思想解放与启蒙作用。

商业社会之中，人人均需要通过交换而生活，而所有投入到交换活动中的主体均是平等自由的利益主体。这些平等自由的利益主体所形成的人际关系是互惠的关系。互惠是对以往那种“野蛮的暴力和抢夺”的行为、那种在人身占有以及人身依附关系基础之上的占有与掠夺的否定；互惠是对那样一种绝对的牺牲与绝对的占有的否定；互惠是对那种不劳而获，少劳多获，肆意侵害他人和社会正当合法权益的否定。互惠的实质就是“我为人人，人人为我”。互惠的双方既有权利又有义务，既是手段又是目的。互惠体现在人的生活的方方面面，互惠的经济交往中的表现便是等价交换。人们在经济交往活动中，必然会遵循市场法则与价值规律，强调等价交换。等价交换同样是以交换主体的人格地位的平等为前提的。在等价交换中，货币作为一般等价物充当中介，货币消解了一切物的差别乃至一切人的差别，成为一种平等的物化尺度。总之，在货币面前人人平等。等价交换中的人不仅相等，他们之间甚至不会有

① ［英］亚当·斯密：《国民财富的性质和原因的研究》上卷，郭大力、王亚南译，商务印书馆 1972 年版，第 15 页。

任何差别。“交换价值的交换是一切平等和自由的生产的、现实的基础。”①因而，平等和自由的理念在商品交换中得到了萌芽和发展。任何一次成交的买卖活动，必然是买卖双方的一次自由平等的契约——平等主体之间建立在相互意见一致的合意基础之上的协议，契约的目的就是双方各取所需，同时在契约之中又建立起双方权利义务关系。

等价交换与互惠是培养“交换正义”的土壤。一个合宜的交易首先必须满足双方的意愿，而不能一方受损而另一方不当得利。当然一个合宜的交易在“公正的旁观者”看来，还要有其他方面的诸多规定——手段与目的的正当，以及不损害第三方的利益，等等。不过仅仅就交易自身而言，“交换价值，等价物，它们不仅相等，而且必须确实相等，还要被承认为相等”。② 总之，无论是“自己人”还是“陌生人”，在经济交往活动中都应一视同仁，既不应是“自己人”而使自己受损，也不该是“陌生人”而使自己得非分之财。事实上，这里的原则就是“己所不欲，勿施于人”。

不过，等价交换与互惠也并非至善。在商业社会，必然会出现收入不均的现象以及社会重新进行了阶级与阶层的划分。对此，斯密并未持全面的反对意见。斯密认为有些收入不均是允许的且是合理的，同时有些收入不均则是不公平的与不合理的。斯密对于人的收入差异（其实主要是不同行业的劳动者的收入差异）整体持这种观点：起因于职业本身性质所造就的收入不均等是合理的；起因于政策所造就的收入不均等则是不合理的。斯密认为职业有多种，职业与职业之间事实上存在着下述不同：①职业有难易、有污洁、有尊卑的不同；②业务学习有难易以及学费多寡的不同；③职业安定情况的不同；④劳动者承担责任大小的不同；⑤取得职业资格可能性大小的不同。③ 恰恰

① 《马克思恩格斯全集》第 46 卷（上册），人民出版社 1979 年版，第 197 页。

② 《马克思恩格斯全集》第 46 卷（上册），人民出版社 1979 年版，第 193 页。

③ 参见［英］亚当·斯密：《国民财富的性质和原因的研究》上卷，郭大力、王亚南译，商务印书馆 1972 年版，第 92—98 页。

由于上述这些不同,人的收入出现差异是可以理解的,并且大家也会认同此种收入差异的合理性。斯密为了说明这种收入差异的合理性,还以演员收入高为例加以说明。斯密认为演员收入高有两个原因:一是才能罕有而美好;二是由于运用这种才能而蒙受的声名上的损失。斯密对于因职业本身性质所造就的收入不均等并不持反对与批驳的意见,而是予以认肯。不过,斯密对后一种造成收入不均等的原因则持反对与批判态度了。这种结果便是起因于欧洲政策的不均等。斯密认为他生活的时代,欧洲有三种不合宜的政策:①限制人进入某一行业,造成该行业从业者较少,比如同业组合的排外权;②鼓励人进入某一行业,使得该行业里的人数过多,比如牧师、教师与医师的过多涌现;③让人与资本自由流动的限制,比如学徒法令与同业组合法。[①] 斯密认为这些法律对人的劳动自由权、劳动所有权以及自由迁移权等权利均给予了侵犯,这样所出现的人与人收入之间的差异在斯密看来就是不公平的,就是不合理的。总之,斯密对于收入平等与否的问题,不宜做简单化处理,而应该具体问题具体分析。当然,这并不意味着斯密在平等问题上就持相对主义的原则,斯密事实上有一个一以贯之的态度——首先要保障起点公平与规则公平;唯如此,才可能出现结果公平与实质公平。

(3)人的自由

人本自由以及让人们自由,这是斯密自由思想的核心。人本自由是指自由是人的天性,是人神圣的权利。谁侵犯了人的自由,谁就应该受到严厉的处罚。自由不是随心所欲的任我行,自由是"做法律所许可的一切事情的权利"。[②] 斯密对于自由的理解与孟德斯鸠是一致的。斯密认为:"禁止人民大众制造他们所能制造的全部物品,不能按照自己的判断,把自己的资财与劳

---

① 参见[英]亚当·斯密:《国民财富的性质和原因的研究》上卷,郭大力、王亚南译,商务印书馆1972年版,第112—136页。

② [法]孟德斯鸿:《论法的精神》上册,张雁深译,商务印书馆1959年版,第183页。

动,投在自己认为最有利的用途上,这显然是侵犯了最神圣的人权。”①斯密不仅主张人本自由,更重要的是斯密还要为自由呐喊,为自由的生长谋求空间与便利。这是因为自由在斯密看来是人们从事工商业活动以及过上幸福生活的基本条件。斯密主张自然的自由或完全的自由就是自己处理自己的事务,自己来做自己的主人,不用外人(哪怕是好心人)来为自己的事情做主。事实上,与斯密同时代的思想家大多持有如此的理念,比如柏克就主张:“凡是个人能独立去做的事,只要不侵犯他人,他都有权去作。”②

斯密所主张的自由不仅仅是市民阶级的自由,同时更是社会全体成员的自由。古希腊的自由是城邦中少数人——公民——的自由,而中世纪的自由是少数贵族的自由。其实,无论是古希腊城邦中的自由还是中世纪贵族的自由并不是真正的自由,因为这两种自由均是排他性的、非共享性的特殊化的权利。而斯密所主张的自由是包括广大劳动者在内的绝大多数社会成员所共有的、规范化与制度化的现实自由。这种自由既不是斯多葛派那种沉浸于内心世界的消极自由,也不是亚里士多德那种过于注重公共生活的政治自由,而是社会生活中现实的人活生生的自由:贸易的自由、择业的自由、婚姻的自由等。

斯密认为自由不仅具有目的性价值,还具有工具性价值。斯密认为:“完全正义、完全自由、完全平等的确立,是这三阶级同臻于最高度繁荣的最简单而又最有效的秘诀。”③从社会发展的维度上去看,自由比不自由更具合理性。奴隶没有自由,所以奴隶就没有生产积极性,奴隶劳作效用低下,奴隶更不会主动寻找技术进步与生产的改良。这一切均会造成社会的停滞。只有当人能够真正占有与支配自己的劳动时,才会迸发出全部的能量以及最高的效率。

---

① ［英］亚当·斯密:《国民财富的性质和原因的研究》下卷,郭大力、王亚南译,商务印书馆1974年版,第153页。

② ［英］埃德蒙·柏克:《自由与传统:柏克政治论文选》,蒋庆等译,商务印书馆2001年版,第68页。

③ ［英］亚当·斯密:《国民财富的性质和原因的研究》下卷,郭大力、王亚南译,商务印书馆1974年版,第236页。

资本主义制度并不能完全做到这一点，但相较于前资本主义做得相对较好一些。真正高效的、公正的与自由的制度只能是共产主义。

为了人的自由、公平对待以及经济发展，斯密反对重商主义以及管制与独占。斯密认为独占不仅是良好经营的大敌，更重要的在于独占造就了不平等对待，为了特定人的利益而有损于社会全体成员的利益。斯密主张自由竞争，反对管制与独占。对此，斯密坚持这样的理念："良好经营，只靠自由和普遍的竞争，才得到普遍的确立。自由和普遍的竞争，势必驱使各个人，为了自卫而采用良好经营方法。"①同时，斯密呼吁政府放弃管制与独占，使劳动者具有迁徙的自由、职业选择的自由、贸易的自由，以及改革学徒制、废除公司特权以及对贸易的种种限制。总之，"一种事业若对社会有益，就应当任其自由，广其竞争。竞争愈自由，愈普遍，那事业亦就愈有利于社会"。②

斯密所主张的自由是法治社会之下对于规则与秩序遵守以及对他人权利尊重之下的自由。因而，斯密并不是认为自由即任性，自由即无法无天。斯密所讲的自由是指公平竞争中的对于规则遵守与服从下的自由。在形式正义与实质正义上价值次序上，斯密事实是坚持形式正义的优先性，斯密认为首先要确保机会公平与规则公平以及过程公平，也就是斯密倡导自由竞争，但这种竞争是良性竞争而非恶性竞争，这种竞争是公平竞争而非不公平竞争，这种竞争是秩序之内与规则允许的竞争，这种竞争不是秩序之外与规则不允许的竞争。总之，斯密认为在现实生活之中，为了自我欲望之满足，个体可以在规则范围之内全力以赴地与对手竞争，但不允许个人有违规的行为与举动。如果个体有这样的行为与举动，"旁观者对他的迁就就会完全停止。他们不允许作出不光明正大的行为"。③ 总之，斯密认为在社会竞争中，所有的竞争者都应该

① [英]亚当·斯密：《国民财富的性质和原因的研究》上卷，郭大力、王亚南译，商务印书馆1972年版，第140页。

② [英]亚当·斯密：《国民财富的性质和原因的研究》上卷，郭大力、王亚南译，商务印书馆1972年版，第303页。

③ [英]亚当·斯密：《道德情操论》，蒋自强等译，商务印书馆1997年版，第104页。

且被允许为了自己的利益尽其所能去赢得竞争;不过,所有的竞争者必须遵守一定的游戏规则,而不能游离于规则与秩序之外。

斯密相信每个人都能够管理好自己的事务,能够对自己的未来有很好的谋划。即便对未来没有很好的谋划,只要不断地努力,在"无形的手"的作用下,自己也能改善自己的境遇,实现人生向上的提升。其实,斯密这观点,与康德所主张的启蒙有着异曲同工之妙。或许康德更注重思想与人文,而斯密更侧重于经济与现实。斯密主张人在现实的活动(尤其是在经济交往活动)中,人的主体意识、自由意识与自觉意识都会得到很大的提升。这也就是说人的真实启蒙不是在思想中而是在现实中加以实现的。斯密曾有这样的主张:"关于可以把资本用在什么种类的国内产业上面,其生产物能有最大价值这一问题,每一个人处在他当地的地位,显然能判断得比政治家或立法家好得多。……把这种权力交给一个大言不惭地、荒唐地自认为有资格行使的人,是再危险也没有了。"[①]如果我们反复品味斯密这段话,我们能够体会出斯密对个体确信是不亚于笛卡尔、康德与黑格尔的,因为斯密在这里事实上是在强调"自己要做自己的主人"。

同时,更为重要的是,斯密找到了人的自由最好与最真实生长点——经济生活。斯密认为进入商业社会中的人事实上均离不开商品交换,因而每个人事实上或多或少都成为商人或具有商人的某些特质。商业(尤其是商人)对人的解放有着积极作用。商人既是冒险家与怀疑主义者,商人又是行动者与建构主义者。为谋求利益,商人一定要冒险,而冒险就首先要破除原先的认识的禁区与思维的障碍。同时,商人在商业活动中必然会增强自觉意识与主体意识,商人在经商过程中既开拓了视野又积累了财富,商人应对外部世界的能力有了显著的增强,因而商人的权利意识以及维护权利与自由的能力均会有大幅度的增强。自由确是源自经济生活。在商品交换中,自由也是主体必要

① [英]亚当·斯密:《国民财富的性质和原因的研究》下卷,郭大力、王亚南译,商务印书馆 1974 年版,第 27—28 页。

的特性。“每个主体都作为全过程的最终目的,作为支配一切的主体而从交换行为本身中返回到自身。因而就实现了主体的完全自由。”①正是这种自由的关系派生出人们的自由理念。总之,自由以及自由的意识不是天赋的,归根结底是“人赋”的。自由是在经济交往活动中体现出来并不断地增强的。

4. 分配正义:应得、同情与仁慈

相对于交换正义,斯密对于分配正义的论述相对较少,且不成系统。不过,我们并不能因此而否定斯密没有对社会分配正义问题关注过。在一个经验主义盛行的国度,特别是作为一个极其注重观察的思想家,斯密必须留意社会分配问题,从而形成自己的分配正义思想。不过,在既往的历史当中(甚至包括当今社会),人们对斯密往往有两种误读与误解:第一,将斯密视作自由放任的倡导者,并因此认为斯密所主张的政府就是放任人们竞争,放任市场这只“无形的手”去决定一切而不让政府这只“有形的手”出场去进行任何的社会干预与政策干预。第二,即便斯密主张政府存在的必要性,但政府的作用是极其有限的:政府所做的就是保护自身的社会国家不受外来的社会国家的侵犯;保护自身社会中的社会成员不受其他社会成员的侵犯;维持特定的公共事业以及公共设施。② 其实,这均是对斯密的误读与误解。斯密既不是一个无政府主义者,也不是一个最弱意义国家的代言人,斯密是合宜性政府的倡导者。斯密承认政府的重要性以及政府作用的必要性,因而,斯密的正义理论中必然会包括分配正义,必然会强调政府与制度在正义问题上的应为与能为。

之所以会出现上述两种误读与误解的情况,原因可能有三:第一,与苏格兰启蒙运动的整体特质有关。苏格兰启蒙运动学派由于注重经验,强调感性,苏格兰启蒙运动学派不像欧洲大陆理性学派那样注重体系的建构,往往缺乏

① 《马克思恩格斯全集》第46卷(下卷),人民出版社1979年版,第473页。

② 参见[英]亚当·斯密:《国民财富的性质和原因的研究》下卷,郭大力、王亚南译,商务印书馆1974年版,第252—253页。

浓重的形而上学的基础以及对于认识论的强调,体系化与理性化均有所不足,从表象上看没有欧陆理性主义那样结构完整、论证严谨,因而欠缺理性自身的魅力。第二,斯密生活的年代学科并没有像今天这般进行如此精细化的分科,斯密所讲的道德哲学包括今天我们所说的经济学、伦理学、法学与神学。这些学科在今天似乎都是壁垒严明、老死不相往来的,而在斯密生活的那个年代,今天如此分野的学科在当时就是一个学科,因此,斯密的思想分布在同一课程的不同的章节之中,而在后人看来则是不同的学科的不同思想与主张了。第三,斯密本人的局限。当然这一局限的造成既有其自身的原因,也与苏格兰启蒙运动学派的特点有关。与苏格兰启蒙运动有关的是其经验主义的传统造就了价值与事实、描述与评价的不易区分的特点。苏格兰启蒙运动的共性在斯密身上体现得也是非常鲜明的。当然,出现这一状况的原因可能与斯密本人更有直接的联系,由于在某些地方斯密本人并没有交代得特别清晰,"他有时会对实际经济现象进行描述,但在其他地方却会提出一种规范分析。他对这两种讨论模式很少作出区分,因此,我们根本搞不清他的分析究竟是对这种情况的一种描述、一种指责、一种推荐还是一种对策"。①

因而,人们通常将斯密的正义观分为处罚正义以及交换正义,这种事实上是有着进一步完善的空间的。斯密是自由主义的先驱,开创了宏大的自由主义思想体系,他的思想里一定且必然会有分配正义思想。斯密分配正义思想主要体现在以下三点。

第一,斯密之所以不像后来的思想家那样格外地强调分配,是因为基于其自身的理论、立场,斯密相信分工的深化和市场范围的扩大,财富会持续地增加,每个人都可以从经济增长中得益,每个人在这种增长体现中均是受益者。斯密著书立说的宗旨就是国富与民富。每个人都能过上好生活(至少比原先好),在斯密看来就是社会的正义,就是分配的正义。当然,我们可以批判斯

---

① ［美］帕特里夏·沃哈恩:《亚当·斯密及其留给现代资本主义的遗产》,夏镇平译,上海译文出版社 2006 年版,第 18 页。

密的这一想法有过于乐观的成分,他对资本主义制度的不公正性以及资本家的贪婪性的估计是不足的。我们可以说斯密的想法有天真的地方,但不能说他没有关注过分配正义。

第二,斯密注意到了社会阶级的对立,并对被剥削阶级悲残的境遇给予了真挚的同情。首先,亚当·斯密承认社会中既有巨富之人也有赤贫之人,并且"负担社会最艰难劳动的人,所得的利益反最少"。① 更为可贵的是,斯密认为这种现象的存在是不合理的。其次,斯密认为社会中是存在着阶级与阶级斗争的。斯密承认他生活的社会中人们分为三个阶级:以地租为生的地主阶级、以工资为生的工人阶级和以利润为生的资产阶级三大阶级。在这三个阶级中,地主阶级由于不事生产而坐享其成,尽管对社会整体无害但对社会亦无多大帮助;工人阶级是社会财富的创造者,不过由于地位低下、受剥削与压迫以及受教育程度及其自身团结等诸多原因,工人阶级未能够充分表达出自身利益诉求与维护自身权益;资产阶级往往是商人与工厂主,他们谋划产业、使用资本与管理工人,他们具有敏锐的洞察力,他们往往能够促进管理的革命与社会的进步,但他们的利益往往并不与公众利益一致,更为重要的是,"公众亦常为他们所欺骗所压迫"。② 斯密注意到各个阶级之间存在着利益的博弈与对抗。斯密对于拿工资的工人给予同情,对于拿地租的地主予以了默认,对于拿利润的资产者也给予认同。三个阶级的利益在斯密眼中看来应该是既联合又斗争的关系。三个阶级是有利益一致的地方的。这种利益一致主要是指三方均可从社会经济增长中得益,因而他们三方都十分看重国家的安全稳定、社会的繁荣和谐与经济的持续发展。但是三方也存在利益冲突。斯密认为由于地主或贵族虽维系着社会的学问、品位与传统,但他们脱离了生产而且对经济

---

① [英]坎南:《亚当·斯密关于法律、警察、岁入及军备的演讲》,陈福生、陈振骅译,商务印书馆1962年版,第179页。

② [英]亚当·斯密:《国民财富的性质和原因的研究》上卷,郭大力、王亚南译,商务印书馆1972年版,第243页。

不敏感,因而易受资本家的欺诈;靠工资过活的劳动者创造了财富,但由于理解社会的一般性能力以及参与社会政治生活的一般性能力较弱,因而劳动者是这三个阶级中最不受公平对待的阶级;资本家由于逐利与竞争的需要,总是在积极谋求自身利益的最大化,他们可能会推进技术改革与管理创新,但他们更不会忘记要想方设法地欺诈地主与剥削工人,因而在斯密看来社会不公的制造者首推资本家。资本家在与工人的斗争中往往占优势,这既源于其所占有的社会资源多、受法律保护,更在于资本家有着共同利益诉求而更易联合。资本家会使其种种压迫与剥削工人阶级的方法最终成为制度化的存在——"压迫贫者,必然使富者的垄断成为制度。富者垄断行业,就能获有极大利润"。① 面对着这些不义的现象与不幸的人群,斯密饱含深情地写道:"充足的劳动报酬,既是财富增加的结果,又是人口增加的原因。对充足的劳动报酬发出怨言,就是对最大公共繁荣的必然结果与原因发出悲叹。"②斯密主张,一个好的社会、一个公正的社会应该让生产财富的劳动者过上人们公认的过得去的生活。

第三,斯密对于社会分配正义的强调不仅仅是指出社会中的不公正现象,更在于对于解决社会分配不公提出了一些相应的对策。斯密虽然是古典自由主义的早期代表,但并不意味着斯密在社会分配问题上仅仅就强调个体同情,斯密对于制度与国家在社会分配中的作用事实上也是有所涉及的,尽管不像后人那么多、那么明显。这具体表现在以下五个方面:①斯密主张政府在制定相关法律与政策时要做到公平与公正。斯密主张"一国君主,对其所属各阶级人民,应给予公正平等的待遇;仅仅为了促进一个阶级的利益,而伤害另一

① ［英］亚当·斯密:《国民财富的性质和原因的研究》上卷,郭大力、王亚南译,商务印书馆 1972 年版,第 88 页。

② ［英］亚当·斯密:《国民财富的性质和原因的研究》上卷,郭大力、王亚南译,商务印书馆 1972 年版,第 74 页。

阶级的利益,显然是违反这个原则的"。① 斯密之所以反对重商主义,原因既在于斯密认为其理论主张有自身的缺陷,更在于这种主张有利于个别行业的生产者(资本家)而有违全社会消费者的利益。② ②斯密有亲近劳工的倾向,斯密并非资方的代言人。斯密主张所有人都应从经济增长与社会发展中受益,尤其是劳动者。斯密认为劳动者的生活状况的改善是社会进步的表现——"有大部分成员陷于贫困悲惨状态的社会,决不能说是繁荣幸福的社会。而且,供给社会全体以衣食住的人,在自身劳动生产物中,分享一部分,使自己得到过得去的衣食住条件,才算是公正。"③因而,一个社会必须确保下层阶级过上过得去的生活,社会应对其予以重视以及相应的政策性的倾向。斯密认为政府应制定最低工资标准以保护劳动者。尽管在劳资双方的博弈中,工人常常处于不利的地位,但工资最低也得有一个底线而不能逾越——"符合一般人道标准的最低工资"。④ 尽管斯密没有明确谁来保障如此的最低工资标准实施,我们当然可以将其简化处理——诉诸"公正的旁观者"或良心。不过若进一步追问,如何将此制度现实化、具体化以及程序化操作,即便政府不负全责,政府也必然会承担一定责任的。与此同时,斯密还倡导高工资。在

---

① [英]亚当·斯密:《国民财富的性质和原因的研究》下卷,郭大力、王亚南译,商务印书馆1974年版,第221页。

② 重商主义主张财富由货币或金银构成,因而主张增加货物的出口并限制货物的进口,并限制金银的外流。这种政策的具体实施便是退税、奖励金,等等。重商主义会带来的后果是对某些行业、部门的生产者有利,而消费者却是利益受损方。基于上述理由,亚当·斯密反对重商主义。斯密认为:"在重商主义下,消费者的利益,几乎都是为着生产者的利益而被牺牲了;这种主义似乎不把消费看作一切工商业的终极目的,而把生产看作工商业的终极目的。""谁是这重商学说体系的设计者,不难于确定。我相信,那决不是消费者,因为消费者的利益全被忽视了。那一定是生产者,因为生产者的利益受到那么周到的注意。但在生产者中,我们的商人与制造业者,又要算是主要的设计者。"([英]亚当·斯密:《国民财富的性质和原因的研究》下卷,郭大力、王亚南译,商务印书馆1974年版,第227、228页。)

③ [英]亚当·斯密:《国民财富的性质和原因的研究》上卷,郭大力、王亚南译,商务印书馆1972年版,第72页。

④ [英]亚当·斯密:《国民财富的性质和原因的研究》上卷,郭大力、王亚南译,商务印书馆1972年版,第62页。

他看来，高工资既能鼓励人口增殖，又能使人民勤勉，从而使社会繁荣。③为了保护国内某些还没有发展起来的、还不具有行业竞争优势的产业，斯密并不像人们想象的那样持彻底自由放任的主张，斯密反而认为要对这些行业与部门进行政策性的保护。斯密事实上强调“两只手”而不是“一只手”，与“无形的手”相对应的“有形的手”是存在的，只不过相当隐秘而已。[①] ④为了经济的发展与社会的稳定以及人的自由之实现，斯密主张由国家来实施强制性的义务教育。强制性的义务教育对某些自由主义者来讲似乎难以接受，教育的强制是否会违反人的自由？教育的强制是否有违社会的公平？斯密认为这样的质疑与担心是不必要的。教育的强制仅仅是实现社会繁荣、社会公平之必需，同时社会的教育能提高社会成员整体的文明素质，不易被邪佞所俘虏。同时，斯密认为，强制性的义务教育成本低而收效大。⑤在税收政策制定方面，斯密认为公民交税是公民应尽的义务。不过，政府在制定税收政策时应坚持按比例、确定的、定时的、适当的原则。在公民交纳税赋的四个原则中，斯密事实上也强调了公民交纳税赋的公平原则。在斯密看来，在他所生活年代的英国税制是不公平的。主要表现在以下两点：1）“一般贫苦劳动者及工匠们所负担的重税，现在上层阶级却反得到了免除，那确是最不正当最不公平的；即使不实现这种制度上的变更，那种免除，也是应当撤废的。”[②]2）什一税和土地税就看似公平而实则极其不公平。这是因为：“这各种税惹人反对的地方，在于不得其平。而其中最坏的，就是它们加在贫民身上的，往往比加在富者身上

---

① 亚当·斯密在世时的英国还不是“日不落帝国”，其海上贸易还要与荷兰、西班牙等国竞争，为了保护英国国内产业和市场，英国政府制订了有悖于自由贸易精神的《航海法》。而斯密对此是给予赞同与肯定的。斯密说“在英国各种通商条例中，航海法也许是最明智的一种”。不仅如此，斯密主张对外国的高关税壁垒征收报复性关税，在他看来“如果能达到撤废的目的，就可说是良好的政策”。（［英］亚当·斯密：《国民财富的性质和原因的研究》下卷，郭大力、王亚南译，商务印书馆 1974 年版，第 36、39 页。）

② ［英］亚当·斯密：《国民财富的性质和原因的研究》下卷，郭大力、王亚南译，商务印书馆 1974 年版，第 455 页。

的,反要重些。"①斯密生活时代的英国这种税制类似于老子所批判的"损不足以补有余"中的"人之道",斯密事实上在倡导税制上的"损有余以补不足"的"天之道"——"应当课税的,是下层阶级人民的奢侈费用,而不是他们的必需费用。对他们必需费用,要是课税,其最后支付,要完全由上层阶级人民负担。"②

其实,分配正义最终的目的就是实现人民生活的幸福与美满以及社会的安乐与和谐。这也即斯密所主张的政治经济学研究的宗旨就是"富国裕民"。事实上,这一标准也是评判制度与政府好坏的最终标准。

5. 国际正义:自由主义、殖民主义与公正

自由主义主张自由、平等、人权与正义,这是其国内的主张及其自我标榜文明的先进性,但吊诡的是,自由主义与帝国主义、殖民主义却有着内在的联系。这种联系既是理论的又是现实的,并且在现实中有着更加鲜明的体现。从理论上讲,一个欲彰显自由主义主张与理念的国度,注定要成为一个独立的民族国家,同时还应是强有力的民族国家。唯如此,方能实现自由主义的主张与理念,方能确保自己国家的安全与不受侵犯。同时,一个欲彰显自由主义主张与理念的国度必然主张贸易的自由与经济的自由,在其倡导者看来,自由主义是互惠的行为,是对国计民生与世界万邦均大有裨益的好事情,因而没有人会提出反对意见。假设真的有人会提出反对意见,那么可能的情况只能是一种:野蛮与低下,不懂得先进与文明。那么,自诩先进与文明的国度自然就有"理由""有义务"去"帮助"那些野蛮与落后的国度加以提升最终达至他们认为所谓"文明的高度",同时,"目的决定手段",无论采取何种方式在他们看来

① [英]亚当·斯密:《国民财富的性质和原因的研究》下卷,郭大力、王亚南译,商务印书馆1974年版,第406页。

② [英]亚当·斯密:《国民财富的性质和原因的研究》下卷,郭大力、王亚南译,商务印书馆1974年版,第449页。

均具有合理性。

斯密生活的年代,正是自由主义崭露头角的时代,同时也是欧洲列强在世界各地殖民入侵与殖民掠夺高歌猛进的时期。斯密并不排除海外贸易,他认为有序与良性的国际经济文化交往活动对各方均是有利的。但是,现实中的贸易往来与国与国之间的关系并不是公正的与文明的,而是不义的与野蛮的。"由于欧洲人蛮横地侵害别人的权利,一件对所有国家本来都是有利的事情,却成为若干不幸的国家遭到摧残和破坏的根源。"①斯密认为这样的国际关系是不正义的,为了论证正义的国际关系,斯密对于欧洲的殖民史进行了全面的考察。斯密认为,古希腊与古罗马殖民的动机"溯源于无可奈何的必要或明白显着的实利"。② 近代欧洲的海外殖导的动机在斯密看来则更加不值得赞许,斯密认为近代欧洲人建立殖民地的初衷是"痴想与不义"——"探求金银矿山,足见其痴想;贪图占有一个由从未损害欧洲人,而且亲切殷勤地对待欧洲最初冒险家的善良土人居住的国家,足见其不义。"③

斯密注意到了海外贸易、殖民贸易给欧洲的宗主国带来了诸多的利益:消费品增多了,销售市场扩大了,资本积累加快了。同时殖民地也出现了一些"新气象":公共教育的来临、先进的制造工艺方式的入侵,"文明"的生活方式的渗透,殖民地的社会结构与制度安排逐渐地发生了改变。资本主义的殖民入侵能够带来某种的经济发展与社会繁荣,不过,这种发展与繁荣背后的代价是沉重的——那就是罪恶的奴隶制与残酷的剥削。斯密认为殖民地繁荣并不是普遍的现象,某一殖民地可能基于某些特殊的机遇会出现繁荣状况,但它只是个例而已。在斯密看来,整个殖民过程与殖民现象均属不义。正是秉持着

---

① ［英］亚当·斯密:《国民财富的性质和原因的研究》下卷,郭大力、王亚南译,商务印书馆 1974 年版,第 20 页。

② ［英］亚当·斯密:《国民财富的性质和原因的研究》下卷,郭大力、王亚南译,商务印书馆 1974 年版,第 130 页。

③ ［英］亚当·斯密:《国民财富的性质和原因的研究》下卷,郭大力、王亚南译,商务印书馆 1974 年版,第 159 页。

如此的立扬，斯密对于北美争取独立的运动是持赞同态度的。斯密的理由是北美殖民地的公民与英国母邦的公民是平等的，“无代表不纳税”，北美的殖民地人民有权反对英王任性与专横的权力，同时人民也有自主权与自决权。此外，英国政府与北美殖民地人民开战，更是得不偿失。所以斯密主张英国自动放弃它对殖民地的一切统治权，“这样，殖民地和母国，就象好朋友的分享，那末几乎为近来的不和所消灭的殖民地对母国的自然感情，就会很快地恢复。他们不仅会长此尊重和我们分离时所订定的商约，而且将在战争上、贸易上赞助我们，不再作骚扰捣乱的人民，却将成为我们最忠实、最亲切、最宽宏的同盟”。①

斯密有关殖民地以及国际正义的思想是可贵的，是具有超前性的，当然也并不被当时的人所赞同。对此，斯密心知肚明，但他却勇于坚持如此理念，并将其形成文字发表出来，可见斯密是一个勇敢的、具有良知与正义的知识分子，斯密的这一思想与行动无疑是值得肯定与赞许的。

三、亚当·斯密正义思想评述

英国学者约翰·米尔斯在《一种批判的经济学史》中对古典经济学曾作过这样的总结：“就作为整体来看的古典经济学来说，其伟大成就在于为扫除从重商主义时期继承下来的对贸易活动和对巩固市场规则来说存在的多方面障碍提供了令人信服的正当性证明。通过提供这种证明，古典经济学家们为牢固树立一整套包括政治、社会、法律、经济及文化状况在内的综合体提供了巨大帮助；正是由于这一整套综合体，才形成了至少在世界上的发达国家来说从那以后人们一直生活于其中的那个框架。”②不过，古典经济学家并非仅仅唱资本主义的赞歌，事实上他们也对资本主义的各种弊端有所发觉，但他们却

---

① ［英］亚当·斯密：《国民财富的性质和原因的研究》下卷，郭大力、王亚南译，商务印书馆 1974 年版，第 187 页。

② ［英］约翰·米尔斯：《一种批判的经济学史》，高湘泽译，商务印书馆 2005 年版，第 145 页。

并没有予以足够的重视，认为这些弊端会随着经济增长而迎刃而解。所以米尔斯在肯定古典经济学的贡献与成就后，接着指了它的不足与失败之处："虽然对于任何注意观察眼前发生的事情的人来讲，大量的潜能都正在成长为呈现出在眼前的现实（当然是到十九世纪上半叶为止），但是，古典经济学家们却没有注意到正在展现出来的由多种现实的可能性构成的那个范围。"①斯密是古典经济学的代表性人物，米尔斯所讲的古典经济学的优缺点在斯密身上均有鲜明的体现。其实，任何思想家都有其时代的局限性，斯密也不例外。斯密正义思想上以及古典自由主义的正义思想有其优点及其历史贡献，但亦有不足之处。

斯密生活于自由资本主义蓬勃发展的黄金时代，此时的资本主义处于其上升的历史时期，资本主义的历史进步性已鲜明地体现出来，而资本主义的局限性还未彻底地暴露。因而，即便是有远见卓识的思想家（自然包括斯密）并不认为现实的资本主义社会与现实的资本主义制度是完善的，但他们均认肯这一制度并相信这一制度的永续性，他们主张通过教育、通过科学、通过技术、通过管理以及通过慈善等手段与方式可以将资本主义制度的不足加以弥补与完善。这种认识与态度既有阶级的根源，也有时代的根源与认识根源。

通过精细化的分工，资本主义有了长足的发展，但在斯密生活的时代，资本主义已经开始暴露出其制度无法解决的根本性缺陷：就业不充分；收入分配不公；社会成本与效益的衡量尺度不恰当。作为注重经验以及具有敏锐洞察力的斯密是注意到了这些现象的，否则也就无法解释为何斯密一直在修改其《道德情操论》，力图从道德情操上来解决资本主义弊端这一举动。不过，值得注意的是，斯密一直未解释为何劳动者创造了财富，而要与地主与资本家一起分享劳动成果。这一理据究竟是什么？对此，斯密事实上采取了某种程度的回避态度。斯密虽是人道主义者，对贫困之士与底层阶级充满了关爱与同

① ［英］约翰·米尔斯：《一种批判的经济学史》，高湘泽译，商务印书馆 2005 年版，第 145 页。

情，但“斯密是决不会主张打倒绅士阶级，推崇无收入贫民”。① 斯密认为资本家从事经营，注重技术改良与管理创新，推动经济与社会的发展。因而，在相当程度上斯密是认肯资本家的行为的。尽管斯密对于资本家的自私自利以及损人利己的做法有时表达不满与愤慨，但斯密绝不会提出推翻现行制度的理论，斯密整体是认同资本主义制度现行的所有制与分配制度的。斯密认为资本主义所有制——私有财产是神圣不可侵犯的，是合乎自然秩序的；同时斯密又整体肯定资本主义现行的分配制度：地主拿地租，工人拿工资，资本家拿利润。正如我们前文所说的那样，斯密是人道主义者，具有着悲天悯人的情怀，他对弱势群体是给予同情与关注的。斯密真心地认为通过经济增长、财富增多、蛋糕做大，劳动者的不幸是可以解决的。“在关于自由竞争的商业经济的未来这一问题上，斯密可以确切地称为乐观主义者。”②仅就斯密所处的时代以及他的历史使命而言，斯密对于贫困问题的关注以及对于底层人士的人道主义关怀是值得肯定的。不过，斯密认为有了政府与正义，有了秩序与规范，人们就会有平等的自由，社会就会充满活力，人们生活就会幸福，这样就造就了完全自由与公正的自然秩序。

斯密的这一想法过于乐观以至在某种程度上略显天真。因而，斯密这一想法注定会沦为空想。平等的自由在自由竞争的作用下最终的结果必然是自由的不平等。即便在理想的条件下——参加第一轮竞争中的人具有相似的智力、体力，且处于同一起跑线上，那么第二轮与第三轮之后，人还会平等吗？绝不会！在“无形的手”的作用下，即便是以机会均等为起点的竞争所带来的结果也必然是不平等与不自由，竞争失败者的境遇是悲惨的。更何况在现实条件下，人的智力、体力、出身乃至于机缘绝不会相同，因而，如果放任“无形的

① ［美］罗伯特·海尔布罗纳：《几位著名经济思想家的生平、时代和思想》，蔡受百等译，商务印书馆 1994 年版，第 45 页。

② ［美］帕特里夏·沃哈恩：《亚当·斯密及其留给现代资本主义的遗产》，夏镇平译，上海译文出版社 2006 年版，第 169 页。

手"起决定作用乃至于是唯一起作用的"那只手"，那么，社会将会重回自然，社会中通行的法则必然是适者生存，弱肉强食。这样的社会注定不是人道的社会，这样的社会注定不是和谐的社会。马克思主义之所以不认同资本主义并主张一种公正美好的制度来代表资本主义，根本原因就在于资本主义制度是不公正的制度。

斯密是自由主义者，这是毋庸置疑的；斯密赞同自由主义，这是毋庸置疑的；斯密发现自由主义的不足，这同样也是毋庸置疑的。斯密看到自由主义所带来的不足（尽管只是初步的）——社会的两极分化，极端个人主义与享乐主义的盛行，道德相对主义及其道德虚无主义蔓延，并且力求找寻到解决这些问题的答案。因而，斯密在不断地修改其著作，力图为这个他所热切期盼的新社会奠定新的心灵秩序与生活秩序。如果我们非要追问斯密的努力是否成功，恐怕最为保险的说法是：部分实现了；部分落空了。作为自由主义的倡导者与支持者，斯密秉持着自由主义所共有的正义理念，尽管斯密的正义论有通过个人化同情消解社会贫富悬殊的主张。斯密倡导与拥护个人产权——私有制，斯密认为劳动者占有其财产是社会进步繁荣的象征与保证，富有者占有其财产同样也是社会繁荣进步的象征与保证。中肯地讲，虽然斯密本人并没有明确表述出"剥削有理"这一主张来，但他事实上是赞同这一思想的。

斯密认为在市场法则的作用下，利己、利他与利社会是能够做到同一的。这也是斯密之所以要强调"无形的手"的原因之所在。不过，私人利益欲实现与他人利益以及社会利益的同一与统一并非一件易事。同时，斯密试图通过个体化的同情来弥补社会财富分配的不均从而实现某种程度的社会矫正，其用心虽良苦，但达不到实际的效果。这是因为个体化的同情具有个体性、随意性以及有限性的缺陷与不足，唯有社会化的同情方能从根本上实现社会不公正的矫正。这也就说明正义的实现不能仅仅靠市场这只"无形的手"，更要靠政府这只"有形的手"。市场这只"无形的手"有失灵的可能以及成本太高的缺点。对此，19 世纪以后的西方思想家大多看到了这一点，并对政府的作用与职能给予了不同程度的强调。

总之,斯密和洛克一样开启了西方近代正义思想的先河。如果说洛克更多的是从政治思想方面开启了西方自由主义思想的探讨,那么斯密则更多的是从经济思想方面开启了西方自由主义思想的探讨。洛克、斯密之后的西方正义思想几乎都是在两者正义思想基础上的理论生长,只不过是要么支持,要么反对而已。

第二章　空想社会主义正义观

日本社会主义学者幸德秋水在《社会主义神髓》中写道:“唉,世界人类的痛苦和饥寒,日深月甚。多数人只是为了争取生活的自由和衣食的平等,不得不牺牲一切和平、幸福和进步。难道人生就是这样的吗? 不能不是这样的吗? 这是由于耶稣所谓祖先之罪吗? 这就是浮屠所谓娑婆之常吗? 怪哉,这怎能叫做真理,怎能叫做正义,怎能叫做人道呢?”①其实,哪里有压迫,哪里就有反抗;哪里有不公平,哪里就有对公平的呼唤。公平与正义是人生存之必需,公平与正义亦是人生存之必然。因而,人的生存与发展的过程,事实上也就是追求与实现正义的过程,同时也是在痛斥不公平与消除不公正的这样的一个历史过程。自人类社会财富有了剩余之后,人类社会由原初的平等社会进入有了阶级与阶级压迫的阶段后,对于正义的呼唤与追求就一直未曾停歇。在中国,既有对“大同社会”“桃花源”与“镜花缘”之美好社会与美好生活的勾勒与向往;更有对“硕鼠”的批判以及“朱门酒肉臭,路有冻死骨”的声讨;还有对“遍身罗绮者,不是养蚕人”的质疑。在西方社会,古希腊时期,既有神话世界的黄金时代、白银时代、青铜时代和黑铁时代社会类型的划分以及对于重返黄金时代的渴望,又有柏拉图基于其时代背景与阶级立场所描述的事实上既不理想又不公正的“理想国”;罗马时期,既出现了基督教又出现了诸多的“异

① [日]幸德秋水:《社会主义神髓》,马采译,商务印书馆 1963 年版,第 8 页。

教”,尽管这些宗教有着诸多的差异,但这些宗教事实上均以各自的方式描述着各自的“理想国度”抑或“理想生活”;西方中世纪时期,基督教则通过忏悔、禁欲(宗教改革之后也包括事功)等方式来期待千年王国的来临。总之,无论中外,人们对于剥削与压迫均是有所反抗的,并且反抗的方式也大体相近:文学的想象、宗教的寄托、理论的表达以及现实的抗争。

中肯地讲,对于剥削阶级社会中的剥削与压迫,不同个体、团体与组织的态度是不尽相同的:一、剥削阶级基于其阶级立场与自身利益等因素,他们认为剥削制度具有天然的合理性,是自然的正义,他们利用国家政权通过强力来保障这种制度的现存,同时又通过意识形态的宣传来论证这种制度的“合理性”“现实性”“公正性”,特别是其“永存性”。二、被压迫阶级对于剥削与压迫的态度事实上也是多样的。有人是反抗的,有人是麻木的,有人是服从的,有人则是谄媚的。对于不公正的制度安排与自身的不合理对待,确有部分无耻之徒不去反抗反而去歌颂,这些人的举动就是类似于鲁迅笔下的那种追求坐稳奴隶地位而不得的人;还有一些人对于自己受奴役被压迫的状况麻木不仁,他们或者认命或者将希望寄托于来世,就像鲁迅笔下后期的祥林嫂那样,对于今生今世是不抱任何乐观的希望,只是求一如既往地麻木地活下去;好在,还有另外一批人,他们对自己可能受到的不公正对待不满,同时更为可贵的是他们对于社会其他成员所受的不公正对待不满并为此而行走与呐喊,他们抨击社会的黑暗与丑恶,他们渴望社会的公平与正义,他们希望人间就是幸福的天堂。无疑,他们这些人的态度与主张是可取的,尽管他们所主张实现其理论的路径未必就是科学的与合理的,但他们至少有着强烈的人文主义关怀、有着浓厚的人道主义诉求。这其中自然就包括乌托邦主义者与空想社会主义者。

第一节　乌托邦与空想社会主义正义观

19 世纪法国无政府主义者蒲鲁东认为在其所生活的年代有两种强有力

的学说——政治经济学(传统)与社会主义(乌托邦)①——在争夺现实生活中的话语权。蒲鲁东认为政治经济学认肯当下的社会与制度并将财富生产与分配的制度以及利己主义神圣化;而社会主义则否定当下的社会与制度,尤其反对私有制并积极倡导公有制。众所周知,蒲鲁东是小资产阶级的无政府主义者,其理论主张受到了马克思激烈的批判,但蒲鲁东对其所生活时代及其时代主题的这一判断却有着一定的合理性。② 的确,西方近代正义思想发展史中,空想社会主义的正义观无疑占有着十分重要的地位:首先,空想社会主义正义观是西方近代正义观的一个重要的组成部分及其表现形式;其次,空想社会主义正义观是西方近代正义理论范式发展过程中极其重要的环节,空想社会主义正义观对马克思的科学社会主义正义观的诞生具有着直接的启迪作用。总之,空想社会主义正义观对西方近现代正义观均产生了相当重要的影响。

一、乌托邦、无政府主义与空想社会主义

1. 乌托邦

乌托邦(乌托邦主义)事实上有两种理解,一是广义上的乌托邦,一是狭义上的乌托邦。人们日常所使用的乌托邦更多的是广义上的乌托邦,它是指

---

① 参见[法]蒲鲁东:《贫困的哲学》上卷,余叔通、王雪华译,商务印书馆1998年版,第39页。

② 蒲鲁东认为"政治经济学一方面是货真价实的延长灾难和制造贫困的理论,因为它企图把价值的反常状态和利己主义的优势地位神圣化和永恒化;另一方面,它又不失为组织财富的开端,因为它阐述了文明世界所创造的种种克服贫困的方法,尽管这些方法经常转而有利于垄断"。"今天究竟是谁仍在无视逻辑和经验,一反众意地颂扬价值的不稳定性、产品不可计量和工业能力的不均衡性呢?是经济学家!是谁在维护分配的不平等、交换的任意专断、竞争的弄虚作假、劳动分工的压迫和机器的突然变换呢?是经济学家!是谁在支持非生产界的优势地位、自由贸易的欺骗性、信用的神秘性和所有权的滥用呢?是经济学家!是谁在英国的煽动下组成一个同盟来在世界上实行这种无政府状态的、欺骗和掠夺性的制度呢?始终是经济学家!"([法]蒲鲁东:《贫困的哲学》上卷,余叔通、王雪华译,商务印书馆1998年版,第109页;《贫困的哲学》下卷,余叔通、王雪华译,商务印书馆1998年版,第747页。)

对任何美好生活与美好社会的向往与追求，无论其时代是远古还是当下，无论其体裁是文学、艺术、宗教还是纯正的思想体系，无论其内容是肤浅还是深刻。而狭义上的乌托邦则是指16世纪英国学者托马斯·莫尔的名著《乌托邦》发表以来所形成的系统地批判现存的社会秩序与生活方式（主要是资本主义制度的生产方式与生活方式）以及建构个体尽善尽美的生活理想以及至公至正的社会制度的政治思想体系。乌托邦的种类虽然异常杂多，但这些杂多的主张最终均归于乌托邦名下却有两个基本的共同之处：一是坚持平等的原则与公有的原则；二是力图通过同情与博爱、规训与教化以及强人治理的方式来使之实现。乌托邦自莫尔的《乌托邦》之后，出现过许多类型。人们往往将乌托邦与空想社会主义等同起来，这种理解自然不谬。不过，无政府主义可以视作乌托邦的一种，并且无政府主义与空想社会主义在许多方面是有相近乃至重合之处的。因而，空想社会主义者傅立叶、欧文与圣西门是乌托邦主义者，无政府主义者葛德文、巴枯宁同样也属于乌托邦主义者。①

乌托邦既有现实主义的成分，更有浪漫主义的成分。乌托邦并非毫无现实根据的臆想，乌托邦源于现实，源于那些良心未泯者对不公正的社会现实的反思与批判，同时良心未泯者对于理想社会的总体性设计恰恰是对现实的一种反动。当然，乌托邦之所以被命名为乌托邦，更主要的原因在于其浪漫主义的特质。乌托邦主义者大多品格高尚、立意高远、气度恢宏，力图实现社会的至真、至善与至美以及至正，不过，由于乌托邦主义者所处的时代、自身的阶级立场以及个人的智识见解等诸多因素使他们无法将其高尚的意图化为真实的现存，因而乌托邦确给人某种“空想”的成分与色彩。具体而言，乌托邦具有以下理论特质。

第一，乌托邦是一种抗议型的理想。乌托邦是基于对于现实生活的种种不满所最终形成的一种理论化的表达。乌托邦认为自己生活的现状、社会的

① 参见［英］戴维·米勒：《布莱克维尔政治思想百科全书》，邓正来等译，中国政法大学出版社2011年版，第600—606页。

现实与制度的运行均是不尽如人意的，因而才会构想与创建一种理想的美好生活与美好社会来取代现实之中不美好生活与不美好社会。因而，乌托邦首先是对社会的不满、对现实的反抗。

第二，乌托邦是一种激励型的理想。乌托邦追求的是至真、至善、至美与至正的存在，虽然这种至真、至善、至美与至正可能永远都在前方，但它并非像有些批评者所认为的那样仅仅是空想与臆想，乌托邦是一种价值预设同时又是一种价值追求，它高于现实但却未脱离现实，它审视着现实的不足同时又提醒着现实发展的方向。因而，若人类失去乌托邦，事实上人们即失去了明天；若人类告别了乌托邦，人类即告别了理想。

第三，乌托邦是一种建构型的理想。对于现实与现状的不满事实上可以有诸多表现形式：愤世嫉俗者有之，玩世不恭者有之，麻木不仁者有之，离群索居者有之，看破尘世者有之，自杀绝世者亦有之，等等。乌托邦虽是一种抗议型的理想，但乌托邦整体而言是积极乐观的，尽管乌托邦有些浪漫主义的成分，但乌托邦的历史观是进步主义的。乌托邦相信理性与科学，对人性与未来充满信心，乌托邦对于未来社会与生活总是有着积极的谋划与设计。因而，乌托邦是一种建构型的理想。

第四，乌托邦是一种总体型的理想。乌托邦确是一种建构型的理想，并且乌托邦区别于一般型的社会理想在于它是一总体型的理想。乌托邦不仅仅谋划社会政治生活，乌托邦要对社会的经济生活等一切公共生活进行谋划与设计，与此同时，乌托邦还要对个人的私人生活进行管控。易言之，乌托邦是一种对人的公共生活与私人生活进行全方位、多层次、整体化的设计与谋划的理论。

第五，乌托邦是一种家族式的理想。自托马斯·莫尔的《乌托邦》诞生以来，乌托邦的类型与种类是杂多的。不过，尽管主张不尽相同，但作为同一家族之中的成员，都有着家族共性与家族特性。对于乌托邦这一特质，《布莱克维尔政治思想百科全书》在“乌托邦主义”这一词条的解释中说得非常清晰——“可以确认的乌托邦数量有好几千种，因此对各种乌托邦的内容加以概括是不可能的。但是有一些反复出现的主题和结构值得一提。许多乌托邦都提出某种形式的社会所有制或公有制，详细阐述了私有制的恶果。大多数此类乌托邦，即使具体细节上不是平等主义的，原则上也是平等主义的。”①在乌托邦的家族中，最具代表性的家族成员无疑是无政府主义与空想社会主义了。

2. 无政府主义

无政府主义思想渊源可能非常久远。无论是西方的古希腊社会，还是中国的古代社会，均可以找寻到其思想端倪的诸多论述。不过，正如我们在前文所讲的严格意义上的乌托邦一样，严格意义上的无政府主义事实上是近代的产物，无政府主义是现代性的政治哲学话语体系。所谓现代性话语体系是指这种思想话语体系是对现代化进程中诸多问题的反思所形构出来的思想体系。现代化（生产的工业化、居住的城市化以及管理的科层化等）是人类发展之必然，是文明的标志，是进步的象征。不过，任何进步都是有代价的，现代化既有成本又有风险。在现代化进程中，工具理性的高扬与价值理性的式微、管理的科层化与官僚主义盛行、人类主体性的提升与个人能动性的消减是并存的。无政府主义思想的产生、发展与流传是与现代化这一进程直接相关的。无政府主义顾名思义是针对“政府”而产生的一种理论主张与理论学说，尽管它的中心与主旨是“反政府”。

无政府主义强调个人的自由，主张通过互惠与合作建立起平等自由的人际关系。无政府主义反对任何形式的压迫与强制，无政府主义反对政府以及其他任何官方组织。因而，无政府主义的核心原理是可以而且应当在没有国家强制的条件下组织社会。人们一般认为自马基雅维利、博丹、霍布斯之后，

① ［英］戴维·米勒：《布莱克维尔政治思想百科全书》，邓正来等译，中国政法大学出版社2011年版，第601页。

西方社会开启了真正近现代意义上的国家政治学说。事实上在西方近现代政治思想史,无论是契约论还是功利主义,大多数思想家均主张承认政府存在的必要性、现实性与合理性,即便他们承认“政府是利维坦”“政府存在是一种必要的恶”。不过,也确有一部分思想家因看到政府的负面作用而主张将“政府”及其“政府作用”彻底终结,这一部分思想家便是无政府主义者。无政府主义的政治主张相对较为统一与一致:反对政府在内的一切权威,认为人们通过自愿的互助与合作能够过上美好的生活。无政府主义的经济主张相对来讲则风格各异:巴枯宁和克鲁泡特金主张共有或共产的所有制,蒲鲁东主张小资产者的所有制,而罗斯巴德则主张大资产者所有制。不过,无论哪种无政府主义者的经济主张中有一个共性,那就是反对政府对于经济的干预,主张个人具有绝对的自由。

无政府主义自产生以来,流派众多,主张也各异。无政府主义可以分为社会无政府主义与个人无政府主义;社会无政府主义又可以分为共产无政府主义以及无政府工团主义,而个人无政府主义则可以进一步分为改良派无政府主义和恐怖主义。无政府主义的代表人物也是众多的。早期无政府主义的代表人有葛德文、施蒂纳和梭罗等人。19 世纪中后期,无政府主义代表人物有巴枯宁、克鲁泡特金与蒲鲁东等人。20 世纪代表人物则有罗斯巴德、戈尔德曼和乔姆斯基等人。

基于朴素的情感,无政府主义迎合了人们对于日常生活种种不满的基础上对美好生活的想法——没有政府、没有强制、没有压迫,人平等且自由,人们过着自由自在的生活,等等。无政府主义所描述出未来的社会是如此美妙,因而,无政府主义自诞生以来就未曾在世间消失。不过,基于理性的分析,无政府主义那种没有现实可操作性的理论设计一直就未能成为思想界的主流。无政府主义者不参与现有的任何常规的政治活动,并且反对推翻现有政权并代之以新的政治实体的行动。无政府主义的如此理念也便注定了其永远都在追求、永远都在路上、永远都无法实现这一最终结局。对于无政府主义这一必然的、最终的结局，不同的人可能会做出截然不同的结论：悲观主义者会认为其一无是处，而乐观主义者则强调其积极促进的意义。不过，作为一种重要的政治思想理论，无政府主义无疑是有价值的。无政府主义的价值可以从两个方面加以阐述：第一，作为一具有独立性的思想体系所具有的价值；第二，作为思想史发展一环所具有的价值。如果从第一个方面来分析，无政府主义的价值与作用是极其有限的，这是因为有以下三个理由：①无政府主义自身的作用范围的有限，无政府主义所能应用且起作用的范围只能是社会的某一局部而不能是社会的全部。②无政府主义自身作用功效的有限，无政府主义妄图抛弃政府以及其他强力组织而诉诸个体的合作来实现社会的良性治理只能是一种良好的心愿——乌托邦，现实的、有效的社会治理是离不开政府以及其他强力组织的。③从历史长河来看，不少无政府主义者由于在现实中不能实现其理论主张而走向了自己理论的反面——要么是威权主义者，要么是专制主义者。但若是从思想发展史的环节这一维度去看，无政府主义是有意义的，是有价值的，具体表现在以下三点：①无政府主义充满了对人性的信心、对自由的热爱以及对未来的信仰，因而它启迪了人们要向着美好生活与美好社会不断地努力，激励人们前行。②无政府主义对平等自由的倡导以及"政府恶"的批判促使相应的相关的管理者注重政府改革与社会治理能力的提升。③无政府主义对于女权主义与动物保护主义的形成与发展均具有一定的积极的促进作用。

3. 空想社会主义

通常人们认为自马克思主义诞生后，空想社会主义便完成了历史任命，就进入了历史的博物馆，空想社会主义仅仅具有历史怀古的意义了。这样的理解大体不谬。不过若严格分析起来，自马克思主义诞生以来，科学社会主义与各种思潮（主要是资本主义思潮，其中也包括打着社会主义旗号的各种非科学社会主义思潮）之间不断进行着激烈的交锋。这些非科学社会主义思潮中有不少主张与空想社会主义是有着相近之处的。因而，在一定程度上讲，空想社会主义并未完全退出历史舞台，空想社会主义的某些主张会以各种形式改头换面般地出现与再现。不过，正由于马克思主义的科学社会主义的诞生，空想社会主义的确定与界定相对而言就方便多了。

马克思认为在其所生活的时代社会主义的类型太过庞杂，当时许多打着社会主义旗号的流派在马克思看来其实并不是为无产阶级解放而服务的，它们实质上是资产阶级的同路人与资本主义制度的拥护者。因而，早期马克思通常并不使用“社会主义”这一概念而是使用“共产主义”以区别于一般性的社会主义——马克思所不赞同的社会主义。与此同时，马克思与恩格斯在《共产党宣言》中对当时的各种类型的社会主义类型进行了科学划分。马克思与恩格斯认为当时社会主义阵营中包括反动的社会主义、保守的或资产阶级的社会主义以及批判的空想的社会主义和共产主义。

马克思认为反动的社会主义属于第一种类型的社会主义。反动的社会主义又分为封建的社会主义、小资产阶级的社会主义与德国的或“真正的”社会主义三类。封建的社会主义是封建贵族怀旧式地对资本主义进行批判，但这种批判类似于拿着剑大战风车的堂吉诃德一样——“它有时也能用辛辣、俏皮而尖刻的评论刺中资产阶级的心，但是它由于完全不能理解现代历史的进程而总是令人感到可笑。”①小资产阶级的社会主义相对于封建的社会主义而言有一定的进步性，它在一定程度上跟上了时代的发展，注意到了现实之中存在的诸多不公正与不合理之处：“无产阶级的贫困、生产的无政府状态、财富分配的极不平均、各民族之间的毁灭性的工业战争，以及旧风尚、旧家庭关系和旧民族性的解体。”②同时，小资产阶级的社会主义将社会之中的不合理与不公正之处揭示出来以撕破资本主义卫道士伪善的面貌。但是小资产阶级的社会主义只是对于资本主义的罪恶加以揭示而没有（事实上也不可能）提出科学的解决方法，它企图恢复到既有旧社会中去，这在马克思看来既“是反动

① ［德］马克思、恩格斯：《共产党宣言》，人民出版社 2018 年版，第 52—53 页。
② ［德］马克思、恩格斯：《共产党宣言》，人民出版社 2018 年版，第 55 页。

的,同时又是空想的"。① 德国的或"真正的"社会主义仅仅是诅咒资本主义的罪恶,它并未提出任何有意义的现实解决办法,反而是把社会主义的要求同政治运动对立起来,"它发展到最后,就直接反对共产主义的'野蛮破坏的'倾向,并且宣布自己是不偏不倚地超乎任何阶级斗争之上的"。②

马克思认为保守的或资产阶级的社会主义是第二种类型的社会主义。保守的或资产阶级的社会主义对于资本主义社会的不公正与不合理的现状并不是持回避态度的,而是勇敢地承认并努力地寻求解决办法,不过它的承认与努力并不是为了推翻这个罪恶的制度而是为了维系这个制度所进行的改良与改善。马克思认为保守的或资产阶级的社会主义包括"经济学家、博爱主义者、人道主义者、劳动阶级状况改善派、慈善事业组织者、动物保护协会会员、戒酒协会发起人以及形形色色的小改良家"。③ 这些人妄图在维护资本主义制度以及保障资本家的利益前提下,通过种种努力改善无产阶级的生活状况以使得无产阶级放弃革命的诉求,并且他们还有这样一种奇怪的理论(当然,在他们自身眼中是理所当然的理论)——"资产者之为资产者,是为了工人阶级的利益。"④

马克思认为第三种社会主义类型是批判的空想的社会主义和共产主义,其主要代表人物是圣西门、傅立叶、欧文等人。马克思认为这些社会主义者和共产主义者对于资本主义制度进行了深刻的批判并对未来的社会进行了一定的描绘与勾勒——消灭三大差别、人民幸福、社会和谐,等等。这些无疑地都启迪了无产阶级,对以后的无产阶级革命以及社会主义建设都具有一定的理论指导意义。但批判的空想的社会主义者和共产主义者却总是拒绝革命,总是力图通过和平的途径实现这一宏伟的社会目标,这无异于痴人说梦,因而其

① [德]马克思、恩格斯:《共产党宣言》,人民出版社2018年版,第55页。
② [德]马克思、恩格斯:《共产党宣言》,人民出版社2018年版,第58页。
③ [德]马克思、恩格斯:《共产党宣言》,人民出版社2018年版,第59页。
④ [德]马克思、恩格斯:《共产党宣言》,人民出版社2018年版,第60页。

主张最终沦为空想——“而为了建造这一切空中楼阁，他们就不得不呼吁资产阶级发善心和慷慨解囊。他们逐渐地堕落到上述反动的或保守的社会主义者的一伙中去了，所不同的只是他们更加系统地卖弄学问，狂热地迷信自己那一套社会科学的奇功异效。”①

马克思与恩格斯在《共产党宣言》中对各种类型社会主义的批判，实质上为我们揭示了自《乌托邦》诞生到《共产党宣言》发表之间近三百年来的社会主义发展史，并且人们也往往将这一阶段的社会主义认定为空想社会主义阶段。在此，我们也持如此的立场与主张。空想社会主义大体经历了三个阶段，第一个阶段是16、17世纪空想社会主义，其主要代表人物是托马斯·莫尔、康帕内拉、闵采尔；第二个阶段是18世纪的空想社会主义，其主要代表人物是马布里、摩莱里、巴贝夫；第三个阶段是19世纪的空想社会主义，其主要人物是圣西门、傅立叶与欧文。空想社会主义尽管理论主张各异，但它们均具有如下的特性——“以合作为基础、以大众的幸福和福利为目标的人类事务的集体管理制，所强调的不在于‘政治’，而在于财富的生产和分配，在于加强对公民的毕生教育中的‘社会化’影响——教育他们在行为、社会态度和信仰方面遵守合作的而非竞争的方式。因而，一切‘社会主义者’对教育都莫不深为关怀，并且认为享受良好的社会教育是一种基本‘人权’。”②

二、空想社会主义正义观的基本主张

启蒙思想家曾经有过某种非常乐观的情绪，他们认为资本主义社会取代封建社会之后，通过理性的提升、技术的进步、教育的规训以及制度的变革，人世间美好而幸福的生活必然会降临，自由与平等、仁爱与正义、和平与繁荣都能够在现实生活中出现与诞生。然而，现实却与此截然相反。“现在我们知

① ［德］马克思、恩格斯：《共产党宣言》，人民出版社2018年版，第63页。

② ［英］G.D.H.柯尔：《社会主义思想史》第1卷，何瑞丰译，商务印书馆1977年版，第10—11页。

道，这个理性的王国不过是资产阶级的理想化的王国；永恒的正义在资产阶级的司法中得到实现；平等归结为法律面前的资产阶级的平等；被宣布为最主要的人权之一的是资产阶级的所有权。”①为什么会出现这种状况呢？我们还是有必要重温一下资本主义的本质以及资本主义运行的机制。资本主义既不是人也不是物，资本主义事实上是一种社会制度与一种社会运行机制。“资本主义是一种通过生产方式在起作用的逻辑，一种盲目发展而顽强积累的逻辑。”②资本主义的逻辑是资本的逻辑与社会扩大再生产的逻辑作用下最终形成的剩余价值再创造的逻辑。资本主义不是为了满足人的需要而生产的制度，资本主义是追求剩余价值与剩余价值最大化而生产的制度。易言之，资本主义本身并不是以人为中心的制度，资本主义是以物为中心的制度。资本主义制度为了实现物的增殖而无所不用其极，良知与正义、亲情与友情均可以舍弃。资本主义是一种怪兽——为了金钱不惜将人吞噬。这一点已经在资本主义发展史当中得以充分展现与证实。当然，为了实现剩余价值最大化，资本主义也并非没有任何创造性，甚至在某种程度上，资本主义是非常注重创新的。总之，资本主义是集创造与破坏于一身的一种制度、一种文明。一方面资本主义创造了惊人的财富，资本主义使得近现代社会发生了翻天覆地的变化：资本主义实现了生产的工业化与自动化、政治中的规范化与程序化以及管理的科学化与民主化。另一方面，资本主义制度却又极具破坏性。资本主义制度破坏了生态与环境的和谐，在逐利的动机驱使下无视生态与环境，带来了生态的恶化与环境的污染；资本主义破坏了人与社会的和谐，人异化为孤独的个体，社会变得冷漠与疏离；资本主义破坏了民族与国家的和谐，在资本的驱使下，资本主义通过种种残酷的手段建立了不公正的世界政治与经济秩序，对于第三世界国家与人民进行残酷的剥削与压榨。总之，在资本主义世界中充

① ［德］恩格斯：《社会主义从空想到科学的发展》，人民出版社2018年版，第37页。

② ［法］米歇尔·博德：《资本主义史1500—1980》，吴艾美等译，东方出版社1986年版，第145页。

满了太多的不公平、不平等以及卑鄙龌龊的事情，这个制度越来越失去人们的认同。

人们对于资本主义的认识——尤其是资本主义制度的不合理性认识——是有一个过程的。刚开始时，人们往往对于资本主义不足并未给予足够的重视，即便有些先见之明的人注意到这一点但也往往认为这些不足与缺陷会随着资本主义的发展自动地得以修复。不过，总有一些人是超越普通常人的，他们比普通常人看得远些，看得深些。当然，这些人未必能够真正引领时代精神，但他们却或多或少地道出了时代精神，因而，这些人也是可以被视为英雄的。空想社会主义者大体便属于此类人士。空想社会主义者对资本主义进行了深刻的批判，指出了资本主义制度的不公正性与不合理性，并对未来社会进行了初步的、有建设性的想象与谋划，尽管空想社会主义者并没有找到真正消灭资本主义、实现社会主义与共产主义的科学道路。

1. 资本主义制度的罪恶与不正义

恩格斯指出资产阶级所固有的生产方式是“同封建制度的地方特权、等级特权以及相互的人身束缚不相容的；资产阶级摧毁了封建制度，并且在它的废墟上建立了资产阶级的社会制度，建立了自由竞争、自由迁徙、商品占有者平等的王国，以及其他一切资产阶级的美妙东西。资本主义生产方式现在可以自由发展了”。[①] 但资本主义这种自由只是资产阶级的自由而非无产阶级的自由，同时资产阶级的这种自由是建立在无产阶级不自由基础之上的。这一进程自资本主义诞生以来就是如此。16 世纪英国思想家托马斯·莫尔之所以写出《乌托邦》这一空想社会主义的奠基之作，就是对于其所生活年代的血腥的、野蛮的原始积累深深不满的理论的表达，就是要用此构建其心中的理想国度与理想生活。英国的圈地运动及其之后资本主义发展更加印证了这一

① [德]恩格斯：《社会主义从空想到科学的发展》，人民出版社 2018 年版，第 62 页。

结论:资本主义的发展史一方面是财富积累的历史,另一方面是贫困积累的历史。资本主义社会存在着严重的两极分化,一部分人游手好闲、无所事事却家财万贯,一部分人勤勤恳恳、日夜操劳却饥寒交迫。由于财富分配不均,资本主义社会中人的实质权利并不平等,资本主义社会同样是特权的社会,只不过是用金钱特权取代了等级特权,但无论是何种特权,只要是特权存在,就意味着人的不平等与不自由;就意味着被剥削阶级处于剥削与压迫的悲惨境遇。无产阶级在资本主义制度中所过的生活事实上就是奴隶般的生活。"奴隶,就是那些衣、食、住都发生困难的人;也就是那些睡在空旷无人的豪华大厦外边台阶上的人。奴隶,就是那些因为伸手向富人求乞而被处罚的穷人;奴隶,就是那些没有住所、因睡在行人道上而被逮捕的人。奴隶,就是那些不幸的人,饥饿迫使他们去偷窃,同时他们等待着社会判决他们坐牢。奴隶,就是身为父亲而把自己的年轻儿子送到有碍健康的纺织厂里去呼吸恶浊空气的人;奴隶,就是身为儿子而把他自己年老的父亲送往市立收容所去死在那里的人。奴隶,就是六岁就进入工厂的穷人家的孩子;奴隶,就是从十六岁就卖淫的穷人家的女儿。"①对于资本主义的罪恶与不正义,19 世纪的三位著名的空想社会主义者圣西门、傅立叶与欧文均有深刻的揭示。圣西门、傅立叶与欧文均对资本主义制度提出了尖锐的批判。对此,马克思与恩格斯给予了高度的肯定。在《共产党宣言》中,马克思与恩格斯强调,"这些社会主义和共产主义的著作也含有批判的成分。这些著作抨击现存社会的全部基础"。② 圣西门强调资本主义世界是一个两极分化的世界,是一个游惰者与劳动者对立的社会,这样的社会在圣西门看来就是黑白颠倒的世界。③ 在资本主义社会中,国家是资

① [法]路易·勃朗:《劳动组织》,何钦译,商务印书馆 1962 年版,第 140—141 页。

② [德]马克思、恩格斯:《共产党宣言》,人民出版社 2018 年版,第 62 页。

③ 圣西门认为,"法国的康乐富强,只能是科学、美术和手工业进步的结果。但是,王公显贵、大主教、元帅、省长和游手好闲的财主,并没有用自己劳动直接促进科学、美术和手工业的进步"。但这些游惰者却过着锦衣玉食般的生活,而那些真正促进社会进步的劳动者却艰难度日。(参见[法]圣西门:《圣西门选集》第 1 卷,王燕生等译,商务印书馆 1979 年版,第 238 页。)

产阶级统治的工具，国家是为资产阶级服务的，因而要废除资本主义国家。傅立叶则认为资本主义社会事实上就是复活奴隶制，这个社会充满了欺诈、伪善与罪恶，这样的制度是不具有现实性与合理性，是应该被推翻的制度。[①] 欧文则认为资本主义所有一切罪恶的根源就在于宗教与私有制，欧文认为宗教与私有制都限制了人的健全理性及其健全理性的发挥[②]。圣西门、傅立叶与欧文虽然主张各异，但他们均是空想社会主义者最为典型的代表，他们从不同的角度全方位抨击了资本主义制度的罪恶，认为这种制度不应该再存在下去了。

资本主义的罪恶与不正义根源就在于私有制。对于私有制（私人所有权），我们也应该历史地、辩证地分析。财产权、所有权的私人占有在某个特定历史阶段也曾经有过一定的合理性[③]，但是这种合理性随着时代的发展愈来愈少，最后必然会成为历史发展的障碍。私有制会造成人的分裂与对抗，私有制会造就人的事实上的平等与区别化对待。因而，私有制就其原则和本质来说均是不道德的。这种不道德最形象的体现便是——"'财产

---

① 傅立叶认为罪恶是资本主义制度的灵魂，资本主义制度是世上最不公正的制度。因而，傅立叶说："还有能比这种引起一切灾难的文明制度更不完美的制度么？还有能比这种制度在将来的必要性和永久性方面更值得人们怀疑的东西么？它不过是社会发展过程中的一个阶段，难道还有什么疑问么？……因此，应该怀疑文明制度，怀疑它的必要性、它的优越性，以及怀疑它的永久性。"因而，傅立叶的目的"不在于改善文明制度，而在于消灭这个制度，并引起发明更完善的社会机构的愿望"。（[法]傅立叶：《傅立叶选集》第1卷，汪耀三译，商务印书馆1959年版，第51、231页。）

② 欧文抨击宗教与私有制。对于宗教，欧文认为宗教以及僧侣制度束缚了人的理性，无益于人的解放。所以，欧文对宗教批判道："全世界的僧侣已表明他们是最有害于人类和破坏人类幸福的一种势力，而且现在仍旧是这样……教士们变成矫揉造作和很不自然的人，头脑里充满了许多虚假的和无用的观念，而且有一套专门用来迷惑僧侣本身和欺骗他人的害的词令。"欧文认为私有制是造就人世间苦难的最终原因。欧文认为："目前，私有财产是贫困以及由此而在全世界造成的无数罪行和灾难的唯一原因。它在理论上是那样不合乎正义，而在实践上又同样不合乎理性。"（参见[英]欧文：《欧文选集》第2卷，柯象峰等译，商务印书馆1984年版，第4、13页。）

③ 资产阶级学者大多主张财产私有，并且认为财产是自由的体现与保障。即便主张"财产即盗窃"的蒲鲁东也认为："所有权也和爱情一样，它丰富了人的存在，增强了人的力量，提高了人的尊严。"（参见[法]蒲鲁东：《贫困的哲学》下卷，余叔通、王雪华译，商务印书馆1998年版，第593页。）

权'——它意味着把攥紧的拳头放在一件财物上对着邻居们喊道:不许你们动!"①

资本主义推崇自由竞争。而在空想社会主义者眼中看来,自由竞争则是一种原罪。这首先是因为竞争本身就不是公平的,起点的公平事实上是不存在的,所有的资源已经被资本家所占有,在这种情况下,何谈公平的竞争呢?其次,竞争的结果只会使无产者的境遇更加悲惨。所谓自由竞争的结果(事实上在资本主义世界从来就不存在自由竞争)必然是财富的不平等与两极的分化。财富的不平等与两极的分化会造成道德上的、经济上的与政治上的诸多恶果。

资本主义制度并非不讲自由、平等与博爱,不过,资本主义制度中真实的自由、平等与博爱与资本主义原初所宣传的以及人们所想象的自由、平等与博爱相去甚远。总之,资本主义世界中的自由、平等与博爱是形式上的自由、平等与博爱,既是不真实的又是不全面的。资本主义世界中的自由、平等与博爱是资产阶级的自由、平等与博爱而非无产阶级的自由、平等与博爱。总之,资本主义社会实质上是一个不自由、不平等、不博爱的特权社会。

2. 新社会正义的种种

任何一名空想社会主义者必然会有自己的正义思想,同时,空想社会主义必然会有一代表性的、整体意义的正义观。不过,由于空想社会主义流派与人物众多,我们可能很难将所有空想社会主义者的正义思想罗列出来再进行汇总出这一整体意义上的正义观。在此,我们采用两种方法对空想社会主义的正义观来进行概括:一是选取一些具有代表性的空想社会主义者的正义思想加以概括总结;二是借用英国工党在 20 世纪 50 年代末的党章中关于社会正

① [英]威廉·莫里斯:《乌有乡消息》,黄嘉德译,商务印书馆 1981 年版,第 100 页。

义的描述做一类比性的说明。① 整体看来，空想社会主义正义观主要包含以下三点。

（1）倡导共有与共享

自社会主义（无论是作为思想的、思潮的、制度的还是运动的意义上）诞生以来，人们对于社会主义的理解是多样的，但无论是怎样来定义与定性社会主义，社会主义总有其“重叠性共识之处”——生产资料的公有与社会财富的共享。因而，无论是科学社会主义还是空想社会主义（甚至包括当下某些民主社会主义流派）均持如此理念。“最初使用‘社会主义’这一名词，指的是以合作为基础、以大众的幸福和福利为目标的人类事务的集体管理制。”②总之，生产资料的共有与社会财富的共享是所有社会主义者的一致观点，自然也包括空想社会主义者。英国空想社会主义者汤普逊就主张公平政府的目的就是用公平的法律来增进整个社会的大多数人的最大幸福。

我们在前文中已经分析过了，空想社会主义者之所以创设一种新的制度类型来取代资本主义制度，关键就在于资本主义私有制所造就的一切不公正与罪恶。空想社会主义者主张劳动者得其所得，劳动者要过上有尊严的幸福生活。然而，在罪恶的资本主义私有制的条件下，这一想法只能是镜花水月。但，空想社会主义者是有理想、有追求的人，他们力求社会的公平与正义，他们力求劳动者的公平对待，他们力求全体人民的幸福生活。因而，他们勇敢地提出了共有与共享的理念。理想的社会不仅仅预示着消灭私有财产和生产资料私有制，而且还预示着一种以合作和团结互助为基础的不同的生产方式与生

① 当时英国工党对于社会正义是这样描绘的——“一个社会应首先考虑受苦受难的人的要求；为大众所创造的财富应在大众之间进行公平的分配；报酬的差别应根据各个贡献于公共福利的努力、技能和创造能力，而不应根据出身或继承；人人都有享受美满和丰富多彩的生活的均等机会。”（参见［英］哈罗德·威尔逊：《英国社会主义的有关问题》，李崇淮译，商务印书馆1966年版，第10页。）

② ［英］G.D.H.柯尔：《社会主义思想史》第1卷，何瑞丰译，商务印书馆1977年版，第10页。

活方式。

实现财富的共有与共享是所有空想社会主义者的目的。不过，如何才能做到财富的共有与共享呢？这既是充满了争议的地方同时又是争议的源起。对于财富的分配方式，空想社会主义者共计提出过四种方案：第一种以巴贝夫为代表，主张所有的物品都要按人头平均分配，即绝对的平均主义；第二种以圣西门为代表，主张“按劳分配”——按技能高下、效益优劣而给相应的报酬；第三种以路易·勃朗为代表，主张完全而彻底的按需分配。如果对前三种方案作一比较的话，第三种方案最为理想，也是许多空想社会主义者所希望立即实现的分配方案，不过当时机与条件不具备时，盲目地实行按需分配可能既达不到预期的目的甚至会带来预想不到的后果。反观第一种方案与第二种方案，二者均有不足。绝对平均主义忽视了人的事实上的差异，包括身体素质、价值偏好等，因而，若强求一致，事实上也是一种不公平；而按劳分配早已被马克思在《哥达纲领批判》当中指其“具有资产阶级法权性质”，不过，众所周知，在生产力并不十分发达的社会主义阶段，最适宜的分配方式恰恰就是按劳分配。但无论是哪种分配方式，其理论宗旨仍然是要坚持“一切劳动生产品要为产品的生产者所有”，即最终实现财富的公有与共有。汤普逊认为像亚当·斯密那样的政治经济学家仅仅关注财富的增长而没有关注财富的分配，而真正的道德学家则要对财富的分配给予相当的重视，特别是要注意“增进生产者阶级的最大量的幸福”。① 汤普逊认为理想的分配方式要保障真正生产者的利益——“在把‘保障’提供给与富人和穷人时，应该注意到严格的公正和完全的平等，这个同一的词不应该再对于社会上一小部分有势力的人是一个意义而对于广大群众却是一个正好相反的意义。”②坚持这样的分配方式

① ［英］威廉·汤普逊：《最能促进人类幸福的财富分配原理的研究》，何慕李译，商务印书馆1986年版，第54页。

② ［英］威廉·汤普逊：《最能促进人类幸福的财富分配原理的研究》，何慕李译，商务印书馆1986年版，第108页。

的社会,在汤普逊看来就是实现共有与共享的理想社会,这样的社会就能得到最大的幸福。汤普逊所主张的分配方式即为第四种分配方式,从社会发展角度来看,其主张是有一定的合理性的。

(2)倡导平等与自由

相较于资本主义重视自由而言,社会主义则更为重视平等。这是为人们所共知的。不过,社会主义者(空想社会主义者)真的就拒绝自由吗? 在具体阐述空想社会主义与平等之前,我们有必要谈一谈空想社会主义与自由的关系。空想社会主义者整体而言对于自由是倡导的而非否定的。空想社会主义者大多受过文艺复兴、启蒙运动的熏陶,因而在他们看来人的平等自由是一种不可被剥夺的"天赋的权利"。勒鲁就这样写道:"使人自由,就是使人生存,换言之,就是使人能表现自己。缺乏自由,那只能是虚无和死亡;不自由,则是不准生存。"①因而,自由是理想社会的应有之义,尽管部分空想社会主义者的主张中有对人的某种约束与限定,但在他们看来这些约束与限定并不等同于否定人的自由。而且,在人的诸多自由中,空想社会主义者注意到古典自由主义所强调的消极自由的虚伪性,空想社会主义者发觉了人的经济自由对于人的整体自由的重要性,所以他们大多强调改变资本主义的生产方式与分配方式,其理论的直接指向就是使人免受饥饿、恐惧的威胁,实现人的真实的自由。易言之,空想社会主义者并不排斥自由,而是呼唤自由,为自由呐喊,为自由而奋斗。尤其值得注意的是,空想社会主义者更为强调人的积极自由,他们认为这才是自由的真谛。

不过,相较于自由,空想社会主义(所有的社会主义)的确对于平等则更为重视与强调。空想社会主义既强调人权利的平等(自由的平等),更强调人占有可支配性资源的平等(实质的平等)。古典自由主义仅重视形式平等,而空想社会主义则更重视实质平等。空想社会主义事实上已注意到了人在经济

① [法]皮埃尔·勒鲁:《论平等》,王允道译,商务印书馆1988年版,第12页。

上的不平等所带来的种种弊端,因而,空想社会主义在强调政治平等、法律平等的前提下,格外强调经济的平等。

法国空想社会主义者邦纳罗蒂在《为平等而密谋》中一再强调平等才是社会主义的终极目的——"劳动平等和享受平等"。① 邦纳罗蒂强调人与人是平等的。作为人而言,每一个人都有幸福生活的权利,同样每个人都有平等劳动的义务,理想的社会必然是做到平等地分配享受与义务的社会,只有做到平等分配享受与义务的社会方是公正的社会,只有做到平等分配享受与义务的制度才是正义的制度。英国空想社会主义者威廉·汤普逊则认为最为严格的平等与真挚的仁爱是社会主义不可变更的法则。只有做到分配平等的社会,幸福的总量才会最多,人们的获得感也才会最大。不过这种最为理想的境界与最为理想的选择不易实现,因而人们便退而求其次,人们选择更具有现实性的次优的选择——"尽最大可能促进享受的平等与促进生产"。次优选择虽不是最理想的选择,但它仍然坚持了平等原则。对此,汤普逊颇为骄傲地讲道:"注意到了保障,平等就是普遍的公正的法则。每一种制度的效用都可以用它来检验。"②

不过,对于平等论述最为深刻同时也最具代表性的人则是法国空想社会主义者勒鲁。勒鲁认为平等是人类社会进步的唯一标识,平等也是人类社会最终的目的与事业。尽管平等在勒鲁所生活的时代并未真正地占据统治地位,但人们在平等方面已取得了一定的成就,那就是最起码在司法意义上人权利的平等得到认肯。因此,勒鲁指出"平等在成为事实之前也是一种概念,一种信仰。它已经引起和取得了某些结果,它必将会取得其他的结果"。③ 这是勒鲁在平等观上非常重要的一大贡献。纵观人类的发展史,权利的不平等与

---

① [法]菲·邦纳罗蒂:《为平等而密谋》上卷,陈叔平译,商务印书馆 1989 年版,第 70 页。

② [英]威廉·汤普逊:《最能促进人类幸福的财富分配原理的研究》,何慕李译,商务印书馆 1986 年版,第 118 页。

③ [法]皮埃尔·勒鲁:《论平等》,王允道译,商务印书馆 1988 年版,第 65 页。

尊严的不平等长期是占统治地位的。柏拉图与亚里士多德在整体上并不主张与承认人的平等。柏拉图与亚里士多德生活在奴隶制社会之中并且又都承认奴隶制社会存在的合理性与现实性,他们二人均承认等级秩序观与人的权利不平等。而这一状况到了西方近代社会则有了巨大的改观。"古人无法设想一个没有主人、没有奴隶、没有教士、没有贵族和没有国王的社会。现代人已经不再懂得什么是主人、奴隶、教士、贵族、国王了……而今,人的资格则是首要的。"①勒鲁认为,近代社会以来,人人平等,人人都享有权利。不过,平等又不能仅仅是形式上的平等,平等又不仅仅是权利的平等。平等事实上总是与不平等联系在一起的。人的体力、智力、外貌、机遇与家庭出身事实上并不会完全一样,差异化的社会背景会造就现实中人的分化与可支配性资源占有的不均。这是一个现实的问题。怎样解决这一难题呢? 勒鲁对此是有信心的,勒鲁相信彻底的平等必然会到来,同时他也希望所有的人对此都应有信心。在勒鲁看来,平等方是人类社会发展的成年,平等方是人类社会发展的最终目的与方向。

(3)倡导同情与博爱

资本主义社会盛行竞争法则与丛林法则,因而这个社会必然是冷酷无情的社会。资本主义社会通行的法则是竞争法则,甚至有人把竞争当作兴奋剂来吹嘘,因为竞争的背后是饥饿、复仇与贪欲。勒鲁对于资本主义世界的冷酷与无情作了如下形象的描述——"社会在宣布竞争的同时,直到现在并没有做其他事情,只做了一件大丑事:这就是把社会组织得活像一块圈地,一群被捆绑和被解除了武装的人在里面听任另一群用优良武器装备的人肆意宰割。"②的确,资本主义社会,既缺乏自由又缺乏平等;既缺乏同情又缺乏博爱。针对着这样一个冷酷无情的社会,空想社会主义者认为一个正义的社会不仅要有制度的公正,更应有社会的温情。总之,空想社会主义者都倡导同情与博爱。

---

① [法]皮埃尔·勒鲁:《论平等》,王允道译,商务印书馆 1988 年版,第 254 页。

② [法]皮埃尔·勒鲁:《论平等》,王允道译,商务印书馆 1988 年版,第 27 页。

同情,是指凡是人均有共通的人性,人人均可以做到,这是因为人同此心,情同此理。同情的本质是一种与他人的“同胞感”,这种“同胞感”就是情感的共鸣。这种情感的共鸣就是将“我”与他者的情感的合一,使“我”与他者融为一体。同情首先是一种情感,同情是对别人的遭遇在感情上发生共鸣。其次,同情是一种品质。这也就是说,作为品质的同情是指人能持续地、长久地、现实地表现出来的对他人不幸的怜悯之情而形成的稳定的心理特质和意志品质。再次,同情是一种行动,即同情必定要见诸有助于别人摆脱痛苦的行为。最后,同情具有重要的社会作用。同情是人之为人的标志,也是人性的伟大与崇高的表现。人若失去了同情与良知,便只具人形,而不具人格,就成为不是“人”的人。同情使我们成为人,并使我们以“人”的方式去看这个社会,以“人”的方式去展现着这个社会,以“人”的方式去实践这个社会,从而也使得这个社会是真的、善的与美的,从而这个社会才是值得我们去努力去追求、去实现的社会。同时,同情承担了协调解决自爱和仁爱、个体与他者矛盾冲突的功能。作为行动与行为的同情是一种具体的、现实的爱。这种具体的、现实的爱能够使同情的对象减少痛苦、增加幸福。同时,这种具体的、现实的爱使个体脱出了“自我”的圈子,从而使自我与他人和社会融合。其实,社会当中的慈善事业与慈善活动本身就是同情的具体化与现实化。

博爱是指公民或一特定组织内部成员之间的关系,它像同胞之间的理想的关系一样具有互爱和共通的感情并追求共同或相似的目标这些特点。真正的博爱有赖于自愿的或自己选择的义务。[①] 勒鲁对于博爱的论述则更为直接与明了。勒鲁认为博爱就是在人的所有行动中贯注情感,因而个体便会与其发生关系的人产生感情并由此产生慈善等相应的行动。[②] 博爱是资产阶级革命的口号之一,不过相较于自由与平等,博爱一直处于一种相对较为尴尬的地

---

① [英]戴维·米勒:《布莱克维尔政治思想百科全书》,邓正来等译,中国政法大学出版社2011年版,第185—186页。

② 参见[法]皮埃尔·勒鲁:《论平等》,王允道译,商务印书馆1988年版,第12页。

位。博爱似乎很重要,但又很难在现实之中找寻到合适的地位。不过博爱的确是一种社会生活中不可或缺的价值理念。对此,罗尔斯曾有过类似的主张:"博爱被认为是体现了某种社会评价方面的平等,这种平等表现于各种公共习俗和对奴颜婢膝的鄙弃。博爱无疑含有这些意思,以及一种公民友谊和社会团结的意义,但如此理解就意味着它不表达任何确定的要求。"①的确,博爱的位置十分尴尬,但这并不意味着博爱就不重要。博爱是有价值的,博爱是有地位的。在政治社会学层面上,博爱与同情意思是相近的,作用是相同的。所有空想社会主义者都是博爱论者,所有空想社会主义者均对无产阶级的悲惨境遇有着极大的同情,也正是由此,空想社会主义者才对不公平与不正义的资本主义制度提出了质疑。

其实,无论是主张同情还是主张博爱的空想社会主义者均是人道主义的认同者、倡导者与践行者。人道主义与人文主义有相近之处,两者都承认与肯定人的理性与力量,肯定人的价值与尊严,肯定人的自主与自由。不过相较于人文主义,人道主义有着更多的悲天悯人的情怀,有着更多的对弱者的同情与关注的成分。因而,"所有社会道德中最重要的道德是人道主义。人道主义是其余一切道德的精髓"。② 人道主义是慈悲为本、善念为怀,人道主义强调仁爱、友善、慷慨与怜悯。人道主义是乐观主义的基石与支撑,它肯定了人世间的美好,推崇社会的发展与进步,相信人性之中的善端与善念。人道主义对于一切美好、公正而又合理的事物均持欢迎与开放之态度。如此看来,所有的空想社会主义者一定且必然是人道主义者了。

3. 正义之实现的路径与方法

18 世纪的法国理性主义思想家霍尔巴赫对于当时法国的现状极其不满,他认为当时的法国充满了种种缺陷与不足,不过,霍尔巴赫本人并没有对未来

---

① ［美］约翰·罗尔斯:《正义论》,何怀宏等译,中国社会科学出版社 2009 年版,第 80 页。

② ［法］霍尔巴赫:《自然政治论》,陈太先、眭茂译,商务印书馆 1994 年版,第 40 页。

失却希望与信心。他认为教育能够解决一切问题。“教育是政治活动家掌握的培养人民的情感和思想以发展人民的才智和品德的最可靠的手段。”①对此，恩格斯在《社会主义从空想到科学的发展》一文中指出：“我们已经看到，为革命做了准备的18世纪的法国哲学家们，如何求助于理性，把理性当做一切现存事物的唯一的裁判者。他们认为，应当建立理性的国家、理性的社会，应当无情地铲除一切同永恒理性相矛盾的东西。”②事实上，空想社会主义者所采用的方法与18世纪法国哲学家们的方法是相似的。空想社会主义者均相信理性与科学，相信道德与人性，力图通过教育与立法、改良与改革、宽容与合作等方式实现社会正义。空想社会主义这一主张是不具现实性的，它具有着致命的弱点。对此，恩格斯进行了深入的剖析与彻底的批判，恩格斯这样写道：“社会主义是绝对真理、理性和正义的表现，只要它被发现了，它就能用自己的力量征服世界；因为绝对真理是不依赖于时间、空间和人类的历史发展的，所以，它在什么时候和什么地方被发现，那纯粹是偶然的事情。”③整体而言，空想社会主义寄希望于改良、改革与妥协，而否认斗争与革命。他们往往寄希望于社会合作、寄希望于资本家发善心，与此同时空想社会主义也希望政府通过某些立法来提高与改善无产阶级的权益。易言之，空想社会主义者的社会政策的理念大多与法国理性主义者的理念相近。法国理性主义者相信人性，认为通过教育可以改变人、改变人性，使人变得有人性、有道德，懂规矩、懂秩序；易合作与共存，因而他们均持立法与教育可以改变环境，立法与教育可以重塑新人的看法。他们便形成了如此的通病：相信教育万能；相信法律万能。④

---

① ［法］霍尔巴赫：《自然政治论》，陈太先、眭茂译，商务印书馆1994年版，第293页。

② ［德］恩格斯：《社会主义从空想到科学的发展》，人民出版社2018年版，第39页。

③ ［德］恩格斯：《社会主义从空想到科学的发展》，人民出版社2018年版，第50页。

④ 在18—19世纪的西方社会，这样的主张几乎是一种共识，其他不少流派的学者也持如此的理解。瑞士的政治经济学家西斯蒙第也有类似的主张：“英国的立法最近感到有必要干预穷人和富人之间的合同，以便保护弱者；英国的法律规定，工厂不能雇用一定年龄以下的儿童，同时也规定了必要劳动的一定时间。”“宗教、教育、政府和荣誉感，在改变人的本性。”（［瑞士］西斯蒙第：《政治经济学新原理》，何钦译，商务印书馆1964年版，第129、245页。）

对于空想社会主义的这些主张，我们并不应完全否定其作用以及其良苦用心，但其实际结果则与其初衷有较大的出入，同时，更为重要的是，空想社会主义的这些主张即便能真正地得以实行与实现也不能改变不公正的制度设计与制度安排。事实上，空想社会主义的这些主张是在维系着现行的资本主义制度，它是为资产阶级整体利益与长远利益而服务的。

空想社会主义者一般都反对革命，而主张改良。他们认为革命的破坏大，并且难以实现革命原初的理想。路易·勃朗就认为："革命往往具有这样的特点：那就是把上帝掺杂在一起的嘉禾和莠草全部拔走。"①因而，即便空想社会主义对既有的资本主义制度不满，他们更多的主张是对其进行修补与改善，而非彻底地将其推翻。路易·勃朗就是其中最为典型的代表。他注意到了资本主义私有制以及竞争的残酷性与野蛮性并对其加以了猛烈的抨击，但问题的关键在于如何解决这一问题呢？路易·勃朗说要使竞争纯洁化与高贵化的办法是——"组织劳动社团就解决了这一问题。"②路易·勃朗以及其他空想社会主义者的主张均是辛辣批判有余而缺乏建设性与操作性，它们并不能根本改变无产阶级被剥削与被压榨的状况。事实上，空想社会主义者的这些主张是在维系着既有的剥削制度与剥削关系，因而即便空想社会主义者不是资本主义的歌颂者，但他们肯定不是资本主义制度的掘墓人；当然若将空想社会主义者就视作资本主义制度的护士与医生也不恰当，但他们更多的时候是资本主义的现实上有限度抗议者与终极意义上的合作者。

---

① [法]路易·勃朗：《劳动组织》，何钦译，商务印书馆1962年版，第166页。

② [法]路易·勃朗：《劳动组织》，何钦译，商务印书馆1962年版，第103页。18世纪末19世纪初的英国空想社会主义者雪莱也持类似的主张："谁还会怀疑目前的政治和道德状态不对头呢？人们说，请你拿出妥善的改进方法来吧。最妥善的办法莫过于巩固和发扬慷慨和慈善的感情，莫过于永远保持对于全人类的爱，莫过于造成一系列的原因，从而促成道德与自由结出果实；……我倡议，凡是这样的人，一起来建立一个协会。其目的第一，讨论采取哪些激励人心的措施。第二，当这类措施决定之后，以联合的或个人的努力去执行这些措施。这个协会应在爱尔兰社会贫苦阶级中间传播知识和道德，并支持各种开明的教育制度；应该讨论一些问题，有关消除道德和政治祸害的方法，并在力所能及的范围内，积极地利用任何可以为人类谋福利的时机。"（[英]雪莱：《雪莱政治论文选》，杨熙龄译，商务印书馆1981年版，第50—51页。）

空想社会主义者一般认为劳动者与资本家之间进行殊死的斗争完全是徒劳之举,他们大多主张互助合作就是实现社会正义恰当的方式。圣西门认为为了实现理想的社会,为了达到社会的公正与和谐,政府的管理的中心应该实现转变——由以人为重点的管理转化为以物为重点的管理。这样,就做到管理的科学化与技术化,这样会出现专家管理国家与社会的新气象,同时,圣西门主张"一切人都应当劳动,都要把自己看成属于某一工场的工人"。① 这样,社会就会是一个所有人都在从事着生产与创造的劳动者所组成的联合体。圣西门将这种社会制度称为"协作制"。他认为这种协作制就是其社会理想及其实现其社会理想的最终途径与方法。圣西门坚持人的经济收入完全取决于其劳动(贡献),因而圣西门学说的这一部分博得了许多工厂主的拥护,但也正因为如此,工人阶级不会对其提供有力的支持。欧文认为教育既能提升低层阶级的认知使其知晓只有合作才能实现其自身利益的最大化,同时教育也能使上层阶级的人士认同合作之必要与必需。总之,劳资双方通过教育均会认同合作是双方实现自身利益的唯一正确的途径。欧文对于资产阶级与无产阶级的合作是持绝对乐观的立场的,欧文说:"我们的大臣都是心地善良、和蔼可亲的,他们真诚地希望改进社会各阶层的状况。我对他们的耐心、性情和爱作过五年的观察,所以不会受骗……我认为,其中有许多人,只要公众以适当的方式做好了前进的准备,他们是随时都会心甘情愿地伴随着公众一起前进的。"②此外,欧文还有这样的主张——理性教育能够使所有的人都变成合乎理性的人。③ 欧文认为教育能够培育善美的人性、造就宽宏的精神。如果

① [法]圣西门:《圣西门选集》第1卷,王燕生等译,商务印书馆1979年版,第24页。

② [英]欧文:《欧文选集》第1卷,柯象峰等译,商务印书馆1979年版,第227页。

③ "同情他们的心理病态,不断施仁以惠其人;这样,恶就会被善征服,直到它的本质完全改变,有害的倾向完全从人类之中消失为止。那时豺狼与绵羊羔同居,豹子与山羊羔同卧;少壮狮子与牛犊并肥畜同群;小孩子要牵引它们。在我圣同的遍处,这一切都不伤人,不害物;因为认识耶和华的知识要充满遍地,好像水充满海洋一般。"([英]欧文:《欧文选集》第1卷,柯象峰等译,商务印书馆1984年版,第292页。)

人世间充满了爱与宽宏精神，那么，社会的一切黑暗都将不复存在。当然，还有一部分空想社会主义者寄望于个人同情来实现最终的正义，这种同情最主要的是希望资本家发善心来彻底改变受压迫者悲惨的命运。这其中以傅立叶最具代表性，傅立叶虽对资本主义制度的罪恶进行了最辛辣的揭露与批判，但是他所主张希望实现公正美好社会的理想路径却是指望资本家发善心，他为了实现其理想——“法朗吉”，一直在房间里等着资本家的到访，但这最终只能沦为空想。

三、空想社会主义正义观批判

欲对空想社会主义正义观进行科学的评判，首先就应明了科学社会主义与空想社会主义究意有何区别。只有弄清这一根本问题，我们才能对于空想社会主义（空想社会主义正义观）有一正确的认知与评判。

恩格斯在《社会主义从空想到科学的发展》一书中对两者做了非常清晰与准确的区分。空想社会主义认为“社会主义是绝对真理、理性和正义的表现，只要它被发现了，它就能用自己的力量征服”。[①] 而科学社会主义则认为“社会主义现在已经不再被看做某个天才头脑的偶然发现，而被看做两个历史地产生的阶级即无产阶级和资产阶级之间斗争的必然产物”。[②] 恩格斯对于科学社会主义与空想社会主义所做出的科学的、权威的结论是我们认知与评判空想社会主义正义观的科学指导。

首先，我们必须肯定空想社会主义者对于资本主义制度的控诉及其对于美好生活与美好社会构想所做出的贡献。第一，空想社会主义者既没有选择做不正义社会的顺从者又没有选择做不正义社会的谄媚者，而是选择做了不正义社会的批评者，这种立场与精神无疑是值得肯定的。他们既没有沉沦，也没有逃避，而是直面现实中的不正义，为不幸者的悲惨境遇而同情与怜悯，为

① ［德］恩格斯：《社会主义从空想到科学的发展》，人民出版社 2018 年版，第 50 页。

② ［德］恩格斯：《社会主义从空想到科学的发展》，人民出版社 2018 年版，第 59 页。

受压迫者的自由与解放而呐喊与抗争，即便只是著书立说，但同样也是抗争（或者说是抗争的一种）。所以空想社会主义者的立场是应该被肯定的。第二，空想社会主义者对于公正美好的未来社会提出了许多有建设性的想法与构思，从而激励着被压迫阶级与被压迫民族为了自身解放和全人类的解放而不断进行正义的事业与正义的革命。第三，仅就正义内容而言，空想社会主义者提出了许多非常有益的创建，这些内容包括：①颂扬劳动，尊重生产者的权利；②谴责游惰，反对一切遗产和不是以贡献而获得的财富；③坚持集中的计划经济的必要性；④主张两性平等；⑤始终认为一切社会活动的主导原则必须是改善人数最多而生活最苦的阶级的处境。①

不过，空想社会主义之所以被命名与定性为"空想"，就在于其理论主张的非现实性、妥协性与软弱性。空想社会主义的这些缺点同样表现在空想社会主义正义观上。

日本社会主义者幸德秋水曾追问过这样的问题——"伟大的产业革命为什么没有能够实现人道、正义与真理?"幸德秋水认为不能将原因归结为宗教、教育、法律与军备等原因。这是因为宗教可以让人想象未来的天堂但不能解除人当下的痛苦；教育能给予人们知识但不能为人们提供吃穿；法律可以通过处罚使人有秩序，但不能使人内心愉悦；军备能杀人却不能救人。幸德秋水认为资本主义未能创造人间天堂的根本原因在于财富分配不公。幸德秋水认为只有将财富分配公平了，人间天堂才能建成。因而，解决资本主义不公平的办法就是将生产资料从有产者手里剥夺过来使其重归劳动者所有。②

与幸德秋水这一具有社会主义立场的思想家相对照，我们就会发现空想社会主义者的理论与主张的差异与差距了。为什么会有如此之大的差距呢?英国学者柯尔在其名著《社会主义思想史》中对此有所揭示，柯尔认为空想社

① 参见［英］G.D.H.柯尔：《社会主义思想史》第1卷，何瑞丰译，商务印书馆1977年版，第63页。

② 参见［日］幸德秋水：《社会主义神髓》，马采译，商务印书馆1963年版，第8—12页。

会主义思想家“几乎都是离群索居的思想家，站在那么一场波澜壮阔的思想运动的边缘上，这场运动以丰富的民主和自由观念为内容，但其基本思想中却没有任何明确的社会主义因素——充其量也只能说，仅仅带有这样一种信念：人类的幸福应该成为社会政策的目标，通过不断走向光明的进展，人类就可以达到至善至美的境界”。① 所以，空想社会主义者大多是道德改良主义者而非革命者，他们寄望于教育与理性的发展，而非被压迫者的反抗之上。因而，恩格斯就指出以圣西门、傅立叶与欧文为代表的空想社会主义者“并不是作为当时已经历史地产生的无产阶级的利益的代表出现的。他们和启蒙学者一样，并不是想首先解放某一个阶级，而是想立即解放全人类。他们和启蒙学者一样，想建立理性和永恒正义的王国”。②

由于未能深入社会现实，没有看到无产阶级的力量，所以空想社会主义者整体上不敢发动群众做直接现实的斗争。空想社会主义者不主张革命，只相信改良与改革；空想社会主义者不相信斗争，只相信妥协，并寄望于资本家与有钱人的良心发现。实质上，这样的想法与做法既天真又可笑，同时又是可悲与可叹的。指望资本家的同情与慈善来解决无产阶级悲惨的境遇，这种做法无异于与虎谋皮，这种做法其实也是一种“弱者的抗争”，并且是投降式的“弱者的抗争”。即便是偶然会有个别资本家有慈善之举，他可能是良心发现，但更大的可能是“鳄鱼的眼泪”——虚假的伪善而已。

那么，如何看待空想社会主义者对于社会正义之实现寄予厚望的教育与理性的作用呢？为数众多的理性主义者与空想社会主义者均相信理性与教育，推崇教育改变人性、教育改变社会，教育能够使社会最终实现正义。的确，教育是有用。教育能够使身体灵活有力，教育能够使头脑聪颖灵活，教育能够使人心地良善。同时，教育还教会了人生存的技能，并使人对于生活有了更加

① ［英］G.D.H.柯尔：《社会主义思想史》第1卷，何瑞丰译，商务印书馆1977年版，第17页。

② ［德］恩格斯：《社会主义从空想到科学的发展》，人民出版社2018年版，第39页。

深入与本质的理解,教育能使人摆脱蒙昧的束缚走向自主与自由。教育提升人们追求自由的能力,培养人们追求自由的意志。教育提升了人的可行性能力,教育有利于实现人的平等。但是,教育在社会正义实现中并不起决定性作用,这是因为制度设计与制度安排决定着权利与义务、资源与收入等的分配。因而,制度才是起决定性作用的因素,而教育只不过是影响正义之实现的诸多因素与诸多环节的一个因素与一个环节而已,因此,否定教育的作用是不对的,但夸大教育的作用乃至于认为教育万能更是不对的。

总之,空想社会主义正义观是有价值的,空想社会主义正义观揭示了资本主义的种种罪恶,事实上已证实了资本主义制度的不现实性、不公正性与不合理性,同时自然也昭示一种公正、美好的新社会形态要取代资本主义制度的必然性与合理性。不过,由于空想社会主义者所处的历史时代、认识程度尤其是自身的阶级立场等原因,空想社会主义正义观存有很大的局限,空想社会主义正义观具有着软弱性、妥协性、不彻底性等缺点。空想社会主义者尽管一直在批判资本主义制度,但空想社会主义者并不是资本主义制度的掘墓人,空想社会主义者更多的时候是资本主义有限度的抗议者与终极意义上的合作者。

第二节　葛德文的正义思想

在空想社会主义思想史上,葛德文并非最重要的代表人物,甚至在部分学者看来,葛德文应被视作无政府主义者而不能被视作空想社会主义的思想家。不过,恰恰是葛德文思想的这一特点,使其思想有着更为鲜明的特质,更应值得重视与探讨。

一、葛德文:时代与人

葛德文(1756—1836),18 世纪英国著名的政治思想家与小说家。葛德文的代表作为《政治正义论》(全名为《论政治正义及其对道德和幸福的影响》)。

葛德文所生活的时代与亚当·斯密生活的时代条件大体相同,尽管其出生比斯密晚了三十余年。当时的英国,仍然处于工业革命蓬勃发展时期。工艺的改良、技术的革新与管理的革命,带来社会财富的空前丰裕以及整个社会积极乐观的情绪。人们相信理性、相信科学、相信进步。易言之,人们相信明天。这个时代是理性的时代,这个时代是启蒙的时代,这个时代是权利的时代。社会的进步从另外一个层面看则是当下的社会并不完美。现实社会与理想社会是存有很大距离的。这种距离可以做两方面的理解:一是与至善、至美的理想的应然社会相比,现实社会的不至善性与不完美性是凸显的;二是现实社会尽管相较以往社会相比,整个有所进步,但这种进步却是以广大劳动者的贫困化为代价的,这个社会充满了冷漠与残酷、欺骗与伪善。因而,这个现实社会并不是一个正义的社会与完美的社会。葛德文所生活的时代有着如此的特征:一方面,社会成员注意到了专制制度的弊端,开始极力反对专权与特权并对宗教进行批判,人们主动宣扬自由、平等与博爱,人们积极追求个人的自觉与个性的解放;另一方面,社会当中一些有见识的成员注意到了现实社会中的黑暗、腐朽与罪恶,他们注意到了这种"人生而平等与自由"的政治诉求确未必真正地能在资本主义世界真实地实现,他们事实上已开始思考如何才能真正实现启蒙运动所追求的至善的社会理想。同时,更应提及的是,18 世纪末到 19 世纪初这一阶段的思想家,都必然要直面一个重大的历史事件——法国大革命。"在思想领域中,1789 年是一条分水岭,因为人们都是这样看的。从这一年以后,人们便以另一种心情来考虑自己的思想和计划,就好象探险者跨进了一个正在形成的新世界一样。"①葛德文尽管不是法国大革命的亲历者,但他却是法国大革命的见证者,波澜壮阔的法国大革命对于葛德文的政治思想有着直接的影响,葛德文改良主义的政治观是与法国大革命有着直接关联的。

---

① [英]G.D.H.柯尔:《社会主义思想史》第 1 卷,何瑞丰译,商务印书馆 1977 年版,第 16 页。

总之,葛德文是个坚定的理性主义者,他坚信理性与进步,他坚信自己所构思出的整套理论能够破解资本主义时代的弊端从而实现其心目中理想的社会。葛德文的思想对于英国激进主义思想的发展产生了极大的影响,英国著名的空想社会主义者欧文以及比欧文稍早一些的英国诗人雪莱等人均受其深刻的影响。葛德文揭示了资本主义的罪恶与不公正,同时又以理性和公正的原则来改造人类社会的思想,具有启蒙与思想解放的作用,从而具有一定的历史进步性。

二、葛德文正义思想的内容

1. 社会的不正义:表现与类型

人类社会的历史应该是幸福、美好与和谐的,但人类社会真实的历史却并未摆脱丑陋、罪恶与战争。人类社会这种既往的历史及所生活时代的社会现实,葛德文是并不满意的,同时也正是由于这一原因,开启了葛德文对于人类美好未来与明天的向往、规划与设计。

首先,葛德文注意到了其所生活的时代社会中贫富悬殊的这一现实。"大量的居民被剥夺了足以保证小康或者安定生活的几乎一切便利条件。他们最辛勤的劳动,仅能勉强维持温饱。"①不过,葛德文认为更为值得同情的是,社会底层人士几乎没有实现社会层级上升的可能,这就使得社会底层的民众更加地绝望与悲观。与社会底层群众的赤贫相对照的则是上层社会的奢华:明显有钱—明显有闲—明显浪费。富人的奢华与穷人的赤贫本身就形成了鲜明的对照,就形成了较为尖锐的社会对立情绪。更为令人气愤的是,富人还对穷人巧取豪夺,这更激化了社会的矛盾。葛德文认为,贫富的两极对立会给社会带来诸多恶果:第一,穷人缺乏自主意识而日趋沉沦;第二,富人变得任性而日渐为所欲为;第三,社会的丑陋与丑恶现象会日渐增多;第四,人口数量

① [英]威廉·葛德文:《政治正义论》第1卷,何慕木译,商务印书馆1980年版,第13页。

与人口质量均会受到相当负面的影响。①

其次,私有制造就了社会的不正义。社会正义涉及的方面很多,不过正义的核心却始终是财产及其财产权。离开了财产与财产权,空谈道德与人性是没有把握住正义实质的表现。在这一方面,葛德文无疑是抓住了正义问题的实质。"压迫、奴役和欺骗他人的风气,都是现存财产制度的直接产物。这些风气一致地和智力与道德的完善敌对。"②葛德文认为一切私有制社会(自然包括资本主义社会)之所以存在着诸多的不公正现象,核心就在于财产的私有制。财产私有制破坏了人的理性与良知,造就了社会诸多的不公平与不正义的现象。这具体表现在以下三个方面:①立法的不公正。法是统治阶级意志的体现。在私有制社会中,作为统治阶级意志体现的法自然会体现富人的意志与意愿,因而,法的首要以及根本目的是维护富人既有的权利与权益,并在此基础上进一步得到确认与维系而不会对穷人的权利与权益加以适当与应有的考虑。②司法与行政的不公正。在维护财产私有的制度中,立法、司法与行政都不会是公正的。谁的财产多,谁的权益就会得到最大程度满足与保护;谁的财产少,谁的权益所得到保障与维护就少。这是很自然的现象。当不公正这种不应是自然的事情已成为很自然的社会现象时,这个社会早已经不再是公正的社会了。这个社会的任何一个角落都充斥了欺骗与暴力,这个社会早已经成了一个病态的社会了。③社会的两极分化。由于财富不平等导致了人的社会地位及其诸多方面巨大的差异,一方面富人扬扬自得、趾高气扬,另一方面穷人俯首帖耳、低声下气。这样社会结构与社会精神风貌一定且必然使得社会成员的价值观发生畸变。"财富的积累侮辱了人的思维能力,窒息了人的才华,使大部分人类陷于庸庸碌碌之中。此外,财富的积累又使富人丧失了最善良的和最合理的行为动机。"③总之,私有财产制度破坏了人们的理

① 参见[英]葛德文:《论财产》,何清新译,商务印书馆 2013 年版,第 45—55 页。

② [英]葛德文:《论财产》,何清新译,商务印书馆 2013 年版,第 53 页。

③ [英]葛德文:《论财产》,何清新译,商务印书馆 2013 年版,第 50 页。

性与良知。

最后，葛德文认为历史上的及其他所生活时代的政权均不是理想型的政权，这些政权都充满了各种不足与缺点。“政府是恶的”，葛德文与潘恩等人在这一观点上是相近的。不过，葛德文在政府上的观点更为激进，他主张理想的社会应是无政府的、自治的社会。正是由于有了这一基本的立场与主张，葛德文对政府予以了多方面的批判。首先，葛德文认为政府本身即是恶的。“政权通常是人们愚昧和错误的产物。政权本来应该制止非正义的行为，但是它却给非正义行为提供了新的机会和诱因。”①葛德文认为政府不仅未能制止恶的产生，而且还会造就更多的恶。至于历史上曾出现的政体形式，葛德文也大多持批判态度。葛德文认为君主政体是不道德的，君主政体是以暴力与欺骗为基础的，君主政体排斥贤才和真理。君主政体造就了统治者的嚣张、霸道与野蛮，同时造就了被统治者的顺从、愚昧与卑怯。贵族政体是以特权与财富垄断为基础，特权是在血缘基础上对某些特定社会成员的权利的认肯与保障，这种特权，使这些少数人拥有了压迫别人的工具与力量，使他们傲慢地面对别人，对非正义行为表现出冷漠与无情。它的存在事实上否定了社会其他成员追求自身境遇改善的可能，因而，特权一方面造就了政治的、社会的、经济的以及个人前景方面的诸多的不平等，另一方面又抹杀了社会其他成员的积极进取的雄心与斗志。民主政体相较于君主政体与贵族政体具有一定的进步性，“民主政体使人类重新意识到自己的价值，通过消除权威的压迫来教导他们只听从理性的指示，使人们敢于坦率、质朴地对待一切其他的人，诱导他们不再把别人看成是应当防范的敌人，而要看成是应当加以帮助的弟兄”。② 这也就是说，民主政体中人发现了自我、确立了自我，并要在各个方面（尤其是

① ［英］威廉·葛德文：《政治正义论》第1卷，何慕木译，商务印书馆1980年版，本书原则概说，第11页。

② ［英］威廉·葛德文：《政治正义论》第2、3卷，何慕木译，商务印书馆1980年版，第392页。

社会生活方面)实现自我。这无疑是一种历史进步。民主是社会发展的必然,不过,真实的民主的实行与实现却是有一定条件做保障的。民主需要稳定的社会、强大的政府与有力的经济以及高素质的民众,等等。离开了这些条件,民主就极有可能由好民主变为坏民主。仅就社会民众的素质而言,由于社会民众的认知能力的不同,观点各异、易受他人影响与操控,均使得民主政体充满了不确定性。“动摇不定乃是直接同政治正义相对立的。”①在民主政体之中,理性与理智往往并不必然占据上风,反而情绪与激情往往会裹挟着理性与理智,使社会出现“多数人的暴政”。因此,在葛德文看来在民主政体中坚持真理与传播真理并不是一件易事。

2. 社会正义:原则与主张

我们在分析葛德文正义原则之前,先看一看葛德文如何论述正义的重要性。葛德文认为正义是社会所必需的,正义是每一个社会成员所必需的,正义不仅仅是穷人、弱者的诉求,正义更是社会所有成员的诉求。正义为何如此重要? 这是因为“有一种东西,对于人类的福利要比任何其他东西都更重要,那就是正义。忽视正义,不仅因为它产生的直接罪恶而应被深恶痛绝,而且由于其后果也许更加有害,因为它歪曲我们的理解力,破坏我们对未来的估量,因而从根本上打击我们的道德辨识力和人格的真正力量及其形成”。② 其次,正义能够实现对社会每一个成员自身的权益切实的保护。许多人认为只有受到不公正对待的社会底层才会感到不公正,才会追求社会正义,其实,这是一种误解。事实上,无论是社会中的富人还是穷人都会吃到不公正的苦头,都会觉得公正的重要性与必要性。

---

① [英]威廉·葛德文:《政治正义论》第2、3卷,何慕木译,商务印书馆1980年版,第389页。

② [英]威廉·葛德文:《政治正义论》第2、3卷,何慕木译,商务印书馆1980年版,第375页。

葛德文并不认同传统社会中的公正。在葛德文看来,传统社会是等级特权的社会,存在的是等级正义观,即便在传统社会中有朝代的更替,但社会结构整体没有任何改动,只不过是“城头变幻大王旗”而已。葛德文强调的正义是人人平等,每一个社会成员均被一视同仁。“我对于正义的理解是:在同每一个人的幸福有关的事情上,公平地对待他,衡量这种对待的唯一标准是考虑受者的特性和施者的能力。所以,正义的原则,引用一句名言来说,就是:‘一视同仁’。”①“一视同仁”体现了近代以来人类社会的进步性共识,同时也是近代以来“人生而平等”理念的普遍性的认同与信仰。人生而平等,人生而自由。“人人都具有相同的天性,对同样的福利都有享用的权利。”②每个人都具有相同的权利与自由,我行使权利的自由以不侵犯你的自由为界限,你行使权利的自由以不侵犯我的自由为界限。因而,在这样的社会之中,我与他人就是平等自由的交互主体,一视同仁就会成为自然的法则。葛德文对以往社会之中人与人之间的不平等加以批判。葛德文认为等级、特权就是对理性与正义最大的侮辱,等级与特权是与时代的发展相悖的,是需要被抛弃的。人的平等——人身的平等与精神的平等——已成为新的时代精神。尽管从某些方面看,人身的不平等与精神的不平等也是一种客观事实,但葛德文强调人们更应重视人的人身平等与精神平等这一社会现实以及这一社会理想。葛德文对此从两个方面加以论证:第一,原初人的差异比现在小得多;第二,即便是有着较大差异的今天,人们仍然在许多方面存有相近之处,人们在许多方面依旧是平等的。对于人的精神平等,葛德文这样讲道:“我们都享有共同的天性;使这个人获益的同样原因也会使其他的人获益。我们的感觉和能力都一样。所以我们的痛苦也是相似的。我们都天赋有理智,能够比较,能够判断,能够推理。所以这个人希望改善的也就是另一个人希望改善的。”③即便社会之中存在着

① [英]威廉·葛德文:《政治正义论》第1卷,何慕木译,商务印书馆1980年版,第84—85页。
② [英]葛德文:《论财产》,何清新译,商务印书馆2013年版,第65页。
③ [英]威廉·葛德文:《政治正义论》第1卷,何慕木译,商务印书馆1980年版,第99页。

差异化的对待，但只要在平等可接受的范围内，不但无害且是有益，甚至可以将其视作公道。对此，葛德文强调差别对待并非绝对是坏的，有时反而是必需的。

葛德文虽然没有像罗尔斯那样明确地提出正义是社会制度的首要德性以及正义的两个原则，但葛德文正义思想中却有类似的主张。葛德文认为公正是社会中权利与义务的合理性安排，公正能够确保社会中每一个成员合法的权益不受侵害，公正能够保障每一个成员合理的社会期望得以实现。在何为公正的问题上，葛德文还有一个观点是非常可贵的。葛德文认为："一个人辛勤劳动，累得摧残了健康以至于生命，而另一个人悠闲自在，过着奢侈的生活，这是不公正的。一个人忙碌得没有空暇时间去发展自己的智能，而另一个却无所事事，从不为增加公共福利尽一点力量，这也是不公正的。"①这也就是说，葛德文认为公正不仅仅是现存的人可支配性资源占有上的相对公平，公正还指人未来发展的空间与可能的相对平等。

葛德文的正义思想重点是论述的社会正义，但葛德文对于个体正义以及正义感也是有所涉及的。葛德文认为正义的个体就是做到以理性与良知来统率个体行为的人，个体的正义与社会的正义是离不开个体的正义感的。正义感是一种深思熟虑的品质，正义感是构成个体德性与德行的最本质要素，正义感也是社会正义得以确立与实现的逻辑前提与主体性保障。葛德文将人的正义感与博爱主义进行了对比，他认为更为合理的选择应是正义感而非博爱。这是因为博爱是一种未经深思的感情，博爱会"引起一种盲目的偏爱，结果也许为了增进少数人的虚幻的利益，而毫不自责地给很多人带来灾难"。②

3. 社会正义之实现：手段与方法

葛德文对于公正的实现曾提出一个很好的想法——"我们当中有谁承认

① ［英］葛德文：《论财产》，何清新译，商务印书馆2013年版，第39页。

② ［英］威廉·葛德文：《政治正义论》第1卷，何慕木译，商务印书馆1980年版，第216页。

这个公正观念,这并不重要,重要的是要做到公正。"[①]当然,作为思想家的葛德文并非仅仅提出这样模糊与笼统的想法,葛德文对于正义之实现是有具体而详细的规划与设计的。在具体阐述葛德文主张实现社会正义的具体方法之前,我们有必要谈及葛德文认为实现社会正义所必须反对的几种错误的见解。了解了葛德文所批判的实现正义的方法,自然也就很容易掌握他所赞同的主张了。葛德文认为欲实现真实的、可行性的社会正义必须反对三种错误的主张:①一切要把整个社会突然从一种很少人了解它的弊害中解救出来的企图。②没有群众性的骚动和暴力,人们就不可能从政治原则的改进中获益。③根本改革在遥远的将来。[②] 基于葛德文上述实现社会正义方法的反对意见,我们可以看出葛德文实现社会正义总的理念是主张社会改良而否定社会革命。用葛德文的原话来讲就是:"动嘴动笔乃是促进人类社会改变的正当而合宜的方式,而暴乱则是不正当和可疑的方式。"[③]

首先,葛德文不主张革命,他认为革命并不是实现社会正义的恰当的方法。对于革命,葛德文的态度其实是颇为复杂的。一方面,他认为革命的存在与爆发具有必然性,阶级对立与阶级矛盾的不可调和性,一定且必然会产生与爆发革命。对此,葛德文也是默认的。不过,另一方面,基于其小资产阶级软弱性的立场,葛德文对于革命又具有着本能性的反对。他认为革命是激情的与非理性的,革命的破坏性大于建设性,因而革命的效果是不理想的,甚至与人们的原本理念相背离。葛德文之所以反对革命源于他认为革命有以下三个弊端:①革命有害于人的独立精神,革命有害于知识的探讨。在群情激愤的年代,理性并不居于首位,原来理性的位置已让位于情感。因而在革命期间,促

① [英]葛德文:《论财产》,何清新译,商务印书馆2013年版,第65页。

② 参见[英]威廉·葛德文:《政治正义论》第1卷,何慕木译,商务印书馆1980年版,第187—188页。

③ [英]威廉·葛德文:《政治正义论》第2、3卷,何慕木译,商务印书馆1980年版,第488页。

进人类社会真正得以发展的科学研究都要中断。这是因为在革命的环境下，缺乏社会宽容与心平气和的社会氛围，社会之中充满了紧张、恐惧与焦虑，因而革命不利于自由研究。②革命想毕其功于一役，认为革命成功之后社会就会达到至善的境界。这在葛德文看来是不合乎实际的。在葛德文看来，没有任何一个政权是尽善尽美的或者不能再改善的。任何政权都是在改进中修正，在修正中改进。③革命是由对暴政的憎恶激起的，并且革命对立的双方均自以为是正义的一方，因而不会妥协而只能采取暴力的形式，在激烈的对抗与斗争之中，人会逐渐变得冷酷与残忍，人与人之间会缺乏信任，人类社会的最亲密的联系断绝了。[①] 在葛德文看来，暴力革命并不是反对非正义行为的恰当方法，可能还会助长非正义，使民众再次陷入更大的黑暗之中。因而，革命是不可取的。

葛德文认为实现社会正义最恰当的方式是改良而非革命，即使不能阻止革命也要推迟革命发生的时间。葛德文认为当健全的推理和真理得以充分传授时，真理能战胜错误；葛德文认为当健全的推理和真理得以充分传授时，人类的恶行和道德上的弱点是可以完全克服的。这也就是说，葛德文坚持理性与真理能够且必然会带来社会的全方位的进步。因此，葛德文所希望的社会变革模式是“在一种温和的、逐渐的、但是不间断地前进中实现，而不是通过猛烈的跳跃，不是通过可能使成百万人遭到危险，几代的人遭到毁灭的剧烈震动来实现”。[②] 那么，究竟怎样实现社会改良呢？葛德文提出了四种具体措施：①废除财产私有制，实行财产的社会共有。葛德文认为所有权的问题至关重要，所有权是社会正义构建的基石。私有制是造就社会一切灾难的根源。如果将个人财产变成社会财产，就不会发生那么多罪恶。富人不再贪婪、奢华与伪善；穷人不再贫穷、困苦与顺从，社会从此便会和谐与安泰。废除私有制

---

① 参见［英］威廉·葛德文：《政治正义论》第1卷，何慕木译，商务印书馆1980年版，第180—185页。

② ［英］威廉·葛德文：《政治正义论》第1卷，何慕木译，商务印书馆1980年版，第180页。

之后，社会成员共同劳动，财富共有与共享，从而社会便不会再有剥削与压迫，所有社会成员都实现了财富的自由，从而每一个体都可以独立地进行思考，社会的智识与理性就会大幅度地提升，人们的道德水准也会大幅度地提升。个人与他人、个人与社会均可达至谐和的状态，人们从而就能过上真正幸福的生活。②改造现有政治制度，建立自主与自治的社会协调机制。葛德文具有无政府主义倾向，在他眼中政权就是一种恶。因而，政治改革的核心就是消除与消灭“这种恶”。葛德文主张现有的政权在今后的社会中所起的作用越少，社会治理效果则越好，同时人们的生活也便会越幸福。葛德文认为政府的存在与运行破坏了理性与自由，带来的是奴役与压迫，欲实现幸福生活、欲增进人类的最大利益，“主要是依靠自由的社会交往”。[①] 葛德文主张要缩小政府与政权活动的范围与作用，增大社会成员的自主与自治的范围与程度，社会最好的治理模式是小规模社区的自治。对葛德文这一主张，英国学者柯尔给予了这样的概括：“他所向往的是一个由各个独立的地方小社区组成的世界，每一个小社区都只运用最低限度的强制手段，并尽可能依赖能够导致协调的自由争论来管理自己的事务，而没有任何强制的或联合的权力强加在他们头上。”[②]与此同时，葛德文对其所生活时代的两院制等其他政治运行模式进行了批判。③废除现有的法律，建立理性的社会保障机制。葛德文认为现存的法律并不完善，法律并不是那些具有健全理性的人所制定出来的，法律的条文是含混的、不清晰的。同时也恰恰是因为这一根本原因，法律的条文越来越多，越来越庞杂，而这样的结果便是加剧了法的含混性——“法律的无穷无尽造成的结果是它的含混性。”[③]在社会生活中，法并未起到保障人的自由、权利与福祉的作用，法反而成为束缚人的自由、妨碍人行使权利的禁锢。同时现行

① ［英］威廉·葛德文：《政治正义论》第1卷，何慕木译，商务印书馆1980年版，第198页。

② ［英］G.D.H.柯尔：《社会主义思想史》第1卷，何瑞丰译，商务印书馆1977年版，第32页。

③ ［英］威廉·葛德文：《政治正义论》第2、3卷，何慕木译，商务印书馆1980年版，第574页。

的律师制度不是在宣扬真理而是在巧妙利用法律的漏洞。因而，在葛德文看来，这样的法律制度是弊大于利的，得不偿失，是应该被取代的一种制度。那么，怎样来取代现行的法律制度呢？“唯一能够用来代替法律的原则是根据条件的具体情况不受限制地运用理性。”①这便是葛德文给人们开出的药方。当人们的理性能力日渐增强，对规律的掌握更为深入，人就实现了由必然王国向自由王国的飞跃，人就能够实现最终的、真实的、全面的自由。这便是理性主义的宗旨，同时也便是葛德文的毕生追求。因而，在保障社会运行机制的问题上，葛德文一再强调：“不变的理性才是真正的立法者，理性的指示才是我们应该研究的。”②④改变现有教育模式，建立有利于培育自由探索精神的教育模式。葛德文认为现行的教育模式是以说教为主的教育模式，它的内容是陈旧的与凝滞的，它的方法是说教的与强制的，它的实质是维系现行统治以及论证现行统治的合法性的。葛德文对于现有的教育模式非常不满，认为它不利于自由探索精神的生长，认为它限制了真理与理性的传播，因而主张用一种新的教育模式加以取代。葛德文认为欲建立合理性的教育模式首先要对合理性的、应然性的教育有正确的认知。葛德文主张真正的教育要培育人的坚忍，真正的教育要“让人们去读书、去交谈、去思考”。③ 葛德文主张教育应鼓励学生走出家门，要对于社会人生有更深刻的体认。

三、葛德文正义思想评述

《政治正义论》是葛德文的代表作，它集中反映了葛德文的无政府主义和乌托邦思想，这些主张主要内容为：真理即力量，真理能够战胜谬误，真理能够造就幸福美好的社会与生活；现行的政权是一种必要的恶，是通过暴力与欺骗

① ［英］威廉·葛德文：《政治正义论》第2、3卷，何慕木译，商务印书馆1980年版，第578页。

② ［英］威廉·葛德文：《政治正义论》第1卷，何慕木译，商务印书馆1980年版，第150页。

③ ［英］威廉·葛德文：《政治正义论》第2、3卷，何慕木译，商务印书馆1980年版，第507页。

进行着不正义的统治，不过，随着真理的普及以及人的理解力的提升，政府的罪恶与邪恶也就会变少，社会与国家也便会越来越正义，最终政府会逐渐地消亡，人们开始真正地按照真理和正义去生活。综观葛德文的《政治正义论》全书，葛德文的思想具有浓厚的理性主义、个人主义与功利主义特点。葛德文是坚定的理性主义者，他认为知识、理性、真理与正义是等同的。葛德文确信一个有知识能够理智思考行事之人往往就是一个正义之人。葛德文的这一理念与苏格拉底的"知识与美德"是一致的。理性是人的行为准则，理性能鉴别是非善恶，人通过"健全的判断力"能获得幸福。同时，理性能做到最恰当的制度设计与制度安排，从而能够真正地实现社会正义。葛德文是坚定的个人主义者。葛德文对集体与整体事实上是持反对态度的，他认为"个人是一切，而减去组成社会的个人所余的社会就什么也不是"。① 葛德文认为任何组织存在的合理性依据就是要为个人谋求正当的利益。葛德文确实相信我们应当去做那些会带来最大幸福的事情，"正义的意思是指谋求可能受到我的行为的影响的全体的人的最大利益"。② 葛德文看来，人们的行为必须符合功利主义，给大众带来利益的，才是善的、道德的；相反就是恶的、不道德的。总之，在正义与否的评价上，功利就是最终的尺度。

葛德文批判封建专制与宗教神权，倡导权利平等与个性自由；他批判资本主义私有制罪恶与不平等，倡导财富的共有与共享；他批判资本主义政权的虚伪与伪善，倡导社会治理合作与协商。总体而言，葛德文具有无政府主义倾向但并不极端，葛德文具有乌托邦情结但并不过度，他的思想对于当时社会起过一定的历史进步作用。第一，葛德文坚信正义的实现的必然性，在他看来，正义社会的来临并不是一个遥不可及的梦。"人类中的任何阶级都不会永远对

---

① ［英］威廉·葛德文：《政治正义论》第 2、3 卷，何慕木译，商务印书馆 1980 年版，第 427 页。

② ［英］威廉·葛德文：《政治正义论》第 2、3 卷，何慕木译，商务印书馆 1980 年版，第 584 页。

正义、平等和公益的原则一无所知。他们一旦懂得了这些，他们就会立刻认识到美德和公益同私人利益之间的一致性，任何不良的制度也不能在违背公意的情况下有效地把自己维持下去。”①尽管在这一论述中，有葛德文政治上的幼稚与不成熟，但在另一个方面则坚定地表明他以正义实现的必然性的确信。葛德文的这一思想激励后来人为实现正义而美好的社会而不懈地奋斗。第二，葛德文将正义定义为“一视同仁”是对于人的平等自由的确认，是对等级特权的否定，这顺应了时代的发展，对于推动社会的进步无疑具有积极的作用。人类社会早期的正义观是等级特权的正义观，这种等级特权的正义观尽管在某种程度上也承认人的某些方面的平等权利，但整体而言则是否认人的平等。追求人的平等、承认人的平等与最终实现人的平等，这是人的使命与宿命，同时更是社会进步的体现。“一视同仁”倡导人生而平等，人被平等对待而不再被区别对待。葛德文说：“正义是从一个有知觉的人和另一个有知觉的人的联系中产生的一种行为准则。关于这个问题，有一句含义广泛的格言：‘我们应该爱人如己。’”②虽然一视同仁仍然是具有形式正义的特质，但实质正义是离不开形式正义的。没有形式正义，注定不会有实质正义。第三，葛德文指明了造就社会不正义的关键所在。欲治理与解决社会的不正义，则要明确造成不正义根源是什么。只有找到了不正义的病源，才能对症下药。在社会正义产生的根源问题上，葛德文抓住了关键，他指出造成社会不正义的根源就在于财产的私有制。“财产的问题是政治上公正的整个建筑物的基石。”③葛德文看到了私有制是万恶之源，私有制是造就社会不正义的最根本的原因。与此同时，葛德文还基于一定的现实观察，指出了造成阶级对立与阶级冲突的人不是被剥削阶级而是统治阶级，由于自身的阶级利益的原因，统治阶级会想

---

① ［英］威廉·葛德文：《政治正义论》第2、3卷，何慕木译，商务印书馆1980年版，第364页。

② ［英］威廉·葛德文：《政治正义论》第1卷，何慕木译，商务印书馆1980年版，第85页。

③ ［英］葛德文：《论财产》，何清新译，商务印书馆2013年版，第37页。

法设法阻碍一切的社会进步，因为这些进步最终都会威胁到他们的统治与他们的阶级利益。第四，在实现正义的路径与方式上，葛德文提出一些有建设性的意见。葛德文重视教育、理性与真理的传播。葛德文认为“改革的可能要依靠我们研究的进展和知识的一般提高”。① 葛德文的这一主张对后来的无产阶级在争取自身的解放过程重视的理论素养的提升以及与加强真理的灌输是有一定的启示意义的。第五，葛德文对于宗教的伪善性予以了一定程度的揭露。对于尘世间的罪恶与不公正，不少人将希望寄托于宗教之上。毋庸置疑，作为一种社会存在的宗教必然有其存在的某些方面的合理性，同时在社会资源的分配之中，宗教也会起到一定的补充调节作用。对此是应该予以认肯的。不过，不能将宗教调节社会资源的再分配作用无限夸大。对此，葛德文的认知是异常清晰的。葛德文认为宗教的基础是否定财富积累的合理性，而宗教之所以在尘世间取得一定的好感与认同恰恰又是要通过财富（财富的再分配）而得以实现的。因而，事实上宗教的存在从道义上讲是一种悖论。“这种学说的缺点在于：它并没有提醒我们放弃不公正行为，而只是稍稍使这种行为缓和些。”②宗教的伪善更体现在它号召富人从万贯家私里拿出一笔微不足道的款项去兴办所谓慈善事业，并因此视为自己有功而不忘记自己获得财富的不道德性。宗教的这种伪善使富人产生了毫无理由的骄傲并使得穷人学会了巴结逢迎。葛德文指出那些富人所进行施舍的东西实质上并不是对穷人的恩典，而是富人拿着本该属于穷人的东西对穷人进行小恩小惠般的欺诈，最终的目的是让穷人接受与认同而不是反抗与推翻这个不公正与不合理的制度。

葛德文正义思想尽管有一定的历史进步性，但其正义思想的历史局限性也是十分突出与鲜明的。第一，空想性与幻想性。葛德文看到资本主义社会种种不正义，他希望理想的社会是公正而美好的社会。他对于未来进行了美妙的谋划，勾勒出未来美好的愿景。这些无疑都是应该肯定的。不过问题的

① ［英］威廉·葛德文：《政治正义论》第 1 卷，何慕木译，商务印书馆 1980 年版，第 37 页。

② ［英］葛德文：《论财产》，何清新译，商务印书馆 2013 年版，第 43 页。

关键在于如何实现这一愿景。如果仅仅有愿景,而没有切实可行性措施与政策,那么这种设想更多地会停留在乌托邦的阶段。无疑,葛德文就属于此类人士。葛德文反对资本主义社会中的政权、法律以及一切制度,尤其是财产的私有制。但如何实现这一社会理想呢?葛德文事实上并未提出切实可行的方法来。以取消私有制、实现财产的共有与共享这一理念为例,葛德文并未谈及环节与过程以及如何现实化的过渡,他只是强调未来社会要实现财产平等,并且不需要任何限制与监督,同时还要避免一切不必要的合作与共处。① 葛德文的这些主张不具有现实性与可操作性,是纯粹的一种思维世界中的臆想罢了。同时,葛德文的一些对未来社会的构想更是与时代发展潮流相违背。第二,片面性与偏激性。我们在前文指出葛德文提出正义即"一视同仁",在当时具有一定的历史的进步性,但这种进步性会随着时代发展而出现某种程度上的修正。"一视同仁"更多地具有形式正义的特质,它更多地指人的权利的平等、机遇的平等以及法律人格意义上的平等,而非实际占有社会资源意义上的最终平等。如果仅仅强调形式正义,社会未必会实现实质正义。资本主义的历史早已证明:即便有所谓人的平等的自由,但在市场法则的作用下必然的结果是自由的不平等。这也就是说,在市场法则作用下,人必然会出现两极分化,竞争的失败者将会一无所有,竞争者的成功者则将不仅仅成为财富上的赢家,还会在社会生活的方方面面均成为赢家,这是因为"赢者通吃"。因而,在实现社会的正义的问题上,仅仅有"一视同仁"是不够的;欲实现真正的社会正义,还需要"差别对待"。第三,软弱性与不彻底性。的确,在争取社会进步与争取社会正义的事业中,方式与方法是多样的而非唯一的。教育与改良对于社会正义的实现是有一定促进作用的。对此,我们应该予以承认。不过,若是因为承认教育与改良是唯一实现正义方式,那就是错误的与不可原谅的。葛德文认为革命是暴烈的,革命是得不偿失的,革命是非理性的,因而葛德文拒

① 参见[英]葛德文:《论财产》,何清新译,商务印书馆 2013 年版,第 77 页。

斥革命。葛德文的这一主张是错误的,葛德文主张改良而拒斥革命,体现了其小资产阶级立场的软弱性与斗争的不彻底性。革命是历史的火车头,革命是推动社会进步的决定性力量。既有的反动势力与政权绝不会甘心退出历史舞台,只有革命方能实现新政权与新制度的重建。因而,正义的最终实现,一定且必然要通过革命。而葛德文在阐述正义实现的路径时最终落在良心与理性之上了,事实上,葛德文回到了唯心主义的立场上了。

总之,葛德文的思想不属于科学社会主义阵营,整体上是小资产阶级式的民主主义的诉求,具有着鲜明的空想性与乌托邦特质。对于葛德文在社会主义思想史中的地位,恩格斯有一权威的表述——“葛德文的《政治上的公正》,作为从政治的和市民社会的观点对政治的批判,尽管有许多出色的地方(葛德文在这些地方接近共产主义),但还是不能入选,因为你得对政治作出全面的批判。……而且一般来说葛德文的结论都是坚决地反社会的。”①

第三节　汤普逊的正义思想

威廉·汤普逊深受边沁的功利主义、李嘉图的劳动价值论与欧文的合作社会制度的影响,形成了颇具代表性的空想社会主义思想。汤普逊在批判资本主义制度不正义的基础上,对于未来社会及其未来社会实现路径进行了大胆探索,所有这些都为科学社会主义的诞生提供了有益的思想资源,同时也使得他在社会正义思想史中占有一席之地。

一、汤普逊:时代与人

威廉·汤普逊(1775—1833),19世纪英国空想社会主义者。他不仅著书立说,同时还积极投身社会改良事业。汤普逊的代表作是《最能促进人类幸

① 《马克思恩格斯全集》第27卷,人民出版社1972年版,第29页。

福的财富分配原理的研究》,此外他还著有《人类一半(妇女)为反对人类另一半(男人)使他们在政治上、从而在社会上和家庭中屈居奴隶地位而发出的呼吁》《有报酬的劳动。劳资权利的协调,或怎样使劳动者得到他们的全部劳动产品》以及《根据互助合作、共同占有、平等劳动和平等分配生活享受资料各项原则,迅速而经济地建立公社的具体建议》等著作。本书主要以《最能促进人类幸福的财富分配原理的研究》一书对汤普逊正义思想加以考察。

汤普逊生活时代的英国已基本完成了工业革命,英国社会的阶级结构日趋简单化,无产阶级与资产阶级的分化与对立日趋明显。资本主义生产方式造就了财富的积累与贫困的积累,资本主义社会存在着严重的贫富悬殊与两极分化的现象。如何看待这一现象事实上已成为划分不同人的理论主张与阶级立场的根本尺度。

汤普逊与葛德文、马尔萨斯大体生活在同一个时期,他们所面对的时代课题也是相同的,但他们对这一时代课题的回答却不尽相同,甚至在某些地方截然相反。汤普逊与葛德文尽管同属空想社会主义学派,但在汤普逊看来,葛德文却是不注重物质财富而相信同情与仁爱就能给人带来幸福的精神学派,而马尔萨斯则属于只注重经济增长而忽视社会正义的机械学派。① 汤普逊所言的机械学派事实上就是被我们所熟知的社会达尔文主义。社会达尔文主义认为社会的两极分化是完全合理的,他们对于贫苦人士持以轻视、无视乃至于敌视的态度。汤普逊与葛德文同属于人道主义学派与空想社会主义阵营,他们对于贫苦人士的悲惨境遇则予以同情并试图加以解决。"如果我们有这样的幸运,能找到一种分配财富的方式,既能最有助于财富的生产和积累,又比任何其他可能有的分配方式更能促进政治上的功利,既能提供最广泛地传播道德风尚的美好希望,同时又是如此简单易行,以致不需要任何累赘的法律机构,乃至几乎根本不需要任何机构来支持它,那么,我们就应该联合一切公正

① 参见[英]威廉·汤普逊:《最能促进人类幸福的财富分配原理的研究》,何慕李译,商务印书馆1986年版,作者前言,第11—13页。

的人士来推行这种如此优越的分配方式。”①这就是汤普逊的心声。

二、汤普逊正义思想的内容

众所周知,资本主义标榜“自由、平等与博爱”,但资本主义世界的自由与平等仅仅停留于纸面之上,博爱更是变成一种伪善的表演,因而资本主义制度并不是一种公正的制度,自然也不是一种完美的制度。

1. 社会不正义:承认与批判

首先,汤普逊认为资本主义社会并不是完美的,现实的资本主义社会之中存在着贫富悬殊、两极分化的社会不公平现象。基于此,汤普逊对于资本主义制度存在的合理性发出了勇敢的质疑。“在这种情况下,对不公平现象发出抗议的呼声不是最自然的吗?要求用强硬的干涉手段来纠正这种不公平,不是最自然和最平常的么?找出这种分配不当的原因,不是非常有必要的么?”②汤普逊同时还道出了他写《最能促进人类幸福的财富分配原理的研究》一书的缘起。“一位擅长在政治经济学问题上进行争论的先生,认为应该大力鼓吹目前存在的财富不平等的好处,宣扬穷人应当明白他们对富人的依赖;从而应当感激富人,以及美国的财富自由和平等太过火了等等。这样一些

① [英]威廉·汤普逊:《最能促进人类幸福的财富分配原理的研究》,何慕李译,商务印书馆1986年版,作者前言,第22页。

② [英]威廉·汤普逊:《最能促进人类幸福的财富分配原理的研究》,何慕李译,商务印书馆1986年版,作者前言,第20页。在《最能促进人类幸福的财富分配原理的研究》一书的序言,编者也发出了这样的追问:“我们这个时代最大的苦恼,不是我们不能创造出足够的财富,而是在创造出财富之后,由于恶劣的人为制度,不能对它们进行有益于资本家的处理,结果使生产者陷于失业,流于饥寒或窃盗,或者漂泊到地球的另一面去,而不能作出合理的安排,使他们为自己的福利而生产、消费和交换他们的剩余生产品。社会正在极其愚昧地花很大力量救济贫民和惩治罪犯,而利用这些力量却可以绰绰有余地建立起一种良好的制度,这种制度不仅能够在短时期内逐步而完全有把握地消灭贫穷和犯罪(通过消灭造成这两种现象的原因),并且能够使所有的阶级都过一种比以前任何一个阶级所曾享受过的处境要好得多的生活。”([英]威廉·汤普逊:《最能促进人类幸福的财富分配原理的研究》,何慕李译,商务印书馆1986年版,原编者序,第4页。)

看法,特别是由这样一个人提出来,使我深感惊讶。因此,我不仅当时对他进行了反驳,并且决定深入研究这一问题。”①

其次,汤普逊认为社会的贫富悬殊、两极分化是不正义的,同时还会产生诸多社会问题。①汤普逊认为社会的贫富悬殊、两极分化会使社会道德出现很大的伤害。极端的财富不平等会造成大多数贫困之人因财富不足无法享受生活而使幸福总量减少,这不合乎功利主义的“最大多数人最大幸福”之原则;极端财富不平等也并不会使少数富有者幸福的总量真正地增加,幸福的增加与财富的增长并不必然成正比的关系反而到一定程度会出现边际效应下降的现象。同时,贫富两极分化必然会使得一些极端富有者目无法纪,举止放荡,行为乖张,有违社会的公序良俗;极端富有者的失德行为的示范引起社会其他成员对其加以仿效,从而使得社会欺瞒与抢掠等罪恶行为频发。②汤普逊认为社会的贫富悬殊、两极分化对于经济发展同样是不利的。极端的财富不平等会鼓励非生产性的劳动的增长而生产性的劳动的减少,这样并不利于社会的生产与再生产。此外,极端的财富不平等会造成畸形的产业与技艺,这同样也不利于社会整体福利的增长。③汤普逊认为社会的贫富悬殊、两极分化还会在政治方面产生极大流弊。政治原本是公众之事,但由于财富占有的不均,必然会使部分人因生存问题而对于社会管理问题无暇顾及,从而将这一权利让给了那些富有者,但富有者的素质、能力与德性往往与之所承担的政治职责并不匹配。更为重要的是,富有者不可能与穷苦人有真正的情感共鸣,自然便不会注重穷苦人的利益表达与利益诉求,反而会对穷苦人的利益表达与利益诉求置之不理,甚或敲骨吸髓般地剥削或压迫。②

再次,汤普逊认为财富既然是由劳动创造的,那么劳动者便是财富的主

① [英]威廉·汤普逊:《最能促进人类幸福的财富分配原理的研究》,何慕李译,商务印书馆 1986 年版,作者前言,第 22—23 页。

② 参见[英]威廉·汤普逊:《最能促进人类幸福的财富分配原理的研究》,何慕李译,商务印书馆 1986 年版,第 160—185 页。

人，劳动者应配享财富，劳动者理应通过劳动获得相应的回报，这方是正义。汤普逊秉持功利主义立场，坚持生产与分配应以人为本而非以神为本或以物为本。汤普逊认为所有人都是平等的，多数人的幸福必然优于少数人的幸福，更为难能可贵的是汤普逊主张生产财富的唯一的合理目的是“给那些生产财富的人们——不管数目有多少——增加幸福”。① 汤普逊这一有利于无产阶级的立场无疑是应该被肯定的。

最后，汤曾逊认为对于社会的贫富悬殊、两极分化这一社会不公现象不应熟视无睹与听之任之，当然更不应煽风点火或推波助澜，而应该重视并想方设法地加以解决。“目前一切道德的和政治的智慧都应该主要致力于解决这一症结问题，即获得幸福的物质资料的公平分配。”②与持社会贫富悬殊、两极分化是无法解决的社会顽疾悲观消极论断相反，汤普逊相信人类通过努力改变人的自身以及外部环境，是能够消除贫富悬殊、两极分化以至最终实现社会公平与正义的。③

2. 分配的自然法则：自由劳动、完全享用劳动产品和自愿交换

汤普逊认为社会之所以会出现贫富悬殊、两极分化的社会不公现象，根源就在于社会没有做到“自由劳动、完全享用劳动产品和自愿交换”。如果社会实现了“自由劳动、完全享用劳动产品和自愿交换”，那么，贫富悬殊、两极分化的社会不公现象自然就会消失，社会就能做到真正的公平与正义。由此可

① ［英］威廉·汤普逊：《最能促进人类幸福的财富分配原理的研究》，何慕李译，商务印书馆 1986 年版，第 98 页。

② ［英］威廉·汤普逊：《最能促进人类幸福的财富分配原理的研究》，何慕李译，商务印书馆 1986 年版，作者前言，第 21 页。

③ “我们有力量——如果把它们很好地组织起来——既生产出丰富的物质财富，而同时又能使全体人民有充分的闲暇和机会来养成优良的习惯和作风，获得最有用和最有意思的知识，培养和享受最高尚的趣味——总而言之，成为有高度才智、德行和幸福的人。”（［英］威廉·汤普逊：《最能促进人类幸福的财富分配原理的研究》，何慕李译，商务印书馆 1986 年版，原编者序，第 4—5 页。）

见,分配的自然法则在汤普逊的整个理论中具有核心地位。对此,我们有必要作进一步的分析。

(1)自由劳动:劳动自由与人身自由

在财富分配上,汤普逊认为运用理智和自愿比强迫对于社会更为有利。因而,汤普逊主张:“如果我们想要从财富中抽取它能够给与它的生产者的最大幸福,我们的意见将是:‘一切劳动者在使用他的劳动力上和是否继续劳动上,都应该是自由自愿的。’”①

在汤普逊看来,人类社会出现过暴力与欺诈并用的强迫劳动制度、个人自由竞争的劳动制度和互助合作的劳动制度三种劳动制度,其中个人自由竞争的劳动制度和互助合作的劳动制度均属于自由劳动制度。

强迫劳动制度存在于身份制社会之中,强迫劳动中人是不自由与不平等的,从历史发展的维度来看,强迫劳动制度必然要被一种平等与自由的劳动制度所取代。而这种新的劳动制度便是个人自由竞争的劳动制度。对于这一历史进程,汤普逊是认肯的。汤普逊认为个人自由竞争的劳动制度是对野蛮生活、专制主义以及迷信思想下的粗鄙愚昧的反叛,个人自由竞争的劳动制度带来了近现代社会方有的积极性、知识与仁爱心理。但个人自由竞争的劳动制度也是存有自私、男女两性间不平等、个人见识狭隘、对弱者无法提供恰当的帮助、强化了家长制与专制主义等诸多不足。因而,汤普逊认为个人自由竞争的劳动制度并不是最理想的劳动制度。汤普逊认为互助合作劳动制度相较于个人自由竞争的劳动制度更可取,互助合作和平等的分配制度有着以下的优点:①防止非生产性消费上的浪费;②防止劳动力和技术在无益的或有害的事情上浪费;③防止批发商与零售商以利润的名义进行消费所造成的浪费;④防止生命、健康和享受方面的浪费;⑤防止难以估计的幸福的浪费;⑥使供应与需求永远平衡,并可以把供需关系、人口问题以及其他道德、立法与政治经济

① ［英］威廉·汤普逊:《最能促进人类幸福的财富分配原理的研究》,何慕李译,商务印书馆 1986 年版,第 156 页。

学方面争论不休的问题归纳成为明确而易于肯定的数据和建立在这些数据上边的原理与原则。①

(2)完全享用劳动产品:个体所有权的认肯与保障

在财富分配上,汤普逊认为用理智和自愿比强迫对于社会更为有利。因而,汤普逊主张要想从财富的分配中完全排除强力来避免这些弊害,就有必要遵守他所倡导的第二个原则——"一切劳动生产品应该为产品的生产者所有。"②"一切劳动生产品应该为产品的生产者所有"就是个人完全享用其劳动产品,未经本人同意,他人不能拿走劳动产品中的任何一部分。其实,这就是对于个体所有权的认肯与保障。个体所有权的认肯与保障事实上也就是承认个人占有与使用资源不同等的正当与合理。汤普逊将其称作保障原则——"对于财富品的分配平等的限制。"③汤普逊认为平等必须受到保障的限制,而所谓的有保障事实上就是指个人财产神圣不可侵犯。汤普逊对于保障是十分看重的。首先,汤普逊认为财富的生产与再生产离不开保障。"按照自然之理,对于生产的最强有力的刺激(也就是最大生产所必需的刺激),是使生产者在完全享用他们的劳动产品上获得'保障'。"④因而,若没有财产及其人身的保障,个体则无动力去生产财富,更无心去创造新的生产工艺。其次,若无

① 参见[英]威廉·汤普逊:《最能促进人类幸福的财富分配原理的研究》,何慕李译,商务印书馆1986年版,第296页。

② [英]威廉·汤普逊:《最能促进人类幸福的财富分配原理的研究》,何慕李译,商务印书馆1986年版,第156页。

③ [英]威廉·汤普逊:《最能促进人类幸福的财富分配原理的研究》,何慕李译,商务印书馆1986年版,第439页。此外,对于保障,汤普逊还有另外两处值得注意的地方。"关于财富的分配,没有比这个方式再简单再公平合理的了,那就是'使每个人都有自由来处理他的全部劳动生产品'。在财富分配上人们能做到这一点就已经够了,其余的可以留给大自然之手来完成。""人类幸运得很,保障的原则是与立法、征税和彻底执行一切有益的法律并不违背的。不止于此,如果不能彻底维护保障原则,不能无保留地尊重分配的自然法则,就不会有公正的法律,不会有对于人类财富或者人类活动的公平处理。尊重保障原则是一切公正的政府的基础。"(参见[英]威廉·汤普逊:《最能促进人类幸福的财富分配原理的研究》,何慕李译,商务印书馆1986年版,第102、187页。

④ [英]威廉·汤普逊:《最能促进人类幸福的财富分配原理的研究》,何慕李译,商务印书馆1986年版,第52页。

保障制度,社会将陷入灾难的状态。

汤普逊认为保障有真正的保障(同等的保障)和虚伪的保障两种。真正的保障保护一切人从事劳动的自由;真正的保障同样地保护一切人完全享用他们的劳动产品;真正的保障保护一切自愿交换。虚伪的保障则仅仅保护富有者而不保护广大劳动者;虚伪的保障既允许富有者对广大劳动者使用强迫和欺骗的手段,虚伪的保障同时也准许富有者通过政治权力来掠夺劳动者的劳动成果;虚伪的保障限制自由交换而非鼓励自由交换。此外,真正的保障更多地注意生产未来财富的能力以及人类可能有的最大幸福之上,而虚伪的保障几乎把全部注意力都放在财富的实际积累上。因而,汤普逊强调真正的保障是"一切人的同等的保障,不是仅仅少数人有保障而大多数人无保障,它是'生产力'的保障——生产出无数东西来以供每年消费和再生产之用的保障,每一个人的生产力的保障,不是某些少数有权势的人无论用什么手段积累起来的少量产品的保障"。①

(3)自愿交换:平等、互惠与其他

在财富分配上,汤普逊的第三个自然法则是自愿交换。汤普逊认为"'自愿交换'的原则就可以提出来以调和平等和保障之间的一切明显的矛盾。坚持执行这个从保障派生出来的原则可以导致最大限度的实际可行的平等,必然带来财富品的最大生产,因而也就确保了最大量的幸福"。②

交换是人的一种重要的交往实践活动。对于交换(经济交往)的作用,马克思从哲学的高度作如此概括——"如果说经济形式,交换,确立了主体之间的全面平等,那么内容,即促使人们去进行交换的个人材料和物质材料,则确立了自由。"③尽管汤普逊对于交换(经济交往)的认识没有达到马克思的高

① [英]威廉·汤普逊:《最能促进人类幸福的财富分配原理的研究》,何慕李译,商务印书馆1986年版,第445页。

② [英]威廉·汤普逊:《最能促进人类幸福的财富分配原理的研究》,何慕李译,商务印书馆1986年版,第97页。

③ 《马克思恩格斯全集》第46卷(上册),人民出版社1979年版,第197页。

度,但其对于交换(经济交往)的作用的认识也是颇有见地的。

首先,汤普逊认为交换(经济交往)具有经济价值。“没有交换就不能有生产,也就不能继续生产财富。”①人与人之间的交换源自社会化的分工与人的专业化生存。社会化的分工与人的专业化生存使交换的广度与深度得以不断增加,同时也带来了社会财富的持续增长。社会化的分工与人的专业化生存使个体更加注重技术改良从而能提升生产效率;社会化的分工与人的专业化生存使个体专注于某一工作从而节省时间提高效率;此外,社会化的分工与人的专业化生存使个体更易找寻到适合自己兴趣与天赋的工作,从而使得生产不再是重负而成为爱好。

其次,汤普逊认为交换(经济交往)还具有道德价值。人天生是合群性的社会动物,一个长期过离群索居生活之人是不易产生出真正宽厚仁爱之情的;相反,“交换把人引出了自我的小天地,成为了仁爱和文化素养的根源”。② 交换是对自我、他人与社会的肯定,同时交换也是对交换规则及其整个社会系统的认可。因此,交换既是生产之源,交换还是道德之源与幸福之源。汤普逊认为不自愿交换(强迫与掠夺)会带来诸多的负面影响,不利于幸福总量的提升。强迫与掠夺等行为不仅仅会对劳动者造成不利的影响,对于掠夺者本人来讲也是不利的。汤普逊认为强迫与掠夺(无保障)会使生产者因财富受洗劫而产生恐惧从而幸福与幸福感总量会下降;而作恶之人的幸福也不会提升,这是因为作恶之人会感到自己的不义,通常也会生出一种懊悔和怜惜之感;同时,作恶之人不能心安理得地享受财物,还在于他也担心其他作恶之人对其加以抢掠;如果作恶之人完全丧失人性,那么他所获取快乐只能与畜生一样,从而更不会有人之幸福体验。因而,他的幸福及其幸福感并没有上升反而是下降了。

① [英]威廉·汤普逊:《最能促进人类幸福的财富分配原理的研究》,何慕李译,商务印书馆1986年版,第59页。

② [英]威廉·汤普逊:《最能促进人类幸福的财富分配原理的研究》,何慕李译,商务印书馆1986年版,第87页。

最后,汤普逊认为既然我们主张人人平等,自愿劳动、自我保障与自愿交换,那就不能采取掠夺、强迫或慈善等方法来实现人与人的平等或幸福的提升。“用强力从财富生产者的手里把由生产劳动和自愿交换得来的财富强取过来以交给另外的人鼓励他们从事生产劳动和自愿交换,显然是一手解铃一手系铃。”①其实,在这里,我们可以看出汤普逊对于中古世纪为人们所推崇的侠盗罗宾汉的否定。以罗宾汉为正义化身的中古世纪的正义观是有局限性的,是有待扬弃的正义观。事实上,近现代社会正义之实现既要有生产力较为发达的物质基础,又要有制度设计与制度安排较为完善的社会条件。

3. 平等:社会正义的第一原则

法国学者勒鲁曾言:“平等这个词概括了人类迄今为止所取得的一切进步,也可以说它概括了人类过去的一切生活。”②事实上,汤普逊的主张与勒鲁的观点是颇为相近的。

(1)平等:理念与现实

汤普逊认为“严格的平等是正义和仁爱的不可变更的法则”。③ 人人皆平等,每一个人都享有自由平等的权利,都拥有平等的尊严,都具有追求美好生活的权利。不过,若将平等仅仅局限于此,事实上便只注重了平等的形式而忽视了平等的实质。古典自由主义之所以备受人们的批评原因也就于此。平等不仅有形式的平等,还有实质的平等。正义不仅有形式上的正义,还有实质上的正义。因而,真正要重视与强调平等,既要重视形式的平等,更要重视实质的平等。

汤普逊强调重视平等与正义就必须正视财富。财富是重要的与必要的,

---

① [英]威廉·汤普逊:《最能促进人类幸福的财富分配原理的研究》,何慕李译,商务印书馆1986年版,第57页。

② [法]皮埃尔·勒鲁:《论平等》,王允道译,商务印书馆1988年版,第256页。

③ [英]威廉·汤普逊:《最能促进人类幸福的财富分配原理的研究》,何慕李译,商务印书馆1986年版,第94页。

"'思想'一旦离开'利益',就一定会使自己出丑"。[①] 实质平等之实现必然会涉及财富的分配与再分配,"如果在谈论道德和立法问题时假作清高地轻视财富这类东西,那就是徒作空谈,不务实际,也就是使社会在受苦受难之外又蒙受了伪善或无知的侮辱"。[②] 同时,在实质平等实现的方面,汤普逊不仅强调了财富的分配与再分配,汤普逊还看到了物质资料分配对于平等之实现的重要性,汤普逊强调"目前一切道德的和政治的智慧都应该主要致力于解决这一症结问题,即获得幸福的物质资料的公平分配"。[③] 汤普逊这一主张是非常接近马克思主义唯物史观的基本观点。

汤普逊认为平等之实现并非一蹴而就,平等的实现注定是一个漫长的过程。对此,人们应该有清醒的认知。不过,承认前进中的困难并非要否定前进,汤普逊对那些主张人们不能最终实现平等的观点是持批评态度的。在他看来,平等就是人类社会发展方向与目的之所在,无论现实生活中的不平等诉诸何种理由从终极角度而言都是不正义的,最终都是要消亡的,而平等注定会实现的。

在平等实现的过程中,汤普逊认为政府的作用是不可被低估的。按照其功利主义的基本立场,汤普逊自然也对好的政府给出了这样的标准——"用公平的法律来增进整个社会的大多数人的最大幸福。"

(2)按劳分配:现实的平等与应然的正义

正义即应得,应得即正义。对此,人们并无争议。人们关于正义争论的核心与焦点不在于应得这一概念形式而在于应得的内涵所指——应得到底是以资格、努力、贡献为标准抑或其他。汤普逊认为财富是通过人的劳动而形成,

---

① 《马克思恩格斯全集》第2卷,人民出版社1957年版,第103页。

② [英]威廉·汤普逊:《最能促进人类幸福的财富分配原理的研究》,何慕李译,商务印书馆1986年版,作者前言,第21页。

③ [英]威廉·汤普逊:《最能促进人类幸福的财富分配原理的研究》,何慕李译,商务印书馆1986年版,作者前言,第21页。

因此劳动者就应该获取财富,劳动既光荣且正义。劳动者获得财富的方式有两种:按劳分配与平均分配①。在这两种选择之中,汤普逊毫不犹豫地给出了答案——按劳分配。

汤普逊之所以如此明确地反对平均分配,这是因为在他看来平均分配“伤害那些专在生产这些东西上使用过劳动的人,引起他们不快之感”。② 既然劳动者在劳动过程之中投入的时间与精力不同,那么劳动者通过劳动所取得回报自然也应有所区别——“多劳多得,少劳少得,不劳不得”。如果强行要求多劳者与少劳者获取相同的回报,那么事实上这就是对劳动者个人权利的剥夺与权益的损害。按劳分配承认了付出与回报之间的正向比例关系,按劳分配是对巧取豪夺、无偿占有的否定,按劳分配符合汤普逊分配的自然法则中的第二条“劳动生产者应该自由享用他的任何劳动生产品”。其实,“按劳分配”这一理念也为现代人所秉持。美国学者阿瑟·奥肯在其著作《平等与效率》一书中有过类似表述:“如果我比别人工作得更卖力气,为什么我应该分担或……为什么我不能够……生活得更好一些……?”③

按劳分配并不是最为理想的分配方式,因为按劳分配并没有充分考虑人的智力、体力等天赋差异以及后天的家庭等因素,因而,按劳分配并不能杜绝收入差异(不平等)的产生,甚至按劳分配本身即承认差异存在(不平等)的合理性。对此,汤普逊有着清晰的认识与明确的表述。“绝对平等是不实际的,或者即使是实际可行的,然而在个人竞争的制度之下也是不聪明的。”④汤普逊希望人们在保障生产增长的基础上尽力实现平等而不是每个人的实际占有

---

① 其实,劳动者获取财富的方式至少还有另外一种分配方式——按需分配,但在《最能促进人类幸福的财富分配原理的研究》一书的文本中汤普逊并没有论及,故笔者在此处也不再详述。

② [英]威廉·汤普逊:《最能促进人类幸福的财富分配原理的研究》,何慕李译,商务印书馆1986年版,第95页。

③ [美]阿瑟·奥肯:《平等与效率》,王奔洲、叶南奇译,华夏出版社1987年版,第30页。

④ [英]威廉·汤普逊:《最能促进人类幸福的财富分配原理的研究》,何慕李译,商务印书馆1986年版,第97页。

财富与资源的完全同一。因而,在他看来,在分配劳动产品时,平等理应是人们行为选择的首要原则,但对这一原则的坚守并不是死板的与教条的,而应该是灵活的与机智的。如果某种不平等的存在是为了未来真实平等所必需的,那种此种不平等在现实中便具有一定的合理性。同时,汤普逊并不主张人们通过强力来实现平等。汤普逊认为那种通过强力来实现的所谓平等不具有现实性更不具有持久性,这是因为它有损于真正的公平与正义。“人们也曾凭借强力来建立平等。但是,一经使用强力,保障就不存在了,随着保障的不存在也就没有了生产,结果也就失去了获得幸福的手段。”①

(3)平等与保障

汤普逊认为平等与保障并不是对立的关系,相反而是相互促进的关系。汤普逊认为“自由劳动,劳动产品的完全享用和自愿交换”这种财富分配的自然法则是最能够实现平等与生产增长的正义法则。如果失去了保障,平等便会消亡;如果减少了保障,平等自然也会随之消减。因而,汤普逊一再强调:“在平等与保障不是不相容的情形下,平等应该永远是分配的原则,而当保障和平等的要求都指向同一方向时,平等就更应该是分配的原则。”②

不过,平等与保障之间也会存在矛盾。平等的自由会带来自由的不平等。因而,如何看待在市场经济博弈中出现的自由与平等的矛盾(即汤普逊所言的平等与保障的矛盾)呢?汤普逊给出了这样的答案——“在平等并不减少生产时,平等仍应该是我们所追求的唯一目的。如果它减少了真正有益的生产(对于生产者带来巨大利益的生产),它就削弱了它自己的存在而应该停止。”③这也就是说,当平等能够促进生产时,平等原则自然就居

① [英]威廉·汤普逊:《最能促进人类幸福的财富分配原理的研究》,何慕李译,商务印书馆1986年版,作者前言,第17页。

② [英]威廉·汤普逊:《最能促进人类幸福的财富分配原理的研究》,何慕李译,商务印书馆1986年版,第445页。

③ [英]威廉·汤普逊:《最能促进人类幸福的财富分配原理的研究》,何慕李译,商务印书馆1986年版,第93页。

于首要地位;当平等给生产带来阻碍的效果,平等原则就要让位于生产,让位于保障原则。

4. 分配的自然法则之违背:社会正义问题的产生

汤普逊认为其所生活时代的英国社会是不正义、不和谐与不幸福的。这个社会不同的阶级之间充满了对立,同时各阶级内部也充满了矛盾:富有者与劳动者之间是不和谐的,工人们对资本家充满了敌视,资本家对于穷人充满了戒备,双方都在谋划如何进行合法的或者非法的斗争和迫害;劳动者之间也会因生存的问题而出现内斗。总之,这样的社会矛盾重重,危机四伏。

社会中之所以会出现各种的问题以及人们的生活之所以会如此地不幸福根源就在于没有坚持汤普逊的分配的自然法则,即没有做到"自由劳动、完全享用劳动产品和自愿交换"。对此,我们在前文已做过分析,不再赘述。在此,我们重点分析汤普逊认为造就社会不正义的另外三个要素:特权、奖励金与专利制度。

汤普逊眼中的特权有广义与狭义两种理解。广义的特权囊括阻碍自由劳动、完全享用劳动产品与自我交换的一切障碍,而狭义的特权则主要指对人的经济自由产生重要阻碍的独占与特许经营权。汤普逊本人更多的是在狭义意义上使用特权这一概念的。汤普逊认为,独占与特许经营权等特权是对平等原则的践踏,特权的存在既是不道德的,更是不经济的。汤普逊认为其所生活社会之中特权仅仅保障了富人的权益而损害了所有其他成员(尤其是财富的真正生产者)的权益。汤普逊主张应将特权作平权化的处理——"在把'保障'提供给富人和穷人时,应该注意到严格的公正和完全的平等,这个同一的词不应该再对于社会上一小部分有势力的人是一个意义而对于广大群众却是一个正好相反的意义。"①这样,权利及其权利的行使既是经济的,又是道

① [英]威廉·汤普逊:《最能促进人类幸福的财富分配原理的研究》,何慕李译,商务印书馆1986年版,第108页。

德的。

汤普逊反对奖励金与专利制度。他认为用金钱的鼓励或惩罚的限制来干涉自由劳动和自愿交换的制度,“都在或大或小的程度上侵犯了神圣的保障原则”。[①] 汤普逊认为奖励金与专利制度的实施会带来诸多的弊端:造成国家财富的巨大损失;鼓励与保护的是落后的产业;出现浪费、舞弊与偏爱主义;刺激不利于社会整体福利事业的产品与行业的上涨;阻碍自然科学和经济学的取得与推广;等等。对于专利制度,汤普逊尤为反对。他认为专利制度除了与奖励金所具有的一般性危害之外还具有依赖处罚与暴力、造成人的贪婪与不义、舞弊与掠夺等缺点。总之,汤普逊认为奖励金制度与专利制度是不合理的,对社会的不公的形成均起了不好的作用。

5. 分配的自然法则的坚守与回归:社会正义问题的解决

如果说对于分配的自然法则之违背造成了社会正义问题的产生,那么对于分配的自然法则的坚守与回归则可以使社会正义问题得以解决。汤普逊认为对于分配的自然法则的坚守与回归能够带来诸多好的效果。①在政治上,一个贯彻了分配的自然法则的社会,由于尊重与保障产权,这样的社会注定是一个爱好和平与独立自主的社会,它不会侵略邻邦同时更不易被邻邦所侵略;一个贯彻了分配的自然法则的社会,注定会减少公务开支同时增加民生福祉的支出;一个贯彻了分配的自然法则的社会,会坚持与保障宗教信仰自由。②在经济上,一个贯彻了分配的自然法则社会,生产将以前所未有的速度和在前所未有的范围内增加资本,社会财富将以前所未有的速度和在前所未有的范围内被积累起来。③在道德上,由于社会上的极端贫穷和极端富有者均不存在,因而那些因奢侈和贫穷所特有的罪恶就几乎全部消亡,社会上绝大多数人都成为中产阶级,从而也使得中产阶级的美德——善良独立、节俭克制、遵

---

① [英]威廉·汤普逊:《最能促进人类幸福的财富分配原理的研究》,何慕李译,商务印书馆1986年版,第129页。

纪守法——得以普遍性地确立。① 这些效果在汤普逊看来均有利于社会正义问题的解决。

汤普逊努力的目的不仅是要找寻到社会不正义的原因,更要找寻到实现社会正义的方法。汤普逊曾追问道:"我们能不能找到一种符合保障原则的劳动方式,不但能避免个人竞争制度的流弊,而且能提供比安排得最好的个人竞争制度所能提供的还多得多的特有的利益——丰富的生产和一切才能的发展——呢?"②对此,汤普逊给出了肯定的答案——"我们已经发现有一个人以十分勇敢的精神,根据合理的原则对于'如何使平等的分配与完全有保障相调和'这一重大问题作出了解答,这就是苏格兰新拉纳克的欧文先生。他所实行的办法就是互助合作和平等的分配。"③

汤普逊认为在资本主义社会中,对于劳动生产者劳动付出与回报何种标准是合宜的,劳动生产者与资本家所采用的衡量标准大有不同。"劳动生产者的衡量标准是按照这些东西被消费的时间计算,用来补偿资本的耗损和价值的一笔款项,再加上给与资本的所有者和管理人的一笔酬劳,以使他和那些积极的劳动生产者有同等的享受。与此相反,资本家的衡量标准是由于使用机器或其他资本,同样多的劳动所生产出来的多余的价值;资本家认为这个全部的剩余价值应归他享受,因为他的超人的智慧和技巧积累了资本并且把这个资本提供给劳动生产者使用。"④那么,互助合作和平等的分配(自愿合作)这一新制度是否具有可行性呢?汤普逊在给出了肯定回答的同时回应了两种重要的反对意见。第一,"因为新制度为了人类的幸福,就是要压抑一些应该

---

① 参见[英]威廉·汤普逊:《最能促进人类幸福的财富分配原理的研究》,何慕李译,商务印书馆1986年版,第186—214页。

② [英]威廉·汤普逊:《最能促进人类幸福的财富分配原理的研究》,何慕李译,商务印书馆1986年版,第271页。

③ [英]威廉·汤普逊:《最能促进人类幸福的财富分配原理的研究》,何慕李译,商务印书馆1986年版,第288—289页。

④ [英]威廉·汤普逊:《最能促进人类幸福的财富分配原理的研究》,何慕李译,商务印书馆1986年版,第146页。

被压抑的才能和努力”。[①] 汤普逊认为这只是表象,若因担心受到限制和担心性格上的千篇一律就反对互助合作制是大可不必的,这是因为新制度从长远来看对人的才能和努力是积极鼓励的而不是压抑的。第二,“从经济角度上而言,自愿合作不具有可行性”。[②] 汤普逊认为一种制度是否可行应考虑以下两点:第一,它是否能够真正帮助产生巨大幸福;第二,对于参加这种制度的人而言是否真实有利。汤普逊认为自愿合作既能够带来生产的增长与整体幸福的提升,同时还使个体的幸福得以提升,因而,自愿合作这一新制度注定是可行的。

汤普逊认为制度能够造就人的品性,知识与教化同样能够改变人的品性。因而,欲实现人的变革以及最终的社会的变革注定要从制度、教化与知识三个维度来着手。汤普逊主张要将自愿合作由理念化现实,主要通过以下三种手段:第一,简单的代议制度;第二,在代议制度之下,完全废止一切无保障制度的种种规定;第三,知识的进步和传播以及理性的积累。[③] 汤普逊认为,做到了上述三点,社会就能够实现最终的正义。

三、汤普逊正义思想评述

汤普逊批判资本主义社会的不公正现象,他真切地希望社会的公正与美好。汤普逊这一立场无疑有值得肯定的地方。不过由于阶级立场以及社会认知等诸多因素,汤普逊(连同人道主义者与空想社会主义阵营)所提出的主张与方法并不能真正解决广大贫苦人士的悲惨境遇。

汤普逊认为社会出现贫富悬殊、两极分化的社会不公现象,根源就在于社

① [英]威廉·汤普逊:《最能促进人类幸福的财富分配原理的研究》,何慕李译,商务印书馆 1986 年版,第 391 页。

② [英]威廉·汤普逊:《最能促进人类幸福的财富分配原理的研究》,何慕李译,商务印书馆 1986 年版,第 386 页。

③ [英]威廉·汤普逊:《最能促进人类幸福的财富分配原理的研究》,何慕李译,商务印书馆 1986 年版,第 462 页。

会没有做到“自由劳动、完全享用劳动产品和自愿交换”。汤普逊对于分配的自然法则的作用充满了信心，他认为在知识与理性的作用下，分配的自然法则注定会在人世间建立起来，人世间必然能够实现公平与正义。尽管汤普逊认为分配的自然法则不可能将人世间的恶全部消灭，“但它们一定会使这些弊害减少到最低限度，一定会使那些为现在的图谋不正当利益的人所支持的不道德的行为变为不常见的和不名誉的事情，能够为永久的不断的进步和改良打下基础，能够使社会上的广大群众成为勤劳的、有知识的、道德高尚的快乐的人”。① 汤普逊这一乐观主义的态度与立场无疑是值得肯定的。

不过，汤普逊并不是真正的马克思主义者而是空想社会主义者，他的社会正义思想只能是空想社会主义的正义观。他的空想社会主义正义观极为鲜明地体现在他的财富分配理想的范式之上。“在财富分配的问题上，明智和博爱的伟大目标应该是，使社会的每一个成员都成为资本家兼劳动者，成为共同幸福的贡献者，并且为此设想出一种安排，在这种安排下，既可以顺利实现上述伟大目标，又尽可能不给任何人带来不便——这不仅对于已经积累起的资本所有者是如此，而且对于那些目前只是生产劳动者的负担同时对他们自己也很少有好处的游手好闲者也是如此。”②汤普逊主张通过阶级调和而非阶级斗争。汤普逊并没有完全地站到劳动生产者一方，相反是力图通过阶级调和的方式缓和双方的冲突，力求通过劳资双方的合作实现各自利益的满足。汤普逊认为，若真正地按照有利于劳动生产者的标准，那么，富有的资产者的积累的欲望与动机将会消解，财富的生产与增长将会受到影响，而最终无论是富有的资产者与劳动生产者的幸福都将会受到影响；而如果真正地按资本家的衡量标准，那么，资本家贪得无厌的积累欲望会带来财富的极大不平等，而这

---

① ［英］威廉·汤普逊：《最能促进人类幸福的财富分配原理的研究》，何慕李译，商务印书馆 1986 年版，第 211 页。

② ［英］威廉·汤普逊：《最能促进人类幸福的财富分配原理的研究》，何慕李译，商务印书馆 1986 年版，原编者序，第 7 页。

样会造成才智与美德极大的伤害。汤普逊认为,好在社会真正采用的标准是两者的折中,这样既照顾到了劳动生产者的利益又满足了资本家的要求,从而也便实现了社会的互助合作。此外,在社会正义实现的路径上,汤普逊虽不否认社会进步与发展,但他不赞同革命与暴力,反而寄望于道德教化与社会改良。汤普逊对于社会正义的实现给出了这样的药方——"我希望谁也不要认为,不对现存社会的各种原则和实践作一次彻底的革命,就能达到这样美好的境界,不过,这种革命将在有关各方完全同意的情况下和平而有秩序地进行,因为暴力是和未来的新制度准备用以指导生活的精神完全相抵触的。"①我们都知晓任何利益的获得与争取都是通过斗争而获得的,将正义的实现寄希望于资本家发善心,无异于与虎谋皮,纯属痴人说梦。所有这些均鲜明地体现了其小资产阶级的立场与政治主张。

尽管汤普逊本人也发现了其理论内在的矛盾并在某种程度上对其理论进行了修正,从而在一定程度上增加了其理论的现实性,但这并不能改变其空想的理论特质。

---

① [英]威廉·汤普逊:《最能促进人类幸福的财富分配原理的研究》,何慕李译,商务印书馆1986年版,原编者序,第5页。

第三章　功利主义正义观

功利主义思想之所以是近代以来事实上西方社会通行的、居主导地位的思想，就在于它是世俗化、理性化、实用化的理论主张。功利主义肯定现实，承认人的世俗生活的合理性，它不以来世的天堂作为人的现世所求，它主张人的现世生活就要追求今生的幸福——虽然这一幸福更多的是可以用量化来计算的"善"及其"善"的占有，但这一幸福并不排除精神的层面的追求。功利主义生活气息浓厚，但这并不意味着功利主义就没有学术气息。相反，功利主义是有着完善与完备的理论体系的。同时，功利主义之所以能够成为西方社会的主流思想，一定是既有理论性又更具操作性，唯其如此，方能成为全社会所认同的理论。"人性就是趋乐避苦""幸福是可以计量的""最大多数人最大幸福"等类似的主张既是通俗的、易懂的，同时更是易操作的。同时，功利主义承认财富的重要性与利益的必要性，为人们在现实生活中经商与创富进行了善的论证，迎合了新兴资产阶级现实需要从而备受欢迎。不过，由于功利主义之中"功利"二字的存在，也使得功利主义容易给人带来误解，认为功利主义就是唯利是图，自私自利。其实，功利主义并非一种简单的个人效用层面上的功利，功利主义是具有公益论的特质的。马克思对此就曾说过："功利论一开始就带有公益论的性质，但是只有在开始研究经济关系时，特别是研究分工和交换的时候，它才在这方面有充实的内容，在分工的情况下，单个人活动变成了公益的活动。"①当然,功利主义也是存有不足与局限的。不过,对于曾在历史之中起过重要作用的思想流派且在现实生活中仍然"在场"的功利主义,我们有必要认真地加以研究。

第一节　功利主义的发展与功利主义正义观

英国思想家相较于欧陆思想家而言重视经验与实效,因而功利主义是以英国思想家最具代表性。这其中霍布斯、洛克、休谟与斯密均对功利主义思想做出了大量的工作,不过,将功利主义建构成一个庞大且完备的功利主义伦理学体系则主要是边沁、密尔与西季威克的贡献。功利主义作为近代西方伦理学一个最为显著的流派,在政治、经济、文化等多个领域都有着深远的影响,即便进入到20世纪之后,功利主义仍然有着十分重要的影响。

一、功利主义简史

功利主义思想源远流长,不过最早形成完备体系的功利主义者当属边沁。他的理论正是享乐主义与经验主义的结合,他也被看作享乐主义的典型人物。边沁把社会看作个人的总和,也把社会利益看作个人利益的总和,从而他将"最大多数人最大幸福"作为目标。边沁的快乐定义是直截了当的,当个体欲望被满足时经历的幸福感,这就是快乐。以快乐作为目的,使得功利主义成为了目的论中一个最具代表性的理论,与康德的义务论分庭抗礼,并给出了伦理学中一条新的理路。快乐作为善、作为目的,其他善则为达到快乐的手段,这样功利主义就建立起来较为完备的理论体系。但边沁不是单独地将个人的快乐作为理论体系的最终端,作为最高善的。他的最高善仍然是社会的,是总和的最大多数人最大幸福,因而功利主义一定要求计量等实证方法计算,这也延

① 《马克思恩格斯全集》第3卷,人民出版社1960年版,第484页。

续了经验主义的传统。边沁正是通过将每一种具体的快乐，通过几个维度予以量化，制定量化表，使其能够进行计算，从而使功利主义具有明确的可操作性，并在伦理学中，为行为的正当性提供了具体不模糊的指导原则。但受制于经验主义的影响，边沁也认为，诉诸增加功利这样一条判断标准，这一功利原则，本身是无法证明的，不能通过先天的、先验的方式予以证明。这条原则就是在经验论上成立的，而不是像康德那样的绝对律令。

密尔是继边沁之后，又一个公认的功利主义派别的代表人物。他既继承了边沁的学说，又发展了新的功利主义，使其更为完备，体系更加庞大而细微。他试图调和边沁与康德这两个势如水火的道德哲学传统。他认为康德的伦理学，尽管诉诸先天的绝对律令，但是依然是需要在行动的过程中对于善恶进行计算的，而康德也并没有对目的论或者说后果论如此排斥，他的学说中也掺杂着不少与功利主义学说能够相容的部分。在这种兼容调和的作用下，密尔的功利主义恰恰成为了经典的古典功利主义。这也正如罗尔斯所说功利主义“首先把善定义为独立于正当的东西，然后再把正当定义为使善最大化的东西”①。密尔的理论从边沁那里更进了一步，因为他将合理性的观念更加具体化了。密尔对于边沁的理论最大的不认同，也就是大家所熟知的，他不同意边沁仅仅以量来进行衡量与计算。他认为不同的快乐，不仅仅是量上的差别，同时还有质上的差别。如同他的名言：“做一个不满足的人胜于做一只满足的猪。”②我们可以看到，边沁强调功利主义的最终目的只是快乐，而密尔强调的则是幸福。密尔对于各种福利进行了分类，按照量与质双重标准，使功利主义逃离了粗俗、享乐的指控。密尔认为，不仅是物质的因素才会刺激我们产生满足感，而回忆、宗教、同情等各种精神因素，同样是我们产生幸福的重要诱因。并且，密尔承认理智的、情感的和想象的快乐以及道德情操的快乐比起感官的

① ［美］约翰·罗尔斯：《正义论》，何怀宏等译，中国社会科学出版社 2009 年版，第 19—20 页。

② ［英］约翰·穆勒：《功利主义》，徐大建译，上海人民出版社 2008 年版，第 10 页。

快乐要高得多,要重要得多。我们可以从密尔与边沁这两位功利主义主要的代表人物的理论对比中看出,密尔的观点是对边沁观点的继承与发展,而非破坏与反动。密尔与边沁的观点基本上代表了功利主义的核心内容。那么功利主义具体讲的是什么呢?我们可以从密尔的相关表述中得到较为精准的答案。

第一,功利即行动中导向幸福的趋向性,秉持功利主义的行动倾向于给所有的利益相关者带来幸福,或者防止所有的利益相关者遭受损害。"行为的对错,与他们增进幸福或造成不幸的倾向成正比。"①快乐或者说幸福是判断一切行为善恶与行为选择的最终依据和最终标准。功利主义是一种基于经验主义而发展起来的学说,因而从经验与归纳中将人的趋乐避苦的自然天性总结出来,但它不仅仅是对人的这种自然天性的事实层面上的断定,而是基于这一事实判断推论出来的一个价值准绳。即说:人都是趋乐避苦的,那么人的行为就应当尽量趋向于增加利益有关者的幸福。这样功利主义就完成了"实然—应然"的转化过程,它已经成为了判断善恶的依据和行为的标准。

第二,幸福或者快乐是可以量化的,这也正是经验主义理论的传统,通过归纳、量化等操作方法予以计算。功利主义的奠基人边沁通过消解快乐的质的区别,化质为量,从而使得功利主义具有了极强的现实操作性。边沁还进一步提出各种方法和准则,从而计算快乐量的大小。通过比较快乐的强度大小,持续时间长短,确定性程度,感受作用的远近,来算出哪个行为能够得到更大的快乐。同时,边沁还在此基础上提出了何为最大幸福的三个维度:"增殖性","纯粹性","广延性"。无疑边沁这种计算方式得到了强烈的回应和激烈的批评,而密尔则受此影响,在边沁的基础上对此作了修正。密尔将快乐分为高级快乐与低级快乐,指出在计算快乐的量时快乐的质更是一个重要的指标。

第三,功利主义寻求最大多数人最大幸福。如何调适社会与个人的问题,

① [英]约翰·穆勒:《功利主义》,徐大建译,上海人民出版社2008年版,第7页。

正是一个伦理学最重要的部分之一。一个伦理学的核心理论必定会涉及个人利益和社会利益之间的关系,并以构建和谐的社会秩序为目标。功利主义者在回答这个问题时,主张在众多的行为中,应当选择的是那些能带来最大多数人最大幸福的行为,这就将社会与个人紧密联系在一起。功利主义模糊了个人利益与社会利益的边界,将两者统一到了一起,而这是通过功利主义所秉持的以下三点予以实现的。①心理联想律。功利主义者通过经验和历史能够得知并确信人类是具有同情心的,同情心使人感受他人对幸福和利益的追求。于是通过同情,人们就有了对于他人的道德关切,人们具有共情能力,能够以己度人,能够己所不欲,勿施于人。在这种心理上的联想功能的作用下,一个人自我的情感就含有了对于整体的关切,一个人的精神世界就不是单纯的、自足的,而是由他人的喜怒哀乐一起组成的。因而,功利主义所追求的快乐也绝不是单纯的自我满足。在功利主义的语境下,人可以由一种情感状态转向另一种情感状态,便存在着由利己的动机转向利他的动机。②幸福总量的考量。功利主义的出发点是承认一个人确实有追求自己幸福的属性。功利主义认为社会整体的幸福在总量的计算上是大于一个人的幸福的,因而功利主义诉诸的最高标准即最大多数人最大幸福。这其中存在一个难以回避的问题:功利主义的原始出发点是个人趋利避害的自利性,但是其落脚点却是追求最大多数人最大幸福。因而我们会看到罗尔斯对于功利主义最为尖锐的批评,功利主义在自由主义的框架下,却无视每个人的个体性,将每个人的幸福都算作可以通约、叠加等简单计算的东西,而这正是集体主义的核心理念,功利主义实际上具有无视个体差别的特点。③功利主义将道德准则视为从社会角度入手,经过经验总结和风俗习惯而形成的有利于社会整体幸福增加的行为规范。因而功利主义提倡人们遵循既有的道德标准,并认为遵循道德准则正是提升社会整体幸福总量的行之有效的办法。同时,因为个人是社会的一员,当整个社会幸福总量增加时,势必会增加个人的幸福,即追求社会的最大利益或幸福是实现个人快乐的现实途径。这样,功利主义通过人们对快乐与幸福的追求,最终将人们的目光引向对社会整体利益的关注,将人的一切行为活动的正当性都划归为追求最大多数人最大幸福。

尽管密尔在边沁的基础上完善了功利主义的理论,使其能够应对诸多来自于对其仅仅是快乐主义的批评。但是,密尔这种引入快乐的质的做法,也带来了新的难题。尽管边沁的快乐理论只有量的大小之分,但是边沁将不同人的量统一到了一起,社会的幸福总量可以简单划归为个人的快乐之和。而密尔的质,却是难以量化的,难以计算的,怎么样确定每个人的精神幸福呢?又怎么样才能认定每个人对于同一种情感有着相同的快乐感受大小呢?这都是密尔所要面对的新问题。

英国维多利亚时代最后一位重要的伦理学家西季威克出场试图来完成这一历史使命。对于西季威克的努力,我们可以得出看似矛盾的两个结论。一是西季威克的努力是成功的,他完善了功利主义,原因是他引入了直觉主义来弥补与修正功利主义的不足;但另一方面,西季威克又是失败的,他导致了功利主义的崩溃,原因是他引入了直觉主义来弥补与修正功利主义的不足。作为过渡阶段的思想家,西季威克仍然保留着功利主义理性的传统,西季威克认为直觉主义分为感觉直觉、教义直觉与哲学直觉。感觉直觉与教义直觉均有各自的局限。感觉直觉是大多数心灵的道德现象,感觉直觉能解释与说明人的部分道德行为,但感觉直觉无法解释与回答个体道德冲动的根源以及人与人之间发生道德冲动时该如何行动。教义直觉即人们所熟知的常识道德,人们可以按此行事,但若人们真的去追问究竟为何要如此行事时,教义直觉是不能给予清晰的解答的。直觉主义必然要走向哲学直觉。相比教义直觉,哲学直觉优点众多,其中最值得西季威克自豪的是“我发现我通过寻求真正清晰明确的伦理学直觉而达到了功利主义的基本原则”。①

① [英]亨利·西季威克:《伦理学方法》,廖申白译,中国社会科学出版社 1993 年版,第 401 页。

二、功利主义正义观的基本主张

一个多世纪以来,功利主义一直是占西方世界主导地位的伦理理论。功利主义正义观是功利主义理论中一个非常重要的组成部分。功利主义思想家大多来自注重经验主义的英国或者其受英国经验主义传统影响深远的国度。因而,功利主义及其功利主义正义观相较于理性主义正义观更为贴近生活与常识,更具有操化性与实用性,这既是功利主义正义观的优点,同时也造就功利主义正义观的缺陷——理论的抽象性及其完备性与理性主义(尤其德国古典哲学)正义观相比确有不足。

第一,功利主义对正义、权利与义务的起源以及现实中人性有着较为清晰的认知与把握。“任何情况,只要存在着权利问题,便属于正义的问题,而不属于仁慈之类的美德的问题。”①正义是建立在权利与利益基础之上的,是对正当权利与利益的维护。正义是人类社会所必需的。“社会中的相互冲突和利益与自爱的对立,迫使人类建立起正义的法则,以便维持相互帮助和保护的优势。”②功利主义认为正义、权利与义务并非天启或神授,正义、权利与义务均源于人的现实生活。对于正义、权利与义务的起源,功利主义基本上坚持了唯物主义的原则与立场,这是值得肯定的。休谟认为:“由于我们的所有物比起我们的需要来显得稀少,这才刺激起自私;为了限制这种自私,人类才被迫把自己和社会分开,把他们自己的和他人的财物加以区别。”③休谟认为资源的有限性、人的有限慷慨以及人的社会性存在是正义、权利与义务起源的真实原因。休谟认为单个人能力过于弱小而无法生活,为了生活人必然是社会性动物,人类自利的本性也能够形成有效的合作,并且“借着协作,我们的能力提高了;借着分工,我们的才能增长了;供着互助,我们就较少遭到意外和偶然

① [英]约翰·穆勒:《功利主义》,徐大建译,上海人民出版社2008年版,第51页。
② [英]休谟:《道德原理探究》,王淑芹译,中国社会科学出版社1999年版,第81页。
③ [英]休谟:《人性论》下册,关文运译,商务印书馆1980年版,第535页。

事件的袭击。社会就借这种附加的力量、能力和安全,才对人类成为有利的"。① 在合作之中,人们对于权利与义务进行了某种程度的社会确认,因而,便形成了人与人之间的权利与义务关系。同时我们还应该注意到,功利主义相较于其他流派高明之处,不仅看到互惠对社会的作用,而且还看到情感对于正义及其社会的重要作用。功利主义强调基于共同利益和同情的社会合作是稳定的,人们能够通过这样的方式产生一种正义,进而产生符合功利主义的正义感。

第二,功利主义明确正义的关键与核心是利益及其利益的分配。这是对正义问题的清晰而准确的把握。我们一直都在强调,正义是人类社会价值序列中最重要的价值,却不是最高的价值。在价值序列之中,悲悯与仁爱都高于正义,但正义却是社会的基石,任何现行社会均离不开正义。而正义的核心要义即对于社会基本善——权利、自由与机会、收入,等等——的分配。现实生活中的人是离不开利益的,利益及其利益关系的调整是社会规范作用的对象及其手段,如何使社会规范有序、如何使社会活力十足、如何使社会积极进取,事实上都离不开利益及其利益调节。马克思之所以能够超越既往一切唯心主义思想家,就在于马克思能够从社会现实与社会存在出发而不是从社会意识与人的头脑出发。马克思看到了并揭示了"物"在现实生活中的重要作用,马克思和恩格斯一起创立了唯物史观,真正地科学地解答了人类社会内在的结构、运行规律以及人类社会发展的方向。马克思说:"正确理解的个人利益,是整个道德的基础。"②事实上,正确地理解利益,也是抓住正义的关键之所在。功利主义由于从注重社会生活,坚持从人们的感性活动中入手来分析社会,因而他们看到了利益问题是社会问题的核心,是正义的关键所在。在这一方面,功利主义的立场无疑是正确的。休谟作为功利主义的先声,将功利主义

① [英]休谟:《人性论》下册,关文运译,商务印书馆 1980 年版,第 526 页。

② 《马克思恩格斯全集》第 2 卷,人民出版社 1957 年版,第 166 页。

所认为的正义在社会中构建起来的缘起以及运行机理清晰地描述出来。休谟认为正义源于人的有限慷慨以及资源的有限性。休谟强调："一个人的财产是与他有关系的某种物品。这种关系不是自然的，而是道德的，是建立在正义上面的。因此，我们如果不先充分地了解正义的本性，不先指出正义的起源在于人为的措施和设计，而就想象我们能有任何财产观念，那就很荒谬了。"①

第三，功利主义所主张的"最大多数人最大幸福"这一终极价值是一种以人为本、以发展为目标、以共享为宗旨的价值追求，因而具有价值合理性与优先性。人的任何活动或任何人的活动都应该是以人为本的，而不应该是"以神为本"或"以物为本"。在发展理念及其进步目的这一宗旨上，功利主义的立场无疑具有着进步性——它是"以人为本"的，而且是以"最大多数人为本"的。因而，功利主义首先就坚持了近代社会以来具有普遍性价值立场——人生而平等且自由。"最大多数人最大幸福"原则事实上就承认与证明了人是平等的——我的欲望与他人的欲望是相同的，自然我之欲望满足就不能在时间上与价值序列上低于或次于他人。对此，西季威克这样说道："我发现有两件事是我毫不怀疑的，并且被我视为同数学公理或几何公理同样清晰明确的。这两件事就是：对于我来说，给他人以我自己在类似情况下应受到的待遇，以及做我相信最终是有利于普遍善（或幸福）的事情是'正当的'和'合理的'。"②总之，在这个社会中，没有"超人"的存在，大家都是人，每一个人都应被"一视同仁"。有人认为功利主义者不追求平等，其实这是一种误读，在阿马蒂亚·森看来，功利主义至少会有一种平等主义用了某种平等——"对所有主体的平等利益给予平等的权重"。③"最大多数人最大幸福"这一理念事实是在追求财富的增长与社会的进步，功利主义所秉持的正义观是在发展中

① ［英］休谟：《人性论》下册，关文运译，商务印书馆1980年版，第531页。

② ［英］亨利·西季威克：《伦理学方法》，廖申白译，中国社会科学出版社1993年版，第514页。

③ ［印］阿马蒂亚·森：《正义的理念》，王磊、李航译，中国人民大学出版社2012年版，第273页。

求平等、在进步中求正义，这一理论无疑更具有现实性，更易被人们所接纳、所认同，同时这无疑是实现社会正义的一个正确的选择与正义实现中必要的环节。蛋糕做大与分配均匀并不必然画等号，但蛋糕做大，更易分配，更易使社会成员具有满足感与获得感，更易使社会成员认同社会与接纳社会，这恐怕也是一种社会事实。同时，“最大多数人最大幸福”明确地指出，功利主义所追求的社会目标是社会成员的“共享”与“共乐”，而非个体的或某一团体的“独享”与“独乐”。这一价值立场无疑也具有相当的进步性。对此，罗尔斯把这种功利主义正义观的主要思想表述为：“如果一个社会的主要制度被安排得能够达到所有社会成员满足总量的最大净余额，那么这个社会就是被正确地组织的，因而也是正义的。”①

第四，功利主义注重经验与推崇理性，在人与人的关系问题上较为理性与持中，功利主义能够较为理性地克制自身的自利心与利己心，从而使得良序社会的建构成为可能。功利主义注重目的与结果但并非完全忽视实现手段与方式，功利主义总是在选择最佳实现目标的方式与方法。其实，功利主义一直在试图使社会理性化、程序化与法制化。因而，整个社会的思维方式、价值取向与行为方式事实上都发生了巨变。传统社会中的英雄与豪杰不再是社会的榜样，而商海中的骄子与思想和文化界中的名人则成为全民的偶像。清教主义伦理与消极主义价值观交织在一起共同造就资本主义文化的矛盾。仅仅就人与人的关系塑造而言，人与人的关系就像狼与狼的关系并不被功利主义推崇，功利主义倡导的是合作式的竞争。（当然，这并不意味着功利主义要求社会的无私奉献与人们的真心关爱，它事实上是一种隐藏很深的冷酷，是一种隐蔽很深、谋划长远的算计。）功利主义强调人的理性自爱，这有一定的合理性与现实性。事实上，每个人都更为了解自己，知道自己的需求与欲求到底是什么，同时，也正是由于对自己的需求与欲求有清晰的认知，个体才会更加地努

① ［美］约翰·罗尔斯：《正义论》，何怀宏等译，中国社会科学出版社2009年版，第18页。

力去追求欲望之满足，从而在实现自我需求的同时，达至利他与利社会之结果。功利主义并不推崇极端个人主义，功利主义主张自爱与合理利己，功利主义有时甚至主张牺牲与自我牺牲。

第五，功利主义承认政府重要性与必要性。如果说古典自由主义对于政府及其作用还有某种程度的敌意的话，那么，功利主义对于政府及其作用相对来讲则是敌意减退而善意增多。功利主义并非必然是全能政府的倡导者，但功利主义基于其自身理论的需要，必然是政府作用必要论者。这具体体现在以下三个方面：①功利主义承认正义、法制与良序社会的互动关系，好的社会自然离不开政府与法制的维系与保障。②欲实现最大多数人最大幸福，政府需要动员社会共同促进经济发展，以实现社会整体财富的增长。③即便功利主义并不十分关注财富的分配，但是其理论的内在逻辑一定且必然会要求政府及其政府作用的逐渐增大，比如：保护劳工、注重立法、加强救济，等等。

三、功利主义正义观批判

功利主义正义观无疑有其长处，其优点十分明显。功利主义坚持后果论，后果论相较于义务论本来就具有一种世俗的吸引力。功利主义将追求效用合理化、合法化，无疑为发展生产力，促进社会进步提供了最为有力的理论支持。功利主义还是一种具有同情、具有公益性质的正义观，它的理论构架中含有着“人人为我，我为人人”的社会责任担当与情怀，同时，功利主义比其他的正义原则更为要求一种对别人利益的认同和不偏不倚的立场。不过，功利主义正义观与功利主义一样，欢迎者有之，批判者亦有之。尽管功利主义（功利主义正义观）不像社会达尔文主义（社会达尔文主义正义观）那样备受批判，但人们对其质疑与批评声仍不绝于耳。这一现象的出现并非毫无根据，功利主义确实存在不足。

首先，功利主义在分配与增长的关系上，重增长而轻分配。功利主义关注的幸福总量的增长而非幸福总量公平分配。功利主义专注于经济总量与国民财富与幸福总量的增长,而对怎样分配却并不十分在意。这样,就极有可能出现统计意义上个体财富的增长与个体真实收入的停滞之间的矛盾。假设有100个人,其中99个人为平民,去年人均收入1万元;而另外一个人为富翁,去年收入为9901万元,这100个人去年收入共计10000万元,人均则为100万元。而今年同样是这100个人,原先的99个人今年的收入仍然为1万元,而那个富翁的收入为11901万元,这100个人今年收入共计12000万元,人均收入则为120万元。从统计数据来看,人均收入比去年增长20%,并且这一数字是真实的,没有任何水分。但如果仔细分析起来,真实情况与数据统计却存在较大出入。尽管这100人财富的总量有了很大的提升,其实其中99个人并未实现收入的增长,并且这99个人中的任何一个人与那个富翁的财富收入差距由去年的9900万元拉大到今年的11900万元。这实质上是更为巨大的收入悬殊,这实质上是更为巨大的社会不公正。但从功利主义的视角来看,一切均属于正常,没有任何不正常的地方。由此可见,功利主义的正义观会因为经济增长而忽视与无视低层阶级真实的生活状况,并且允许与鼓励更大社会不公平的生成。

其次,功利主义在某种意义上并不把人看作目的本身。① 功利主义由于注重后果与目的,功利主义存在侵犯人的权利与自由的可能性。按功利主义的逻辑,少数人为了最大多数人最大幸福做出牺牲是合理的。功利主义这一要求并不必然是不合理的,在特定境遇条件下,少数人为了整体的利益做出牺牲既是必然的又是合理的且是崇高的。不过,功利主义所主张的少数人为大多数人做出牺牲这一主张却有泛化与滥用之嫌。如果没有一个很好的制度对其加以规约,那么任何社会成员的合法权益均有受到如此伤害的可能。这种制度设计与制度安排隐含着对个体合法权益的侵害,具有着某种不正义的倾向。对此,罗尔斯批评道:"当社会被领悟为一种旨在推进它的成员的善的合

① 参见[美]约翰·罗尔斯:《正义论》,何怀宏等译,中国社会科学出版社2009年版,第140页。

作体系时，以下情况看来是令人难于置信的：一些公民竟被期望（根据政治的原则）为了别人而接受自己生活的较差前景。”①罗尔斯对于功利主义的这一批判是中肯的。牺牲是必要的，但是，谁做出牺牲呢？做出牺牲的数量与底线是什么呢？做出牺牲的人有无补偿呢？补偿的数量与上限是什么呢？对此，功利主义并未给出明确的解答，这既是功利主义正义观的局限，同时也是功利主义正义观完善与升华之所在。

再次，功利主义反对极端个人主义与利己主义，主张人的合作与共赢，但这种合作与共赢是以精明自利为前提与保障的。这种开明利己行为事实上是一种精致化的利己主义。功利主义不乏对社会贫困者给予关爱与救助之主张，但这往往更多的是出自“富者求安”的心态而非真正的仁爱之心或彻底的权利正义。这种心态与行为未尝不会产生一定的正面积极的效果，但它的运行造成了社会贫困者的尊严及其权益的受损——“实行功利原则倾向于毁灭失败者的自尊，尤其是当他们已经比较不幸的时候。”②同时，这种救助行为不会从根本上改变贫困者悲惨的境遇，不会实现真正的社会公正。此外，在功利主义的话语体系里，无论什么作为支配性目的，其应当都是从个人出发，并且是对于每个个人的利己心有价值的东西。功利主义会把权力、声名和金钱当作客观的最高的善从而将尊严、人权与意义等价值悬置起来，使社会整体的品位下降。

最后，功利主义的正义观是一种极具偶然性的正义观，“它在决定一个正义社会应鼓励什么样的道德性格的问题时非常依赖于自然事实和人类生活中的偶然因素”。③ 功利主义也强调个人自由，个人的意志自由正是功利主义所推崇的。不过，人并非单子，人总是生活于社会之中，深受传统与家庭等方面

---

① ［美］约翰·罗尔斯：《正义论》，何怀宏等译，中国社会科学出版社 2009 年版，第 138 页。

② ［美］约翰·罗尔斯：《正义论》，何怀宏等译，中国社会科学出版社 2009 年版，第 395 页。

③ ［美］约翰·罗尔斯：《正义论》，何怀宏等译，中国社会科学出版社 2009 年版，第 25 页。

的影响,因而在道德判断上,人是受制于偶然因素。哪怕同一个个体,在不同时间、不同环境下所得到的结论亦会有所不同。如此一来,社会矛盾与价值冲突频发,这是功利主义所无法回避的问题。功利主义者想要避免上述现象的出现,就要努力造就满足能够达至意见一致的社会条件,例如基本的义务教育,完备的医疗保障,等等。只有社会能够实现这一条件后,人们才能够清楚地知道自己所要的是什么,才不会那么容易被偶然和外部环境所支配,才能更易达到意见之一致。然而,功利主义正义观实施的这一必要条件是任一现实社会难以满足的。罗尔斯认为,功利主义的道德判断是不确定的,而社会合作与社会分配都需要建立在坚固的、稳定的、普遍的体系之上,如果在这一方面不能达至稳定,那么诸多的偶然性合在一起就会造成必然性的社会冲突。

总之,功利主义正义观与功利主义一样,优点鲜明,缺点突出。但无论如何,功利主义正义观依旧有着其巨大价值,在当代社会仍保有旺盛的生命力,我们需要辩证看待,才能正确对待这一人类的思想瑰宝。

第二节　密尔的正义思想

正义思想在密尔的整个思想体系中占有重要位置。如果密尔的学说在整体上确立了现代世界的原则,那么正义原则在现代世界的原则中处于核心位置。只有基于正义原则,现代生活世界才得以可能。这样看来,我们阐释密尔正义思想就需要具体阐释密尔正义思想的理论背景是什么,正义究竟在回答时代的什么问题,正义包含哪些具体内容。

一、密尔:时代与人

约翰·斯图亚特·密尔(1806—1873),英国著名哲学家、伦理学家、经济学家。密尔的主要著作有《逻辑学体系》《政治经济学原理》《论自由》《功利主义》《代议制政府》以及《论妇女的从属地位》。

密尔是著名功利主义思想家詹姆斯·密尔的长子。詹姆斯·密尔以严厉著称,他无比相信教育对人的塑造作用,亲自教授自己的儿子。1809—1820年,密尔主要是在家中接受父亲的强化教育。在父亲的教育下,密尔很早就学习了功利主义理论,对政治学、社会学和心理学中的功利主义思想均有涉及。17岁时,密尔进入不列颠东印度公司,一直到1858年从东印度公司退休。1826—1827年,密尔曾经发生过一次精神危机。在那段时间,他不断思索一个人应该如何思想,如何感觉,个人的价值何在?他明显地感受到他的教育和教养使他成为一个思想的工具。两年后精神危机慢慢过去,他的思想也就进入了一个崭新的阶段。他意识到他的思想或许可以帮助英国,乃至整个世界。1838年,密尔发表《论边沁》,在这之后,密尔的一系列重要思想著作陆续问世。

密尔一生著作颇丰,致力于探究人类幸福的原则。这正如斯蒂芬所言:"无论他有什么局限,他带来了不同寻常且明确的全部精力,广泛而公正的智力,去承担他那个时代最大的问题。"[①]密尔尝试从他自己的学说中推导出他所生活的现代世界的原则,直面现实世界的问题。正义的观念和原则不可避免地成为他的学说体系中的重要内容。

二、密尔正义思想的内容

对于密尔的正义思想来说,我们不能单纯地基于《功利主义》中的观点,而是要结合他的其他著作,尤其是《论自由》《政治经济学原理》以及《代议制政府》的内容进行考察。由此,我们才可能理解密尔是在功利最大化的基础上灵活地处理正义难题,注重个体差异,避免产生整体利益对个人利益侵犯的后果。基于此,我们在澄清何为正义以及正义与不义区分的基础上,围绕国家权力与个人权利的限度以及个人自由的优先性展开讨论,较为完整地呈现密尔正义思想。

---

① 转引自[美]苏珊·李·安德森:《密尔》,崔庆杰、陈会颖译,中华书局2014年版,第42页。

1. 何为正义

如何定义正义这一问题集中体现在《功利主义》的第五章。密尔以功利主义原则为基础,逐渐展开正义问题的讨论。总体来看,通过词源考察,密尔论证了正义的起源,着重阐述个体意义上的正义感,进而揭示功利主义原则下的正义是什么。

从词源学的视角看,“正义”一词始终与法律法规紧密相关。密尔认为“要证明一个词语现在表示的是什么观念,词源学所能提供的证据十分软弱,但要证明这个观念是如何发生的,词源学却能提供最有力量的论据”。[①] 通过正义的词源考察,密尔不是要揭示“正义”这一词语表示的是什么观念,而是要揭示“正义”这个观念是如何发生的。这样看来,正义概念起源于法律约束观念,正义概念内涵的转变与法律观念的转变紧密相关,正义意味着遵从法律。既然法律有良法与恶法之分,那么当人们做出正义与非正义的判断时,他们就应该依据人们的行为是否违背了应有的法律。

关于正义是什么,密尔并没有给出一个直接的定义。但是,他提出“正义这个观念含有两种要素,一是行为规则,二是赞同行为规则的情感”。此外,“正义的观念还包含有一种想法,即认为某个确定的人因他人的违规行为而受到损害,(用适合于这种情况的表达式来说)他的权利因而受到侵害”。[②] 事实上,密尔已经通过正义观念的要素给出了正义的定义,即正义涉及两个层面的问题:第一,正义包含与人的道德义务相对应的权利。第二,正义包含人的正义感。

什么是正义感?正义感与人的其他道德情感是什么关系?虽然我们通常认为正义的要求与社会的公众利益(公共利益)要求存在某种程度的重合,但是正义感却不等于人们对利益的欲望与诉求。正义感本身并不出于功利,但

---

① [英]约翰·穆勒:《功利主义》,徐大建译,上海人民出版社2008年版,第48页。

② [英]约翰·穆勒:《功利主义》,徐大建译,上海人民出版社2008年版,第53—54页。

是正义感中的道德成分却出自功利。在这个意义上,“正义的情感含有两个本质要素,一是想要惩罚侵害者,二是知道或者相信存在着某个或某些确定的受害者”。[①] 所谓惩罚侵害者的欲望是一种报复的自然情感,但是这种情感因为人对自我利益的保护以及同情能力而用于处理整个人类受到伤害的问题。密尔认为人们将这种情感的社会化,使得它符合公众利益的方向。这也就是说,正义感不是一种自证类的情感,正义源于功利。

在正义问题引发的讨论中,密尔着重讨论的是权利问题。对于密尔来说,“正义这个术语通常包含着个人权利的观念,亦即一个人或一些人的正当要求”。[②] 正义不仅意味着人们应该做正义要求的事情,而不做错误的事情,而且意味着人们有向他人提出某种要求的道德权利。尽管权利的内容是多样的、具体的,但是正义与非正义的区分恰是这样的一种权利观念。

2. 正义与非正义的区分:个人的权利观念

密尔探寻了五种正义与非正义的行为模式(也可以说是人类社会的事务)。从这些行为模式的共性中,发现正义的属性与非正义的属性,进而揭示二者的区分在于权利观念,或者说,权利构成了正义的基础。具体而言,正义与非正义的行为模式包括:第一,剥夺任何一个人的人身自由、财产或其他任何依法属于他的东西是非正义的。第二,个人被剥夺的法定权利,也许本来就不应该属于被剥夺者,同时此法即恶法。第三,正义在于个人得到了自己的应得,而非正义则在于个人得到了自己的不应得。第四,不守信用及其类似行为均是非正义的。第五,偏袒与区别对待是不正义的。[③] 密尔对正义与非正义的探讨涉及了法律的正义性、个人的应得、不偏不倚的观点、信守承诺以保证

---

① [英]约翰·穆勒:《功利主义》,徐大建译,上海人民出版社 2008 年版,第 52 页。

② [英]约翰·穆勒:《功利主义》,徐大建译,上海人民出版社 2008 年版,第 50 页。

③ 参见[英]约翰·穆勒:《功利主义》,徐大建译,上海人民出版社 2008 年版,第 44—46 页。

预期目的不被挫败等问题。而这些内容指向的核心就是个人权利,权利可以为正义提供一个具有广泛适用性的证明。

此处的个人权利观念蕴含着人与人之间的平等以及占有的思想。“拥有一种权利,就是社会应当保护某个人拥有某种东西。”①社会之所以应该保护个人拥有某种东西(也就是占有的权利),这需要诉诸普遍功利。这里的普遍功利是正义原则得以实行后产生的一种普遍功利,而不是人们在进行行为选择时的判断依据意义上的功利权衡。个人权利具有明显的道德特征:一方面,人们的权利需要通过法律手段的形式赢得他人的尊重。另一方面,人们的权利具有自明性也就是权利主张的合法性是不证自明的。同时,人们可以根据自己合法的权利要求尤其是正义权利与社会不合理的法律和制度分庭抗礼。

可以说,密尔发现了构成正义观念之本质的概念——个人权利。同时,密尔提醒我们,“正义其实是一类道德规则的名称,这类道德规则就人类福利的基本要素而言要比其他任何生活指导规则具有更加密切的关系,因此具有更加绝对的义务性”。② 正义的要求具有道德优先性,权利的发现是对这种约束力义务的更进一步证明。权利构成了理解正义的基础,正义问题的解决需要以不违背权利为前提。

3. 政府的权力:作用及其限度

正义问题涉及权力的设计与权限。我们主要取《代议制政府》和《政治经济学原理》为思想资源,阐释好的政府形式的标准与权力限度。这里的政治制度和政府形式就是密尔所言的“人的劳作”,体现“人的意志”意义上的制度和政府形式,突出其“人为”性。

政治制度不是自行在运转,而是由人设计并操作以使其保持在正常运行的状态。尽管一个社会的政治制度受到其历史传统、政治文化等多方面因素

---

① [英]约翰·穆勒:《功利主义》,徐大建译,上海人民出版社 2008 年版,第 55 页。

② [英]约翰·穆勒:《功利主义》,徐大建译,上海人民出版社 2008 年版,第 60 页。

的影响,但是政治制度结构的设计需要符合正义原则。对密尔来说,评价好的政府形式的标准是进步与秩序。进步蕴含着事物前进上升的发展,也蕴含着改进自身的可能。秩序的含义有狭义与广义之分,“就其最狭的意义说,‘秩序’意味着服从。如果一个政府成功地使它自己得到人民的服从,就说它保有‘秩序’……在稍为扩大一些的意义上,‘秩序’意味着通过停止私人暴力来保持和平”。① 秩序意味着服从与和平。好的政府在于人们的服从是出自自愿与平等;和平在于秩序的保持是指国家机器在良序地运转,而不是以任何暴力形式维持“秩序”。

在此基础上,密尔进一步提出政府的管理是由人们组成的,好政府的第一要素是组成社会的人们的美德和智慧。无论采取何种政府形式,好的政府应该能够促进人们美德的养成,能够培育人们的才智和情感。理想上最好的政府形式,并不是指在一切文明状态都是实际可行的或适当的政府形式说的,而是指这样一种政府形式,在它是实际可行和适当的情况下,它伴随有最大数量有益后果,直接的和将来的。完全的平民政府是能够主张具有这种性质的唯一政体。它在政体表现其优越性的两个部分都是卓越的,它比任何其他政体既有利于提供良好的管理,又促进较好的和较高形式的民族性格的发展。

尽管政府的权力是有限的,但是必要的政府职能比我们想象的要多。政府承担着保护人身和财产的作用,但这不是政府的唯一目的。人身和财产是人们生活是人的生存权利的重要内容。政府的保护只能一方面给人以安全,另一方面对人的劳动成果给以承认。在保护人身和财产的基础上,密尔还讨论了政府的其他权限,如政府干预的权限和范围,济贫法的可能,言论出版的自由等问题。政府权力的限度与限制是人们的权利与自由。

4. 自由优先的可能

密尔功利主义的正义原则要求平等地对待每一个人,尊重每一个人获得幸

① [英]J.S.密尔:《代议制政府》,汪瑄译,商务印书馆 1982 年版,第 19 页。

福的权利。在这个意义上,密尔提出个人自由的优先性。密尔在《论自由》的开篇开宗明义地指出,“这里所要讨论的乃是公民自由或称社会自由,也就是要探讨社会所能合法施用于个人的权力的性质和限度”。① 解决自由与权威(权力)之间矛盾冲突合理性依据在于权力是否给人以权利和自由。随着人类社会的进步和民主制的发展,现代社会的权力(权威)应该平等地对待每一个人。

自由的观点来源于功利,“在一切道德问题上,我最后总是诉诸功利的;但是这里所谓的功利必须是最广义的,必须是把人当作前进的存在而以其永久利益为根据的”。② 虽然人类进步中的永久性利益具有理想性,但是我们可以看出人的幸福、自由、正义等均是功利主义要探讨的问题。在解决正义难题时,自由是具有优先性的价值。这种优先性的价值可以从社会权力的限度与个人拥有的自由两个方面来理解。

在社会权力的意义上,密尔认为自由是社会权力的限制并诉诸两种方式解释限制的现实路径。“第一条途径是要取得对于某些特权即某些所谓政治自由或政治权利的承认,这些自由或权利,统治者方面若加侵犯,便算背弃义务,而当他果真有所侵犯时,那么个别的抗拒或者一般的造反就可以称为正当。第二条途径,一般说来系一个比较晚出的方策,是要在宪法上建立一些制约,借使管治权力方面某些比较重要的措施须以下列一点为必要条件:即必须得到群体或某种团体的想来是代表其利益的同意。”③密尔事实上是从政治构成与宪法法治两条路径阐释自由对权力的限制。虽然他没有详细阐释政治构成意义上权利的承认应该如何解释,但是他至少提示我们这里应该有一种契约精神以及以自由之名对抗权威的合理性根据。即使我们认为密尔的解释不够清晰,现实的权力限制路径不仅限于此,我们也应该看到个人自由对于保证社会正义具有基础性的作用。密尔在个人自由与社会控制之间做出某种平衡

---

① [英]约翰·密尔:《论自由》,许宝骙译,商务印书馆1959年版,第1页。
② [英]约翰·密尔:《论自由》,许宝骙译,商务印书馆1959年版,第12页。
③ [英]约翰·密尔:《论自由》,许宝骙译,商务印书馆1959年版,第2页。

性的调整,以避免社会集体凌驾于个人权益之上。

在个人自由的意义上,密尔强调人的自主性和自由个性的发展。这里的自由个性至少体现在人的自由的三个领域:第一,思想自由与良心自由等最广义的自由。第二,趣味与志趣的自由以及制定自己生活计划的自由。第三,联合的自由,即人们有自由为着任何无害于他人的目的而彼此联合,只要参加联合的人们是成年且又不是被迫或受骗。① 一个人如果没有自由,那么他的权利和利益就无法得到有效的保障,也就无所谓有尊严地并幸福地生活。密尔在功利主义的基础上,突出人的自由个性,避免功利主义以功利的最大化侵犯个人的自由权利。三个自由领域指向人的自由权利与自主的自由个性,既包含人的良心自由,也包含人的人生价值追求与建立社会关系的自由,旨在保护并发展人的自由。密尔赋予自由以绝对优先的地位,自由的限制只能来自对他人自由权利的伤害。当然,密尔在具体的讨论中对伤害本身还进行了具体分析,以阐明什么样的伤害需要个人负责和权力干预。

三、密尔正义思想评述

密尔将功利主义原则作为至上的道德原则,并在此基础上阐发正义思想。总体来说,他的思考框架仍然是功利主义的立场。根据阿马蒂亚·森的解释,功利主义评价的要求可分为三个不同的组成部分。第一个是后果主义,指的是一切选择都必须根据其后果来评价。第二个则是福利主义,它把事物状态的评价限制在每种状态各自的效用上。第三个是总量排序,这要求把不同人的效用直接加总得到总量而不注意这个总量在个人之间的分配。② 这三个组成部分的内容蕴含在密尔对正义的解释之中。他的正义思想在自由主义的正义理念和功利主义之间寻求某种平衡,密尔的正义思想的意义与局限也同时

① 参见[英]约翰·密尔:《论自由》,许宝骙译,商务印书馆1959年版,第14页。

② 参见[印]阿马蒂亚·森:《以自由看待发展》,任赜、于真译,中国人民大学出版社2002年版,第50页。

体现在他的理论目标之中。

密尔正义思想对传统功利主义进行了修正,对自由、权利与平等的价值等做出了有益的理论探索。他的正义思想具有两个突出特色:第一,密尔从功利主义理论内部修正和发展正义思想。一方面,在肯定功利的前提下,强调正义对于其他道德观点的优先性。另一方面,密尔反对功利主义强调社会公共利益会侵害个人利益。换言之,密尔已经考虑到了功利主义正义思想可能遭受的理论质疑,也能一定程度上回应后来思想家的批判。他的理论虽然是为功利主义做了辩护,但是他对功利主义正义思想的发展重在摒弃主义之争,关注问题本身。第二,密尔功利主义思想的意义在于他已经在消解自由主义的正义理念与功利主义之间的冲突和矛盾,尤其是提出了平衡个人自由和公共利益的问题。借用菲兹帕特里克的观点,"密尔希望提升人类生活的质量","人们不能指望在通常情况下去计算复杂工业社会的全面幸福。但是,人们可以贯彻自由正义原则"。① 密尔认同现代政治的民主原则,自由正义原则的贯彻建立在人和人类幸福的基础之上。提升人类的生活质量的前提是尊重个人的权利自由,只有这样才有可能建构一个公共利益和个人福祉和谐发展的社会。

密尔的正义思想也有着自身的局限。密尔之后的很多思想家对他的正义思想提出质疑,密尔是否成功地证明了功利主义基础之上的个人、社会与他人的关系具有统一性,密尔的正义思想是否能够很好地解释分配正义等问题均受到了理论挑战。密尔在世之时,斯蒂芬对密尔的"自由"观进行批判的同时已经对密尔的正义思想进行了批判性的反思,斯蒂芬认为"自由不是指完全不存在限制,而是指不存在有害的限制","把平等与正义真正联系在一起的唯一形式是:正义以法律和道德的普遍规则作为前提,处在与它们有关的职位上的法官,把它们适用于特定案件"。② 自由应该是一种有序的自由,平等是

① John R. Fitapatrick, *John Stuart Mill's Politcial Philosophy*, *Continuum*, London, 1988, p.167.

② [英]詹姆斯·斯蒂芬:《自由·平等·博爱:一位法学家对约翰·密尔的批判》,冯克利、杨日鹏译,广西师范大学出版社 2007 年版,第 150 页。

法律之下的平等。尽管正义包含有平等和博爱这两个要素，但博爱和自由存在某种不相容性。在他看来，“他支持自由，密尔则主张放纵；他支持法律之下的平等，密尔则支持一种乖张的平等主义；他主张清醒地理解人类生活中的冲突，密尔则赞成一种巨大的幻想”。[①] 尽管我们可能会说斯蒂芬在某种程度上对密尔的思想存有误解，但是毋庸置疑的是他对密尔的正义思想提出了全方位的挑战。而在当代，罗尔斯则试图用一种公平的正义来取代功利主义。罗尔斯认为密尔主张的善优先于权利会有损于人的尊严与价值，虽然密尔的正义思想已经在尝试以“正义、自由和平等的原则收场”。[②] 中肯地讲，密尔提出的原则与公平的正义观念中的原则具有某种相似性。可以说，一个社会如果没有正义的制度和人的自由权利，那么它也就无法实现功利的最大化。

总之，密尔已经以他的思考提出了我们这个时代政治哲学特别紧迫的问题，并努力调和功利与权利的冲突，建立现代政治生活的自由正义原则。

第三节 西季威克的正义思想

西季威克是功利主义学派中重要的代表人性。如果说边沁是功利主义的开创者、密尔是功利主义的完善者的话，那么，西季威克则可谓是功利主义的革新者抑或是终结者。西季威克试图用直觉主义来完善功利主义，但西季威克这一努力反而被后人视为传统功利主义的掘墓人。现代学界一般以西季威克作为分水岭，西季威克之前的功利主义被称为古典功利主义，而西季威克之后的功利主义则被称为新功利主义。西季威克的代表作是《伦

① [英]詹姆斯·斯蒂芬：《自由·平等·博爱：一位法学家对约翰·密尔的批判》，冯克利、杨日鹏译，广西师范大学出版社 2007 年版，第 16 页。

② John Rawls, *Lectures on the History of Political Philosophy*, Harvard University Press, 2008, p.313.

理学方法》，可见西季威克本人是十分重视伦理学方法的，这也如其本人所强调的那样——“我始终希望把读者的注意力完全引到伦理思考的过程上而不是其结论上。”①因而，这便给人如此的认知——西季威克只讲伦理学方法而不讲伦理秩序与道德规范，其实，这是一种误读。西季威克重视伦理学方法固然不假，但他对伦理秩序与道德规范是有许多精彩论述的，社会正义思想就是其中的重要组成部分。

一、西季威克：时代与人

西季威克(1838—1900)，英国著名的伦理学家与政治经济学家。西季威克著作等身，《伦理学方法》是西季威克最具盛名的代表作，该书被认为是19世纪末与20世纪初英语世界中最好的伦理学著作。

西季威克生活在英国所谓的黄金时期——维多利亚时代，然而，看似强大的“日不落帝国”事实上已开始走下坡路。随着资本主义由自由竞争进入垄断阶段，英国社会的危机与矛盾并未消减反而日趋激化：第一，作为宗主国的英国与殖民地与半殖民地的国家间的对立与矛盾；第二，国内资产阶级与无产阶级的对立与对抗；第三，社会精神风貌的日趋奢靡与消沉。如何阐释资本主义社会出现的种种问题以及如何拯救世道人心便成为西季威克所面临的时代课题。当人们逐渐祛魅化之后，如何找寻道德的合法性依据——便成为启蒙以来所面临的最大问题。文艺复兴、启蒙运动皆是以神学目的论与基督教道德为批判对象，目的是重塑人学目的论与世俗道德。因此，近代以来，个人主义与自由主义就成为新的时代图腾，道德的终极指向由上帝转向自我，道德的目的也由自我救赎演变为个体欲求的自我实现。② 而在这一过程之中，功利

① [英]享利·西季威克：《伦理学方法》，廖申白译，中国社会科学出版社1993年版，第38页。

② 参见[美]阿拉斯代尔·麦金太尔：《伦理学简史》，龚群译，商务印书馆2003年版，第201—213页。

主义事实上就成为人们行为的最终的理据以及最后的价值评判标准,因而如何捍卫与完善功利主义就成为近代西方世界的价值保卫战。

西季威克看到了世人对于功利主义的种种误解与误读,他的目的就是要为功利主义正名。西季威克之所以费尽心力批判利己主义与直觉主义,目的是要把功利主义真正地树立起来。功利主义是一种以实际利益、最终功效作为道德判断、行为准则与政策主张的理论主张,功利主义是近代经验主义发展的必然产物以及典型代表。关于何为功利主义,西季威克并没有自己的独创,西季威克更多是重复了类似于边沁、密尔对于功利主义的看法——“功利主义在这里所指的是这样的伦理学理论:在特定的环境下,客观的正当的行为是将能产生最大整体幸福的行为,即把其幸福将受到影响的所有存在物都考虑进来的行为。我们把这种理论称为原则,把基于这种理论的方法称为‘普遍快乐主义’,将有利于阐述的明确性。”①不过,西季威克最大的特色却是方法论上的贡献。西季威克将直觉主义与分析哲学引入了功利主义,使伦理学开启了由近代向现代的转换。西季威克看到了互惠、最大多数人最大幸福等功利主义计算量以及质上的诸多困难,因而他力图一劳永逸地解决这一难题,于是他引入了直觉主义。直觉主义未必不需要理性,但直觉主义必然不依赖理性,直觉主义更加强调的是意图、动机与感受,“直觉方法试图去系统化的道德判断,主要地和基本上是对人的意志的各种具体的外在效果的正当性或善性(或其反面)的直觉”。② 如此一来,功利主义的直觉主义化事实上就与功利主义一贯所宣扬的“最大多数人最大幸福”之理性计算进行了决裂,同时事实上也宣告了传统功利主义的终结。

① [英]亨利·西季威克:《伦理学方法》,廖申白译,中国社会科学出版社1993年版,第425页。

② [英]亨利·西季威克:《伦理学方法》,廖申白译,中国社会科学出版社1993年版,第230页。

二、西季威克正义思想的内容

1. 公正:焦点与类型

西季威克秉持了功利主义一贯作风,并未将权利与义务的制度安排视作公正的焦点,反而是将“对某种被视为有利的或不利的东西——无论它是钱或幸福的其他物质手段,是表扬、感情或其他直接的善,还是某种应得的痛苦或损失——的分配”①视为公平与公正的核心与焦点。

关于公正的类型,西季威克有着这样的表述——“我们倾向于认为:对权利、善、特惠以及负担与痛苦的习惯上的分配是自然的和公正的,法律应当维护这种分配。而根据另一种观点,我们又似乎倾向于承认一种应当存在、但也许从未存在过的理想的分配规则体系,并认为法律愈符合于这一理想就愈公正。政治公正的主要困难正在于调和这两种观点。”②可见西季威克认为公正并非一种,西季威克事实上将公正分为保守性的公正③、理想性的公正与政治公正。保守性的公正就是坚持法律与习惯所认可的那种分配,理想性的公正就是变革现行法律与习惯认可的新型分配,政治公正就是既变革现行法律与习惯认可的分配又坚持现行法律与习惯认可的分配且为各方均认可的分配。保守性的公正是现存的公正,具有维系社会秩序之功效,没有或完全抛弃保守性公正就不会有社会的稳定;而理想性的公正是现实的公正,具有引领社会发展之功效,没有理想性的公正,社会就不可能会有进步。因而,保守性公正与

---

① [英]享利·西季威克:《伦理学方法》,廖申白译,中国社会科学出版社 1993 年版,第 286 页。

② [英]享利·西季威克:《伦理学方法》,廖申白译,中国社会科学出版社 1993 年版,第 291 页。

③ 西季威克认为保守性的公正主要包括对法律、契约和明确的协议的遵守,对法律已确定并宣布的对违反这些约定的行为的惩罚的实施,以及对自然的、正常的期望的满足之中。(参见[英]享利·西季威克:《伦理学方法》,廖申白译,中国社会科学出版社 1993 年版,第 310—311 页。)

理想性公正皆有存在的价值与意义,我们对其均应加以肯定、保护与维系。不过更为重要的是政治公正。政治公正要求政府及其政府的管理者处理好保守性的公正与理想性的公正两种公正的关系,以实现社会的稳定与发展。

2. 公正与守法

亚里士多德曾说:"公正的人由于做了公正的事,节制的人由于做了节制的事,如果不去做这些事,谁也别想成为善良的人。"①一个公正的人必定要通过行动表现出其公正。对此,西季威克持有相近的立场。西季威克说:"公正是我们相信由于其内在性质而能完全明确地确定的东西;我们觉得,一个严格恪守公正的人必定在其行为上非常准确和严格。"②因而,西季威克首先就将公正与守法联在一起。在近现代社会之中,人的行为是否公正以及人是否具有美德已不再由习俗或教义来决定,反而在很大程度上是由法律决定的。因而,守法③既是个体社会化生存的基本策略,守法也是个体最基本的美德。同时,也正是在这个意义上,守法即公正,公正即守法。

不过,作为思想缜密的思想家,西季威克注意到了这些事实:第一,违法者并不总是不公正的;第二,现行法律不能完全实现公正;第三,一部分公正的行

---

① [古希腊]亚里士多德:《尼各马科伦理学》,苗力田译,中国人民大学出版社 2003 年版,第 31 页。

② [英]亨利·西季威克:《伦理学方法》,廖申白译,中国社会科学出版社 1993 年版,第 287—288 页。

③ 严格说来,守法有形式守法与实质守法之区分。形式守法表现有二:一、对既有法规、法律条文的不折不扣的遵守、信奉与践行而不对法的自身合法性加以追问,这种形式守法是一种懒汉式的做法;二、以守法之名行而违法之实,这种形式守法是一种奸回不轨做法。实质守法是对于法律精神的遵守、信奉与践行,实质守法方是真正的守法,实质守法是合乎法律精神的守法,实质守法的行为方是真正合宜的行为、公正的行为。不过,法律精神不能仅仅停留或局限于理念的层面,法律精神注定要现实化与具体化,即法律精神注定要化为法律条文。法律精神离不开法律条文,法律精神在法律条文之中;同时法律精神又要超越法律条文,法律精神又在法律条文之外或之上。整体而言,法律精神与法律条文具有内在一致性,不会发生冲突。但也难免会有意外出现,即法律精神与法律条文出现的背离,此时,人们遵守法律精神还是法律条文这一问题就形成了政治哲学经常讨论的良心拒绝与公民的不服从。

为恰恰是在法律范围之外的。因而西季威克就提醒人们“我们必须把公正与我们所说的秩序(或守法)义务区别开来”。[①] 既然公正与守法之间出现了如此的复杂关系,那么人们到底还要不要守法呢?对此,西季威克进行了细致的分析。

首先,西季威克认为我们应该探讨我们所遵守法的自身的合法性。“如果‘应当守法’这一命题要充当实践的向导,就有两个问题有待解决,即(1)我们应如何界定合法的立法者——无论个人还是团体,和(2)我们应如何界定这个立法者的权限。”[②]西季威克认为法的合法性来源有三:“(1)对被视为理想的或绝对正当的,从而应当去建立的政府的要求;(2)按照某一特定国家的宪法传统的对法律上的政府的要求;(3)对事实上的政府的要求。”[③]西季威克认为既往的思想家从传统、效能与契约论三个方面谈及了法的权威性的溯源。在此我们也重点分析西季威克对法的合法性、权威性所进行的契约论的论证。从契约论的方法来看,法的合法性最具权威性的来源是理想的政府与国家——基于所有公民的同意而确立与构成的政府与国家,即这一政府与国家源自公民的共同意志,此时,公意与众意完全一致,因而遵守公共意志就等同于遵守自己的意志,遵守秩序与契约就是个体自由的体现与实现。当然,这种状况仅仅是一种纯粹假设,事实上没有人会相信这种状况会真正地发生。既然现存的政府与国家并未达到理想的程度因而只能是有欠缺的存在,那么此时,个体该如何选择呢?个体最大可能仍然会选择生活在这一社会并遵从社会的秩序与规则。此时的论证大体是这样的:只要你选择留在这个社会之中,事实上你就在默认这一社会的安排,就应服从这一社会的秩序。因为,你

① [英]亨利·西季威克:《伦理学方法》,廖申白译,中国社会科学出版社 1993 年版,第 283 页。

② [英]亨利·西季威克:《伦理学方法》,廖申白译,中国社会科学出版社 1993 年版,第 313 页。

③ [英]亨利·西季威克:《伦理学方法》,廖申白译,中国社会科学出版社 1993 年版,第 313—314 页。

是自由的，你完全可以选择留开这一社会。现在既然你基于你的意志自由选择留在这一社会，那么你就有遵从社会秩序与规则的责任与义务。这同样是一种基于契约思想对于权威的假设。总之，西季威克认为这些思想家所做的努力均是在为法的权威性以及人们守法的必要性加以论证，都应该被肯定。

值得注意的是，西季威克超越于其他的思想家之处还在于看到法的权威性可能存在虚假性的一面——“我们的理论也就将以名则予人以自由，实则缚人以枷锁而告终。”①那么，此时，个体是否仍然具有遵守法律的义务呢？个体是否具有不服从的权利呢？西季威克认为：“在一个法治的国家里，会产生数不清的其他道德分歧。因为在这样一个国家里，尽管人们都认为从道德意义上君主应当遵守宪法，但是在把臣民的服从责任看作相对于君主遵守的程度是否合理，以及在臣民们是否有(1)拒绝服从一项违宪的命令的道德权利，和(2)因为君主违宪而对他实施叛国罪的惩罚的道德权利的问题上，人们仍然有争论。”②其实，西季威克所谈及的就是良心的拒绝与公民的不服从。“良心的拒绝就是或多或少地不服从直接法令或行政命令。”③良心的拒绝原因是多样的，良心的拒绝可能建立在明确的政治原则的基础之上，也可能是建立在既有宗教信仰的基础之上，此外还可能建立在个体道德认识与道德判断(良知)基础之上。良心的拒绝是指个体内心对规则与秩序的不认同，其外在表现未必是现实的行动。公民的不服从是指公民承认整体法律秩序的一般合法性，但为促使消除现行某些法律、政策的不正义或弊端所从事的公开的、非暴力性违反法律的行为。公民的不服从行为首先就源自个体对既有秩序与规则的良心拒绝。尽管西季威克本人没有明确地说出良心的拒绝与公民的不服从

① [英]享利·西季威克：《伦理学方法》，廖申白译，中国社会科学出版社 1993 年版，第 314 页。

② [英]享利·西季威克：《伦理学方法》，廖申白译，中国社会科学出版社 1993 年版，第 317 页。

③ [美]约翰·罗尔斯：《正义论》，何怀宏等译，中国社会科学出版社 2009 年版，第 289 页。

这样的话来,但他不断地思考权威的来源、守法的义务,尤其是他所强调的尽善尽美的社会秩序在现实中是不存在的,如果我们作一逆向思维,那也就意味着当现实中的社会秩序与我们理想中的社会秩序有太大距离时,良心的拒绝与公民的不服从是可能的乃至是现实的。

其次,在公正与守法的论述上,西季威克给出了典型的功利主义式的回答。守法与不守法"界限应当根据功利主义考虑来确定。功利主义观点既在一定程度上证明了有关政府的内在合法性的每种流行观点的合理性,也摆脱了总在纠缠着我们的直觉地确定法律权威的真正合理根据的困难。一方面,它发现在任何既定的政治秩序的权威都主要在于它的效果而不是在于它的原因,以致一般地说,服从主要是对治理得不太坏的事实政府的服从。另一方面,以一种特殊方式产生的法律可能(1)更好,或(2)更容易得到遵守,就此而言,努力采取这种方式来产生法律是一条功利主义的义务"。①

3. 公正与守约

个体的公正不仅体现为要守法,个体的公正还体现为要守约——对契约的遵守。契约看似简单,实则不然。契约自身及其运行机制的内涵是极其丰富与深刻的。"权利的互相转让就是人们所谓的契约。"②一个人无法形成契约,不平等的人之间形不成契约,不健全的社会也不会有普遍的契约。契约内蕴着自由、平等与法治。西季威克对于契约及其契约的遵守是十分重视的,"一个公正的人显然一般地都将恪守契约,甚至当违反契约可能不会受到法律制裁时"。③

西季威克认为我们之所以要守约主要源于人的社会性存在这一本体论特

① [英]享利·西季威克:《伦理学方法》,廖申白译,中国社会科学出版社1993年版,第452页。

② [英]霍布斯:《利维坦》,黎思复、黎廷弼译,商务印书馆1985年版,第100页。

③ [英]享利·西季威克:《伦理学方法》,廖申白译,中国社会科学出版社1993年版,第286页。

质，守约守的是个体有意或无意形成的与他人的约定并且这种约定应是被双方所共同认可与接受的。此种条件下，允诺与守约（守信）的责任方形成——“允诺者有义务去做他和受诺者都理解为将得到兑现的事情”。[①] 人们之所以守信与守约，既源于社会交往的必然与社会交往所形成的惯例，也源于双方的合意各自的期待——自然期待。

西季威克主张人们所守的“约”不仅包括“成文的允诺”，还包括“隐含的契约”或“默契”甚至还包括有约束力的约定。[②] 事实上，约定越明确，守约之责以及具体要求则越明确，这样的守约则越是合宜的并且是公正的。不过，西季威克指出生活世界中的允诺的多样化，这样也就造就了守约确有某种模糊不清的边界以及不能算作要求但确实又存在的期望；对于这些期望与要求，个体并没有必要全部地加以满足与实现，即便既往经验是如此，个体也可以不将其视作自身必然要承担的责任。不过，若个体真的不去“履约”，确会使期许方产生失望之情并产生受到不公正对待之感。[③] 其实，若严格分析起来，这种因习惯的行为、约定俗成的惯例并不必然成为我们责任的真正来源。不过，生活世界的惯例既然已经如此生成，我们对其加以遵守更好，若对其不加以遵守，亦不能因此而受到指责。

守约之责因允诺而来，允诺可以形成，那么允诺是否可以取消呢？对此，西季威克给出了肯定的回答。西季威克认为在三种条件下允诺以及守约的责任是可以取消的：第一，允诺的责任是相对于受诺者的并且可以由他来取消的；第二，做一项不道德的行为的允诺被视为没有约束力；第三，对于靠“欺骗

---

① ［英］享利·西季威克：《伦理学方法》，廖申白译，中国社会科学出版社 1993 年版，第 321 页。

② 参见［英］享利·西季威克：《伦理学方法》，廖申白译，中国社会科学出版社 1993 年版，第 325 页。

③ “期待某个人也将像其他人在类似情况下所做的那样去做，进而期待他继续做他迄今已习惯于做的事，都似乎是十分自然的。相应的，如果他突然停止某种习惯的行为，并且这一举动使他的伙伴受到损失或遇到不便，他们就倾向于认为他们自己受到了不公正的对待。”（参见［英］享利·西季威克：《伦理学方法》，廖申白译，中国社会科学出版社 1993 年版，第 288 页。）

或暴力”得到的允诺是可以取消的。① 同时,西季威克指出个体在承担守约之责、满足他人合理期望之时,个体既不应盲目与盲从,同时也不能无视道德要求而成为无道德主义者。

4. 理想性的公正:幻象与现实

西季威克对公正问题的讨论是一件令人苦恼的事情,这不仅是因为公正分为保守性的公正与理想性的公正,并且“因为在其中似乎包含着两种颇为不同的观念,它们分别体现于我们称为个人主义的政治社会理想与社会主义的政治社会理想之中。……但是当我们试图准确地表达这个原则时,我们发现我们又陷入了严重的困难”。② 不过,尽管如此,西季威克对于公正事实上仍有较为清晰的表述。

(1)最大多数人最大幸福与一视同仁

西季威克是古典功利主义的最后一位大师,自然坚持着功利主义的最基本主张——“最大多数人最大幸福”,同时西季威克又将功利主义的理解进一步推进,他认为功利主义是不同于利己的快乐主义的普遍的快乐主义,普遍的快乐主义追求整体的善而非个体的善。按功利主义这一逻辑极有可能会出现这样的现象——个体的权利与权益可能为了整体利益的最大化而被牺牲。因此,“我们不得不用某种公正(或对这种幸福的正确分配)原则来补充追求最大整体幸福的原则。多数功利主义者已经隐蔽地或明确地接受的这种公正原则是纯粹平等原则,它体现在边沁的‘每个人只算作一,无人算作多’的准则之中。这条原则似乎是唯一的不需要一种特殊证明的原则”。③

① 参见[英]享利·西季威克:《伦理学方法》,廖申白译,中国社会科学出版社 1993 年版,第 321—325 页。

② [英]享利·西季威克:《伦理学方法》,廖申白译,中国社会科学出版社 1993 年版,第 310—311 页。

③ [英]享利·西季威克:《伦理学方法》,廖申白译,中国社会科学出版社 1993 年版,第 430 页。

西季威克这一主张是有其现实关切的。因为若没有这一原则的底限性保障,个体的自由、财产乃至于生命是极其有可能受到损害的。为了理论的彻底以及回应功利主义反对者的批判,西季威克认为功利主义决不为了善而否认正当,反而是非常重视正当。功利主义坚持权利的平等与一视同仁就是明证。

(2)平等的自由与自由的平等

公正即平等,平等即公正,这在近现代社会已成为人们的共识。平等的自由具有优先性与至上性。平等的自由即平等的权利与权利的平等,也就是承认与主张所有的公民在法律面前一律平等、在规则面前一律平等以及在机遇面前一律平等。人的平等的自由既体现于字面之上,更体现在现实生活中个体对物的占有、使用、支配与收益之上,在物的占有、使用、支配与收益之中个体的自由权利得以凸显。并且,按照自由主义原本的理念,平等的自由会带来自由的平等。这是自由主义(古典自由主义)秉持的基本立场。对于这样的主张,西季威克在给予相当程度保留的同时也有所质疑与批判。首先,自由除了消极自由之外还包括积极自由。自由不能仅仅是"免于……的自由",自由还包括"能够做……的自由","自由还包含着满足欲望的能力与把握性"。① 其次,自由主义只具有形式正义而缺乏实质正义。西季威克认为即便是洛克等人坚持理想型的持有正义本身就具有着不正义性,更何况"在一个近乎所有物质财富都已被占用的社会里,这种自由就没有被也不可能被平等地分配"。② 再次,平等的自由带来的是自由的不平等而非自由的平等。资本主义社会具有着表象上的自由与平等,但实质上一个百万富翁真实占有、使用与支配的资源与一个一贫如洗的无产者占有、使用与支配的资源有着天壤之别。对此,西季威克并未采取回避的态度,而是正视并表达了某种程度的愤怒与不满。

---

① [英]享利·西季威克:《伦理学方法》,廖申白译,中国社会科学出版社 1993 年版,第 295 页。

② [英]享利·西季威克:《伦理学方法》,廖申白译,中国社会科学出版社 1993 年版,第 295 页。

基于平等的自由与自由的平等之间的背离，为了实现自由的平等之最终实现，西季威克提出下述主张：第一，自由仍具有优先性。这里的自由的优先性是指每个人的权利的平等，每个人机遇的平等，即公平对待。不过，自由这一优先性并非绝对的，在特殊情况下，自由要让位于平等。西季威克主张为了最大多数最大幸福之实现，某种程度上对于个体自由的限定是可取的。"如果物质形式的补偿恰好能补偿对自由的侵夺，那么自由的实现便不可能成为分配正义的一个终极目的。"①第二，为了实现实质正义，应做到一视同仁与区别对待的统一。现实之中，人的智力、体力、机会以及家庭出身必然不会相同，基于此造就了人的契约能力、道德能力与自由能力存在巨大差异与差距。如果无视这些差异与差距，强行要求所有人在规则面前均被要求一视同仁，这实质上是一种巨大的社会不公。西季威克主张契约自由（平等的自由）"包含一个否定性的原则，即无人应当为其自身的善的缘故而受强制，但谁也不会严肃地证明这一原则适用于儿童、白痴或疯人"。② 西季威克支持人事实上的自由的平等，因而区别对待便成为必然的选项。

（3）理想性的公正：作用与类型

西季威克认为理想性的公正是存在的，并且理想性的公正是有作用的。理想性的公正通过对于现行社会不足的揭示以及对美好社会的勾勒为社会的发展提供方向与动力。对此，西季威克说道："当我们考察我所说的理想的公正，以及对于这种公正的一般观念——我们发现它们明确地表现于或潜在于对现存社会秩序的流行的批判之中——时，我们就将更清楚地感觉到承认这种责任的相对性的好处。"③

---

① ［英］亨利·西季威克：《伦理学方法》，廖申白译，中国社会科学出版社 1993 年版，第 296 页。

② ［英］亨利·西季威克：《伦理学方法》，廖申白译，中国社会科学出版社 1993 年版，第 293 页。

③ ［英］亨利·西季威克：《伦理学方法》，廖申白译，中国社会科学出版社 1993 年版，第 456 页。

关于理想性的公正，西季威克给出个人主义理想的公正与社会主义理想的公正两个备选项。不过，如果仔细阅读西季威克《伦理学方法》一书的文本，我们就会发现西季威克对于社会主义理想（社会主义理想的公正）只是一点就过，并未做太多的论述与展开，更为重要的是西季威克有着这样清晰的表述——“我们可以公平地说，就常识已经在政治方面采取了个人主义理想而言，这种理想一直是服从于功利主义的首要原则并受着这一原则的限定的。”①因此，我们可以做出这样的论断：西季威克是坚定的自由主义者、个人主义者而非社会主义者。所以，西季威克理想性的公正仍然是个人主义理想的公正抑或是修正的个人主义理想的公正。

西季威克认为，个人主义的社会是社会所有成员彼此互不干涉的社会。个人主义的社会有其优点，那就是确保了自由。西季威克认为行为自由是每个人幸福的根源，也是促使人们积极行动的保障。在自由行动与行动自由之中，自我的主体性与能动性得以确立；在自由行动与行动自由之中，个人的能力与德性得以提升；在自由行动与行动自由之中，他人与社会从中获益，以至西季威克甚至提出了这样的主张——“在一定限度内，每个人在实践上把他自己的不合理冲动视为行为的合理理由也是有利于社会的。”②其实，西季威克这一主张与亚当·斯密所讲的“无形的手”有异曲同工之妙，两者都是承认个人自由的活动往往能够带来社会整体利益提升。不过，个人主义社会的公正并非十全十美。在西季威克看来我们通常以理想性的公正之名要求的分配是“按劳绩分配善恶”。③ 这种按劳绩分配善恶最终会因个人的能力、机遇等诸多因素造成人的实质自由的不平等，因而，它注定不是一种最为理想的分配

---

① ［英］享利·西季威克：《伦理学方法》，廖申白译，中国社会科学出版社 1993 年版，第 456—457 页。

② ［英］享利·西季威克：《伦理学方法》，廖申白译，中国社会科学出版社 1993 年版，第 454 页。

③ ［英］享利·西季威克：《伦理学方法》，廖申白译，中国社会科学出版社 1993 年版，第 457 页。

模式。现在，问题就迎面而来了：我们能否在修正的个人主义理想的公正的基础上找寻到理想的分配模式？

中肯地讲，这种分配模式是难于寻找的。因为按照西季威克的理解，这种分配模式既要能够带来人类整体幸福的提升，同时还要解决好劳绩分配与对快乐与痛苦、特惠与负担的分配的关系。当人们对快乐与痛苦、特惠与负担的分配的关系并不在意时，那么此时劳绩分配就是成为分配模式的优先考虑的标准。但若人们有一种对于不合理之事反感以及处于劣势地位的人同情如此强烈时，那么劳绩方面的要求则变为次要的选项了。尽管困难重重，西季威克仍然给出了肯定的答案。“公正要求一种分配服务报酬的模式，这种模式应当完全不同于目前的自由竞争影响的分配模式。所有劳动都应当按照他们的劳动的、由开明而有能力的评价者来估定的内在价值而取得报酬。”①这也就是说，理想的分配模式将劳动者的贡献、努力、需要等多种因素综合起来加以考虑而非仅仅考虑贡献这一项。

不过，对于这样一种理想的公正是否真的具有可行性，西季威克最后给出了一种含糊的应答。“我们不得不把完全公正的社会秩序结构——在这种结构中，所有的服务都依照其内在价值而得到精确的报酬——当作不可实践的理念而放弃。同时，由于类似的理由，我们似乎不能不得出一条更普遍的结论：准确确定善绩的不是量的推理方法不可能获得明晰的前提。”②

5. 公正与仁爱

(1) 仁爱：概念与作用

“人们时常说功利主义把所有德性都分析为普遍的、公正的仁爱。”③那

① ［英］享利·西季威克：《伦理学方法》，廖申白译，中国社会科学出版社 1993 年版，第 306 页。

② ［英］享利·西季威克：《伦理学方法》，廖申白译，中国社会科学出版社 1993 年版，第 307 页。

③ ［英］享利·西季威克：《伦理学方法》，廖申白译，中国社会科学出版社 1993 年版，第 260 页。

么,仁爱的内容到底是什么？对此,人们争论很多。为了避免不必要的争议,西季威克还给仁爱一个最大共识性的定义——“提高幸福实际上是常识视为仁爱的外在义务所要求的主要内容。”①仁爱是重要的,仁爱能提高他人与个体的幸福,仁爱能使社会变得温馨与和谐。因而,仁爱的作用绝不能被低估。“仁爱德性的得到广泛承认的至尊地位似乎成了给它以在智慧之后的首要地位的充分理由。”②仁爱尽管如此重要,但仁爱实现却离不开公正。这是因为仁爱不能仅仅停留在仁爱之心之上,仁爱注定要化为仁爱之举,这就需要注重仁爱实现的方式与方法了。

西季威克认为欲实现仁爱之原本意图,需做好以下几点:第一,我们应该明确仁爱的对象以及仁爱的程度。尽管西季威克并非明确地提出仁爱的对象可以指向动物,但西季威克坦率地承认仁爱的对象并非限定在人之上,这无疑体现了西季威克某种超前视野。仅就人而言,西季威克谈及了仁爱原则的实施并非一视同仁的,而要做区别对待。第二,对于他人的仁爱应不损害他人的自尊与自立为限度。仁爱是关心人、爱护人与尊重人,仁爱不是居高临下的施舍;同时仁爱更不是无原则的溺爱。仁爱实施的结果应是帮助人自立与自爱,如果忽视了对仁爱对象这方面的注重与培养,反而使得仁爱对象产生了依赖感与依附心理,那就是失败。第三,仁爱是德性与德行,但仁爱并不应强行让人们去遵守与践行。西季威克提醒人们在行仁爱之举时应做这样的思考:“首先,我们需要问,我们是否应当把基于感情而提供的服务,即超出了人们认为严格的义务所要求的范围的服务,视为德性的。其次,我们需要问,我们是否应当把感情本身视为值得作为一种道德美德,因而作为一种我们应当努

① ［英］享利·西季威克:《伦理学方法》,廖申白译,中国社会科学出版社 1993 年版,第 259 页。

② ［英］享利·西季威克:《伦理学方法》,廖申白译,中国社会科学出版社 1993 年版,第 257 页。

力获得的精神条件来崇拜。”①

(2)自我牺牲:利他主义及其限度

功利主义主张最大多数人最大幸福,因而,功利主义并不会反对自我牺牲。“在私人利益与最大多数人的最大幸福不相容时,功利主义比常识更严格地要求个人为后者而牺牲其私人利益。”②对于自我牺牲,西季威克的态度同样是鲜明的。“为了履行严格的义务,为了保存他人的生命,或者为了某种真正的社会利益而死是正当的和值得称赞的,但是只为了免除自身的痛苦而死却不正当和不值得称赞。”③这也就是说西季威克并不一味地反对自我牺牲,但他强调要对自我牺牲加以反思,要倡导合宜的自我牺牲,抵制与批判过度的与不必要的自我牺牲。

为了更好地剖析西季威克的自我牺牲的观点,我们先来看一看利他行为与利他主义。利他行为是指牺牲自我的利益来增进他人的福利的行为。利他主义主张不计个人福祉来增进他人福祉。利他主义是对利己主义的反动,利己主义主张为自己而活,利他主义主张为他人而活。利他主义因自我牺牲或是因要冒实实在在的风险,因而相较于日常生活中的慷慨大方不易通行;但生活世界却又离不开利他主义高尚的行为,因而利他主义又被不断地加以倡导。现实之中的人既有利他的冲动,也有利己的冲动,因而现实之中的人们完全可以做出高尚无私的利他主义行为,尽管平时他只是一个普普通通为生计而奔波的凡夫俗子。所以,利他行为与利他主义在生活世界是存在的,并且为了生活世界的更加美好,我们应该倡导利他行为与利他主义。不过,利他主义之中有一种病态利他主义是值得我们加以警惕的。

---

① [英]享利·西季威克:《伦理学方法》,廖申白译,中国社会科学出版社 1993 年版,第 262 页。

② [英]享利·西季威克:《伦理学方法》,廖申白译,中国社会科学出版社 1993 年版,第 507 页。

③ [英]享利·西季威克:《伦理学方法》,廖申白译,中国社会科学出版社 1993 年版,第 343 页。

病态利他主义以救世主心态来行利他行为，把自己看成“拯救”他人的人和“帮助”他人的人，这样会使个体变得妄自尊大与自恋，甚至是欺骗自己和他人。利他主义极有可能沦为病态的利他主义，看似利他的动机、行为可能带来的负面的效果——“会伤害到自身，会伤害到我们想要服务的对象，或是伤害我们在借助其提供服务的体系。”①佛教故事里所讲的舍身饲虎、割肉饲鹰等故事从其宣传自身教义、推广其理论上有积极性的一面，但实质上却经不住严格的逻辑推理。第一，我以自己血肉之躯饲虎喂鹰，由于我的血肉之躯是有限的，所以我可以喂一只虎、一只鹰一时，但我并不能喂其一生，假设我自身已没有肉来喂虎饲鹰了并已没有行动能力，同时虎与鹰已养成被我饲养习惯了而不会自己觅食了，那么此时，注定的结果是我、虎与鹰皆死。这样的结果并不能令人满意，因为它并未达至善的结局。这种越俎代庖式的弊端非常明显，“累坏自己的同时其实也使得他人能力荒废”。② 第二，我以自己血肉之躯饲虎喂鹰，由于我的血肉之躯是有限的，我可以喂一只虎、一只鹰一时，但不能喂其一生，假设虎与鹰已养成被我饲养习惯了而不会自己觅食了，并且此时我自身已没有肉来喂虎饲鹰了但我还有行动能力，这时，为了饲虎喂鹰，我去杀生乃至去杀人就具有天然的合理性吗？恐怕未必。我若如此行动就是在真正地做恶，尽管可以披着善的外衣。第三，从理论的彻底性与逻辑的连贯性上看，不杀生是指不杀（伤害）一切众生，非我的他者是众生，作为真实存在的自我亦是众生。因而，如果杀（伤害）众生是恶的，那么（伤害）自我就是善的，这在理论上是存有矛盾的，同时亦在现实中是缺乏说服力的。当然，这并非说利他主义是不道德的，是不可取的。利他及其利他主义在人类社会是有价值的，它彰显着社会的温暖、公平与正义，它给人信心、希望与光明。对此，我们应该加

---

① ［美］琼·哈利法克斯：《美德反思：行善的边界与智慧》，苑东明译，中国人民大学出版社 2020 年版，第 XIX 页。

② ［美］琼·哈利法克斯：《美德反思：行善的边界与智慧》，苑东明译，中国人民大学出版社 2020 年版，第 17 页。

以认肯并在现实生活世界中大力弘扬。不过,我们也应当重视利他主义的方式与方法、场合与条件及其程度与限度。

西季威克事实上看到了这一现象,所以他一再强调:“一个拥护合理利己主义原则的人一般是抛弃了伴随着绝对的自我牺牲和自我舍弃的特殊快乐的。”①生存智慧与生存法则告诉我们,纯粹的利己主义与纯粹的利他主义均是不可行的,一个明智之人应该做到自利与利他的平衡,唯如此,方能在社会中生存下去。

三、西季威克正义思想评述

西季威克对自己的学术立场与学术追求曾这样总结道:“我们应当期待的毋宁是:道德哲学的历史将是——至少就那些我们可称为正统思想家的人们而言——以充分的广度与明确性阐发那些基本的理性直觉的尝试的历史,通过对这些理性直觉的科学运用,人类常识的道德思考可以马上得到纠正和被系统化。”②从西季威克这一论述中,我们可以得出三点结论:第一,西季威克认为人有如此的能力可以建构这样的体系,因而西季威克是位乐观主义者而非悲观主义者。第二,西季威克并非对传统与常识道德作彻底的颠覆与全面的否定,相反西季威克要对传统与常识道德进行真正的继承与发扬。传统与常识道德是要“被纠正”而不是要“被抛弃”,传统与常识道德是要“被系统化”而非“被肢解化”。第三,西季威克在对传统与常识道德中的公正批判之余同时也对其进行纠正和系统化。

仅就正义思想而言,西季威克坚持了功利主义一贯的传统,保持了功利主义在正义问题上基本的观点。功利主义既追求最大多数人最大幸福,同时又

① [英]亨利·西季威克:《伦理学方法》,廖申白译,中国社会科学出版社 1993 年版,第 160 页。

② [英]亨利·西季威克:《伦理学方法》,廖申白译,中国社会科学出版社 1993 年版,第 388 页。

强调人应被一视同仁、公平对待。西季威克认为公正可以分为保守性的公正、理想性的公正与政治公正，保守性的公正主要表现为守法与守约，而理想性的公正又可以分为个人主义的理想公正与社会主义的理想公正，而政治公正则是对保守性的公正与理想性的公正的现实化的折中。仁爱在位阶上高于公正但在现实之中公正却要居于首位。仁爱虽使得社会显得更具友善、更有温暖，更值得珍惜与留恋。不过，仁爱往往是在公正不再起作用或不便起作用的地方发挥其作用与功能的，因而相较于公正，仁爱却只能起到辅助与补充的作用。欲实现仁爱必然会涉及人的情感与友善等方面的分配，而唯有做到恰当的分配与公正的分配，才能达至这一目的。总之，无公正则无仁爱。所有这些均是西季威克正义思想有价值的地方。就西季威克本人而言，他还给世人一个极大的启示——“一个真诚的功利主义者可能成为一个热诚的政治家。”①这也就是说，关注社会公正问题，既可以坐而论道，更应该起而行之。也许，这反而是西季威克正义思想中最闪光的地方吧。

当然，西季威克的正义思想也存有许多不足之处。大凡功利主义正义思想的缺乏与不足在西季威克的理论上均或多或少有所表现。对于功利主义正义观的批判，我们在前文已有论述，在此就不再赘述。在此，我们重点想指出西季威克正义思想的最大弊端，那就是西季威克所讨论的正义问题仅仅限于利益的分配而悬置了背景性制度框架是否公平的根本性问题，而这方是正义问题的关键所在。其实这也并不难理解。作为资产阶级思想家，西季威克并不主张推翻资本主义制度，他对资本主义整个社会体制与运行机制整体是持认同态度，这是其阶级本性的必然体现。

① ［英］享利·西季威克：《伦理学方法》，廖申白译，中国社会科学出版社1993年版，第503页。

第四章　社会达尔文主义正义观

社会达尔文主义尽管声名显赫，但其理论主张却并不复杂，通常意义上的社会达尔文主义是将自然界适者生存法则应用于人类社会，认为人类社会通行的法则就是适者生存、弱肉强食。社会达尔文主义将人类社会等同于自然，将社会法则等同于自然法则，事实上是将人还原为物，这在理论上是一种错误，在现实中，社会达尔文主义会制定出种族歧视与社会排斥等诸多歧视性的政策，社会达尔文主义在生活世界所造就的负面影响则更大。因而，对社会达尔文主义以及社会达尔文主义正义观我们应警醒，我们需要认真对待社会达尔文主义以及社会达尔文主义正义观，对其进行深入的研究与彻底的批判。

第一节　社会达尔文主义与社会达尔文主义正义观

马克思在《哲学的贫困》一书中指出资本主义世界关于贫困问题形成了人道学派与宿命派。人道主义学派后来发展成为社会改良主义或空想社会主义，而宿命论则进一步演化为社会达尔文主义。马克思认为宿命派又分为古典派与浪漫派两种。古典派以亚当·斯密和李嘉图为代表，他们认为贫困者的苦难生活与悲惨境遇只是暂时的，随着经济的增长，贫困者的生活必然会大有改观,所以人们不必关心国民财富的分配而应是关注国民财富的增长。当然,我们都晓得这只是一种良好的意愿而已,资本主义发展史事实已证明资本主义世界更多的出现是有增长的无发展以及贫富的两极分化。不过,马克思对于古典派并未做太多的指责。原因有二:一是马克思认为他们由于时代的局限不可能预见未来社会的发展;二是马克思认为斯密等人是真心相信增长即发展以及自由即平等。但是对于古典派中的第二种形式的浪漫派,马克思则批评道:"浪漫派属于我们这个时代……他们自命高尚、蔑视那些用劳动创造财富的活人机器。他们的一言一语都仿照他们的前辈,可是,前辈们的漠不关心只是出于天真,而他们的漠不关心却已成为卖弄风情了。"①浪漫派或以歧视的态度对待贫困者,或以任其自然的态度对待贫困者。他们认为贫困者是竞争中的失败者从而贫困人口是劣等的群体。浪漫派认为既然社会是一个自由竞争的社会、一个权责自负的社会,那么个人便要对自己负责,而且只能对自己负责,个人的命运如何,就要靠个人的奋斗与命运的垂青了。谁若在竞争中失败了,那只能怪自己能力的不行或运气不好,与他人和社会无关,因而社会与他人对贫困者就应该任其自然。事实上,马克思所批判的资产阶级中的浪漫派就是社会达尔文主义,他们所持的正义观就是社会达尔文的正义观。

一、社会达尔文主义:达尔文、生物进化与社会伦理

社会达尔文主义尽管被冠之以达尔文之名,但却非达尔文首创,并且与达尔文的本义并不契合。原因有三:第一,达尔文本人仅赞同自然界的生物进化论,并没有将自然界生物进化论的主张直接应用于人类社会之中。第二,社会达尔文主义是斯宾塞所倡导与应用的,并成为 19 世纪末流行于欧美的一种社会思潮。第三,社会达尔文主义的历史比达尔文所发表的《物

① 《马克思恩格斯选集》第 1 卷,人民出版社 1995 年版,第 154 页。

种起源》还要早。[①] 马尔萨斯的《人口论》一般被认作早期社会达尔文主义的代表性作品。马尔萨斯之后的社会达尔文主义的代表人物包括英国的斯宾塞、美国的萨姆纳以及德国的朗格等人。倡导权力意志与超人的尼采被不少人认为是社会达尔文主义者,持市场原教旨主义的哈耶克有时也被视为社会达尔文主义者。其实,若严格分析起来,近代有不少的思想家均有社会达尔文主义情结,马基雅维利、柏克、霍布斯与黑格尔等人均具有某种程度的社会达尔文主义情结,现代思想家中的海德格尔、萨特等人亦如是。当然,20 世纪最为著名的社会达尔文主义者则是第二次世界大战时期以希特勒为首的法西斯主义者了。

社会达尔文主义看似推崇社会进化——社会是发展的而非停滞与后退的,这从而也使得社会达尔文主义具有一些表象上的优点。同时也正是因为这一原因,有些人在对社会达尔文主义并不十分了解的情况下给予其极大的欢迎。这是因为,在这些人眼中,"'进步',这简简单单的一个词,带有多少胜利的满足感,又富含多少喜悦的期待啊! 一方面,它让人们产生了生命中难以缺少的自豪感,另一方面,也让人们对未来充满了希望,人们不再否定当下,而是全力让当下变得更完满、更美好"。[②] 然而,真实的社会达尔文主义在乐观、自信与进步的表象背后却包藏着丑陋、阴暗与邪恶。社会达尔文主义认为人类社会与自然界一样均遵守与服从相同的规律——自然选择与生存竞争;人类社会与自然界并无区别,人类社会注定会分为强者与弱者,强者与弱者分属于不同世界,弱肉强食是人类社会的自然的、合理的、合法的与永恒的规则。社会之中的强者之所以能够最终成为强者是有原因的:体力好、智商高、机遇

① "首先被发现有着'血淋淋的牙齿和爪子'的是社会而不是自然。在达尔文之前就有人提出了社会中的达尔文主义观点。令人吃惊的是,对于文明社会中竞争的研究要早于对自然竞争的研究。"([英]伊凡·亚历山大:《真正的资本主义》,杨新鹏等译,新华出版社 2000 年版,第 161 页。)

② [法]保罗·阿扎尔:《欧洲思想的危机:1680—1715》,方颂华译,商务印书馆 2019 年版,第 337 页。

好或者出身好，等等。总之，无论何种原因，强者最终成为强者，那么他们就是最适应社会的人，他们就理所当然成为这个社会之中的优胜者，他们理所当然地就具有话语权与规则制定权，从而使得他们的任何所作所为均具有合法性与合理性。社会之中的弱者之所以最终成为弱者，也是有原因的：体力不好、智商不高、机缘不好或者出身不好，等等。总之，无论什么原因，这些弱者最终成为竞争中的失败者与社会之中的失意人，他们失去了话语权与规则制定权，他们理所当然地要被强者所奴役与压榨，乃至从根本上失去社会存在的意义与价值。

社会达尔文主义既是一种世界观、价值观与人生观，又是一种思维方式、指导思想与社会思潮。社会达尔文主义为了追求自我生存而会选择去道德化与非道德化的生存策略；社会达尔文主义为了追求与实现自我卓越而会采取社会歧视与社会排斥的态度；社会达尔文主义将人类社会等同于自然界，事实上是对人性及其人道主义的抹杀与毁灭。然而，不幸的是，社会达尔文主义的影响与流弊却是深远的。

社会达尔文主义之所以产生与存在，与人之自保、自为的个性一脉相连。自我保存是自然界任何存在物生存的第一法则。追求自我的保存、后代的延续是一切生物的本能，作为源于自然界的人并不能例外。追求自我保存、后代延续这种本能在伦理学中可以视作自爱之心与利己之心。自爱之心与利己之心是强大的，它可以被伦理道德、被仁爱之心所无限压制，但其并不能压缩到无。当然，这种自爱之心与利己之心某种程度上可以视为一种恶，不过这种恶是难以根除的。“由于在人类进化的过程中允许一切以自身利益为准的时间最长，由于没有产生良心概念的时间最长，由于没有法律禁止的东西，由于没有美德或者十诫——是的，也许正是因为这些缘故，所以恶才一如既往地吸引着我们，这种恶就体现为一种仅由自身利益驱动的行为。”①

① ［奥］弗朗茨·M.乌克提茨：《恶为什么这么吸引我们？》，万怡、王莺译，社会科学文献出版社2001年版，第19页。

如果说人性的善恶还是伦理学、社会学的传统表述,那么基因则是较为时尚的生物科学的术语。基因的发现使人更加深入地认识自然与人类自身,这是科技的一大进步。所有生物都是有基因的,基因对于物种的生存与繁衍具有着重要作用。这是我们必须要肯定的。毋庸置疑,人来源于自然,人的社会性与文明性事实上均受到人的自然性影响与制约。自然的密码、遗传的基因是人存在的物质载体与物质基础,不承认这一点,就不是唯物主义者。同时,试图通过解读基因密码来对人的行为、意志作本源意义上的尝试,同样具有着重要的理论价值与社会价值。不过基因虽对于人的性格、气质具有重要的影响,但不能将基因作用无限地夸大。基因决定论就是犯了这种错误。基因决定论无法回答人们的世界观、人生观与价值观因何会发生改变这一现象,此其一。其二,人并不是一种单纯的自然存在,人事实上更是一种社会性的存在。

社会达尔文主义之所以产生与存在,与社会存在恶性竞争密切相关。竞争与合作是人类社会运行的两个基本法则。良序社会之中,竞争与合作能够做到恰当的互补。竞争使得社会充满生机与活力,合作使得社会和谐与有序。因而,理想的社会应做到"冲突性共谋,合作性竞争"。不过,这是一种理想境域之中理想的状态。在既往历史与现实社会之中往往并没有达到此等状态与此等效果。竞争与合作往往并没有实现恰当的合作,而是出现非此即彼的状态:有竞争就无合作;有合作就无竞争。无合作的竞争就是恶性竞争及其恶性竞争的加剧。恶性竞争注定会出现人的单子化与原子化的现象,同时,社会也注定会出现冷漠、残忍与冷酷的现象。易言之,恶性竞争易导致社会达尔文主义的出现。

资本主义社会是有竞争的。私有制与竞争是资本主义社会的本质特征。中肯地讲,竞争并非一无是处。与无竞争(或竞争并不激烈)的前资本主义社会相比,有竞争的资本主义社会具有一定的历史进步性。这种进步性表现为社会充满了生机与活力,人具有表象上的平等与自由,与此同时,社会的民主与法制也相应地健全起来。因而,资产阶级思想家大多对于竞争给予高度的评价，他们认为竞争带来了人的主体意识的觉醒、自由意识的增强、平等意识的加深以及效率意识的提升。因而古典自由主义者倡导自由放任，主张自由竞争。他们认为人类社会最为进步的阶段就是自由竞争的阶段，什么时候自由竞争受到了限制，进步也便会受到阻碍。然而，竞争并非只有好处而没有任何代价。竞争的前提事实上与正义的前提是一样的：第一，资源的有限性。第二，人的有限慷慨。竞争的直接结果往往是有人失去才会有人得到，任何一种当下的竞争及其竞争的结果必然是建立在竞争失败者失利与痛苦的基础之上的。在一个良序社会，一两次竞争的失败者可能并不会被这一两次失败所击倒，他仍然会有信心与力量积极地投入生活中，继续努力成为生活中的勇士与强者。但若在一个非良序社会中，竞争的失败者可能会永无翻身的机会了，同时等待失败者的命运是极其悲残的。市场竞争"驱使人们在竞争中出人头地，它所颁发的各种奖励，使成功者喂养猫狗的食物甚至胜过了失败者哺育他们后代的食物"。①

在资本主义社会，竞争成为社会的灵魂与主宰，本事主义哲学与适者生存法则盛行于社会的每一角落。竞争反映的是成功者的喜悦与荣耀，但是失败者的泪水与悲伤却在视野之外。失败者要么苟且偷生，要么自生自灭。总之，市场是不相信眼泪的，它不去思考，也不愿思考，它只为胜利者欢呼，当然在这一点上市场似乎又是公平的，因为它不考虑人的出身、背景，它对任何成功者都是一视同仁的，当然，它对所有失败者也不会区别对待。竞争一方面会带来社会阶层的流动，但吊诡的是，竞争也会带来阶层的固化。竞争的失败者很难再有成功的机会，更为重要的是失败者被成功者贴上"弱者"的标签，失败者从各个方面被成功者加以权利实质的剥夺以及种种污名化的对待。"胜利者责备失败者是后者的天生低能，造成了他的失败，失败者被宣布为他们的坏运所负责。他们被描述为无能或是有病、脆弱或是堕落的，没有远见的或是通常

① ［美］阿瑟·奥肯：《平等与效率》，王奔洲、叶南奇译，华夏出版社 1987 年版，第 1 页。

是易于被引诱的。简而言之,在质量上的缺乏被看作是一个竞争的失败的必要的条件,这也发生在要求得到尊重的质量上。失败者,被如此定义,被否认了他们的悲伤的合法性。"①

社会达尔文主义的产生与存在,与启蒙运动在某种程度上的失败息息相关。当代社群主义者泰勒对于启蒙之后的西方社会整体是持批判态度的,在他看来,启蒙之后的西方社会尽管表面上是繁荣的,但实质上却问题重重,他将其视为"现代性之隐忧"。在泰勒看来近现代西方具有以下三种隐患:一是由于个人主义价值观的扩张,人的生活平庸化、狭隘化,人的意义世界丧失;二是由于工具理性的倡扬,价值理性退场,神圣与崇高感不复存在;三是技术化生存与官僚制社会使人真正地网格式生存,人的自由与解放并未能真实地实现。② 近现代西方社会的这一状况在麦今泰尔看来则是启蒙运动的失败。或许泰勒与麦今泰尔等人对于西方世界的不足与缺陷在某种程度上有夸大之嫌,但他们确是发现了并揭示出近现代西方社会病态的精神特质。近现代的西方社会中充斥着工具理性与商业精神,使得社会温情与亲情不再,正义与仁爱不显。

"现代时期始于商业和家庭的分离。实际上,没有这样的分离,商业的工具逻辑永远受到道德义务的损害和束缚;在家庭中,物品是给予人们的。因为那些人是——孩子、姐妹、父母——并且物品不是用于获得给予者希望达到的利润。另一方面为了做到'商业理智',必须将资产分配给'出最高价的竞买人'。"③后者而非前者方是商业理性与商业逻辑。商业上的成功依赖于行为的理性而非情感的冲动,用最低的成本赢得最高的利润,这就是商业社会的法

① [英]齐尔格特·鲍曼:《通过社会学去思考》,高华等译,社会科学文献出版社 2002 年版,第 130 页。

② 参见[加]查尔斯·泰勒:《现代性之隐忧》,程炼译,中央编译出版社 2001 年版,第 2—15 页。

③ [英]齐格蒙·鲍曼:《生活在碎片之中:论后现代道德》,郁建兴等译,学林出版社 2002 年版,第 305 页。

则与行动指南,舍此无他。工具理性与商业精神既体现于商业活动之中,同时又将此种精神泛化到人的一切活动领域之中,从而使得整个社会物化。工具理性与商业精神的具体表现为精明、适应性、算计与实效;而那种勇气、宽容、牺牲与奉献则变得不再重要与必要。总之,在资本主义世界,人们将实用与功用看得过高,而更高位格的精神追求与意义追寻则让位于效率与效益了。当整个社会都充满了功利算计与商人精明的时候,必然是一个冷漠与冷酷的社会。

工具理性与商业精神仅仅从手段与工具的角度来理解人与人的关系,因而在工具理性倡导者与商业精神践行者看来,人与人的关系仅仅是物理意义上的相伴与空间意义上的相处的关系,而绝非心理层面上的相依的关系。相依就是个体与他人事实上超越手段与目的的功利算计的阶段,已进入到相依为命的情感依赖的阶段,相依虽是非理性的,但相依却打开了"一扇爱、同情、关怀的大门,承诺的大门"。[①] 不过,相依这扇门在资本主义社会却并没有被打开,如果非要说资本主义社会也有相依的话,那也只不过是相依这扇门打开了一个小小的门缝而已。

二、社会达尔文主义正义观的基本主张

1. 社会的分层:高贵意识与卑贱意识以及精英与大众

社会达尔文主义往往会将社会中的人分为强者与弱者、精英与大众、英雄与凡人。对于社会人群的如此二分化,我们在此以往往不被人们所关注的黑格尔相关思想加以阐释。有许多人认为尼采具有强烈的种族情结,尼采是典型的社会达尔文主义者,这是因为在人们看来尼采倡导"权力意志"与"超人"且把自己比作"太阳"。不过,对尼采的这种理解可能存有误区,后来研究者

① [英]齐格蒙·鲍曼:《生活在碎片之中:论后现代道德》,郁建兴等译,学林出版社 2002 年版,第 58 页。

发现尼采的妹妹对于尼采的种族主义倾向可能要负更多的责任。在德国的思想家中,黑格尔所具有的种族主义情结反而是颇为浓厚的。黑格尔认为世界精神起源于东方,发展于古希腊与罗马,但世界精神最终的成熟却是在日耳曼。黑格尔不仅具有着强烈的日耳曼情结,黑格尔还具有强烈反犹情结①,同时,黑格尔还有相当程度的社会达尔文主义情结。

黑格尔尽管没有明确地提出人分为三六九等,而是很委婉、很含蓄地讲人的意识是有不同层次的:高贵意识与卑贱意识、主人意识与奴隶意识。其实,仔细分析起来,所谓的高贵意识与卑贱意识及其主人意识与奴隶意识的划分,实质是对人的划分,即这个世界上的人分为具有高贵意识的人与具有卑贱意识的人,具有主体意识的人与具有奴隶意识的人。假如按世界精神来对人进行划分,那么人可以分为世界精神的代言人(英雄)、世界精神的跟随者(凡人)与世界精神的逆行者(反动派)。在黑格尔看来,人既是平等的又是不平等的。自近代以来,从权利维度上看,所有的人均具有相同的权利、尊严与自由;从现实层面而言,人在智慧、能力与财富等诸多方面恰恰又是不平等的。社会实质上是分为两类人——高贵的人与低贱的人。按照这样的逻辑,世界上的民族与国家可以分为两类——高贵的民族国家与低贱的民族国家。因而,20 世纪中后期的思想家在反思二战德国法西斯主义思想渊源的时候,不少的思想家将矛头指向了黑格尔是有一定道理的。当然,作为辩证法大家的黑格尔并非赤裸裸的种族主义者与社会达尔文主义者,我们只能说的是他的思想或某些观点内含着种族主义与社会达尔文主义的成分。下面,我们对其高贵意识与低贱意识、高贵意识的人与卑贱意识的人做一简要的分析。

---

① “这就好像犹太民族一样,它可以说是从来最遭天谴的民族,正因为它已直接站立于上帝的门前。犹太民族并不意识到,它的自在而自为的东西亦即这个自身的本质性,就是它自身,它反而使之成为它自己的彼岸;可是它通过这个外化,如果它真能将它的对象重新收回于其自身,它就有可能使自己成为一种比它如果始终停留于存在的直接性以内更为高级的实际存在。”([德]黑格尔:《精神现象学》上卷,贺麟、王玖兴译,商务印书馆 1979 年版,第 227 页。)

黑格尔认为高贵意识就是认定“国家权力和财富都与自己同一的意识”①,具有高贵意识的人将国家权力和财富与自己完美地融为一体,具有高贵意识的人就是具有“服务的英雄主义”的个体,具有高贵意识的人能够做到“为普遍而牺牲个别存在,从而使普遍得到特定存在”。② 黑格尔认为具有高贵意识的人在社会普遍中发现了自我,认为自我与社会普遍——国家权力与社会财富——并不是分离的而是同一与统一的,因而放弃了自我利益与自我享受,一心一意地为了公众与国家而服务。而那些将自我与社会普遍——国家权力与社会财富——相分离的人,事实上没有超越自我,没有做到“大我”而仍然处于“小我”之中,他们对于国家权力与社会财富并没有真正地理解,因而他们是具有卑贱意识的卑贱的个体。在现实生活中,他们的卑贱意识与卑贱行为表现为仇视与痛恨国家权力,自以为是,既贪爱财富又鄙视财富。黑格尔对于高贵意识与低贱意识、高贵意识的人与卑贱意识的人的划分一方面揭示出社会生活当中人真实的道德水准与精神境界的差异与差距,另一方面也为社会生活以及社会政策中的社会歧视与社会排斥埋下了伏笔。

对于英雄与常人的区别,黑格尔则更为看重。黑格尔认为英雄是世界精神代言者,英雄远远地超越于常人。在黑格尔看来英雄既是顺应时势的人物,又是引领时代潮流的人物。英雄之所以是英雄,就在于英雄能够敏锐地发现与抓住时代精神,并且英雄还能够将他所发现的时代精神引领其他的常人去实现时代精神所要求完成的历史任命。对于英雄,黑格尔给予了详细的规定:第一,英雄是有贡献的人。英雄之所以是英雄,是因为“他们主持了和完成了某种伟大的东西”。③ 第二,英雄是有能力的人。英雄之所以在历史长河中比常人所起的作用更为明显与突出,根本原因就在其具有常人所不具备的非凡能力。第三,英雄是有热情的人。英雄是“志其所行”又是“行其所志”的人,

① [德]黑格尔:《精神现象学》下卷,贺麟、王玖兴译,商务印书馆 1979 年版,第 51 页。
② [德]黑格尔:《精神现象学》下卷,贺麟、王玖兴译,商务印书馆 1979 年版,第 52 页。
③ [德]黑格尔:《历史哲学》,王造时译,上海书店出版社 2001 年版,第 31 页。

因而,英雄必然就是充满热情的人。第四,英雄是明智的人。明智之人不仅要明了自己的意图,更有知晓实现自己意图之手段与方法。英雄并非仅仅是实现世界精神的工具,英雄在实现世界精神所赋予的历史使命过程中事实上也在实现着自身的意图与伦理。第五,英雄是有道德的人。英雄是有雄才大略的人,但英雄绝不是为了目的之实现而不择手段的非道德主义者或无道德主义者,英雄是有伟大人格的人。第六,英雄是值得尊敬的人。英雄尽管并非完人,但英雄仍然是有着诸多优点与长处的人。黑格尔对那些贬损英雄、丑化英雄的言行是极其反感的,黑格尔认为之所以会有人做出贬损英雄的行为根本原因在其自身所固有的嫉妒心理与卑贱意识。总之,黑格尔认为英雄是肩负着历史使命的且高于常人的人,英雄与常人是两类不同的人。英雄与常人是有区别的:英雄就是人数虽少但却是社会中最优秀的那一部分人,常人则是社会当中人数最多但却最为普通的的人;英雄在智识上是先知先觉的人,常人在智识上则是后知后觉的人;英雄在道德上是具有高贵意识的人,常人则是具有卑贱意识的人。此外,对于伟大与卓越,英雄与常人的态度是不一样的。对于伟大与卓越,英雄是欣赏多于嫉妒;常人则是嫉妒多于欣赏,常人往往看见伟大和卓越就感到不快,他们想方设法去加以诋毁,去寻出它们的缺点。

黑格尔关于英雄与常人这一社会分层思想是具有社会达尔文主义倾向的。当然,作为辩证法大师的黑格尔并非完全否定常人的价值。黑格尔认为英雄与常人也是相伴而行、相互依存,甚至是相互转化的。第一,黑格尔尽管没有给常人以应有的尊重,但他至少没有否认常人存在的意义与价值。没有常人及其常人的劳动,就不会有社会的存在。第二,英雄事实上离不开常人。英雄可以道出时代精神,但英雄自己是无法实现与完成这种时代精神的。没有常人的支持,英雄将无用武之地。第三,英雄与常人并不是截然不同的两类人,英雄与常人的角色事实上是流动与互换的。当英雄完成其历史使命——即世界精神的光辉在其身上消退后,他自然就又会成为普遍大众的一员;而原来是普遍大众的某一成员的常人由于某种历史契机可能道出新时代精神，那么他便从常人中脱颖而出最终成为新的英雄。基于上述分析，我们可以看出，黑格尔眼中的英雄与常人的关系是二分的，但并非截然对立的。英雄不同于常人，英雄高于常人，常人需要英雄的引领；但英雄也要依靠常人，离开了常人，英雄亦无法完成与实现其历史使命。这也就是说英雄与常人均认识到对方的存在及其存在的价值，双方都应予以某种程度上的承认。因而，从这一角度看，黑格尔比那些臭名昭著的社会达尔文主义者要更为隐秘些，更为聪明些。

2. 富人：上帝的选民与社会的精英

社会达尔文主义是自由放任资本主义的最具典型意义的代表，某种程度上可以说将"道德遮羞布"直接脱下或者根本就不需要，而是将资本主义本性——"资本主义的特点不是剥削，而是创富。只是由于资本主义的经济实力和全球影响力，剥削可以算是它鲜明的特征"①——赤裸裸地展示出来。乔伊斯·阿普尔比之所以在《无情的革命：资本主义的历史》中将资本主义的本质特征归结为创富是抓住了资本主义生产方式与前资本主义生产方式的一个不同点——扩大再生产。资本主义生产方式与前资本主义生产方式在性质上均是剥削阶级社会中的生产方式，在对劳动者的剥削上是一致的，不过，资本主义生产方式与前资本主义生产方式确有不同，那就是资本主义生产方式是扩大再生产，在乔伊斯·阿普尔比这里将其界定为"创富"。这种创富在资本主义国家之内便体现为资本家想方设法地加强对工人的剩余劳动、剩余劳动时间与剩余劳动价值的剥夺与占有，与此同时，资本家主动或被动地在资本的驱使下走出国门迈向全世界——"西方企业家总是想要'更多'，这种冲劲鞭打着他们满世界地寻找商品和劳动力。他们自我驱动，掀起了一场资本主义

① ［美］乔伊斯·阿普尔比：《无情的革命：资本主义的历史》，宋非译，社会科学文献出版社2014年版，第22—23页。

的无情革命。”①总之,“创富”与“更多”是这一时代的主题,自然那些能够“创富”且已有“很多”并将“越来越多”的人就会成为时代的楷模与社会的偶像。因此,富有的资本家便会成为社会偶像。在中世纪,对于财富的蔑视与对富人的敌视是同一的,但自近代以来,对财富的推崇与对富人的艳羡亦完成了初始的同一。马克斯·韦伯在《新教伦理与资本主义精神》一书中就对新教对财富并非原罪、劳动是天职以及富人亦可成为上帝的选民这一时代精神的巨变加以了详细的论证与说明。总之,富人在这个时代已取代上帝而成为人们膜拜的偶像。在这一“时代造神”的运动中,社会达尔文主义就冲在最前方,社会达尔文主义要充分地论证富人富有的合理性、合法性与必然性。

社会达尔文主义借助清教主义,对于富人发家致富予以善的论证。他们认为富人既是勤劳的又是勇敢的,同时富人既是机智的又是节俭的。总之,在社会达尔文主义眼中,富人就是被上帝选中注定进入天堂的选民。因而,社会达尔文主义认为富人之所以成为富人除了能力强、运气好等因素之外,更在于其富有德性——勤俭与敬业。社会达尔文主义认为穷人之所以会穷就在于穷人不具有此种勤俭与敬业之美德,穷人总是在挥霍不多的资财且得过且过。因而,社会达尔文主义认为富人无论在哪一个方面都高于穷人。更为重要的是,社会达尔文主义认为不是穷人养活了富人而是富人养活了穷人。他们认为是富人通过节俭增加了资本的投入,这样才扩大了生产规模,穷人才会有工作与谋生的机会与可能,如果没有富人的如此善行,穷人将不会找到工作,穷人就更难谋生。总之,是富人养活了穷人而不是穷人养活了富人。这种观点几乎为所有的资产阶级思想家所赞同与持有,即便是主张平等自由与倡导男女平权的功利主义思想家约翰·密尔(约翰·穆勒)也有类似的主张——“如果撤除政府的保护,谁遭受的损失最大。假如能回答这个问题的话,则答案一定是:

① [美]乔伊斯·阿普尔比:《无情的革命:资本主义的历史》,宋非译,社会科学文献出版社 2014 年版,第 25 页。

遭受最大损失的是先天或后天身心最弱的人。这种人几乎必定会沦为奴隶。所以,如果我们所讨论的公平理论有任何公平可言的话,那些最没有能力帮助或保护自己的人既然最离不开政府的保护,就应该支付保护价格的最大份额,而这正好与公平分配的本意背道而驰。”①仔细分析起来,密尔这段话的含义同样是在说是富人在保护着与保障着穷人,因而穷人应该对富人感恩戴德。

社会达尔文主义主张生活即战场,战场即生活。社会之中的竞争无处不在,适者生存,优胜劣汰就是人类社会中的不二法则。精英就是社会进行中被选择出来的强者,他们与弱者是不一样的,因而如果强行地将强者与弱者拉平,是不公正的,是违反社会进化规律的,是社会倒退的表现。因此,他们主张:“只要人还是人,生活还是一场厮杀拼搏,它就几乎难以消除。‘说所有的人都是平等的那些人,如果他们的意思是说,所有的人都有平等的权利享有自由,享有财物,并受法律的保护,他们便道出了最大的真理’,但是‘平等同时可以是世界上最自然不过,也是最梦幻一般的东西:最自然不过是它局限于权利的时候,最不自然则是它试图平分财富和权力的时候’。”②富人与精英是自然选择与社会选择的产物,他们处于社会等级链中的高层,他们引领着社会的发展方向与生活品位。同样,弱者与凡人的存在也是社会进化的必然性结果,同时弱者与凡人的存在是对所有投入生活竞赛中的人们的刺激与激励,“人的雄心可以激发更高的效率,它的作用不可或缺,只要社会阶梯的更高处仍有空间,野心就不会消失。身份支持固化,同时也鼓励人们努力向上爬,不要掉落或被推下来”。③ 与此同时,社会达尔文主义对于社会进步中的牺牲与代价没有任何情感的投入,他们认为只要能够推进社会的前行,一切牺牲与代价都可以不加考虑。这也就是说,社会达尔文主义在社会发展观之中只坚持历史

---

① [英]约翰·穆勒:《政治经济学原理》下卷,胡企林、朱泱译,商务印书馆1991年版,第377—378页。

② [美]威尔·杜兰特:《哲学的故事》上册,金发燊等译,三联书店1997年版,第345页。

③ [美]乔伊斯·阿普尔比:《无情的革命:资本主义的历史》,宋非译,社会科学文献出版社2014年版,第450页。

标准而不坚持道德标准,从而社会达尔文主义所坚持的历史标准最终也就变成了没有人性的、无道德的、纯粹的自然进化标准了。

3. 丰饶社会中的贫困:贫困的永恒性与济贫作用的有限性

穷人与贫困是人类社会自从进入文明阶段以来一直就存在的现象。对此,历来的人们均是有所思考的,因而,我们并不赞同英国学者马特・里德利的这一看法——"工业革命初期英格兰的贫困之所以会如此强烈地触动我们,因为那是作家和政治家们有史以来第一次正视它,并努力采取措施解决它,而不是因为它从前不存在。"①不过,马特・里德利关于贫困与贫穷看法有一点是值得肯定的,那就是贫困与贫穷确不易解决。贫困与贫穷产生的原因是众多的,其中贫困与贫穷产生的主要根源在于制度不公、技术落后与管理低下,当然,贫困与贫穷的产生亦不能完全排除个体自身的原因。怎样消除贫困以及怎样从思想上脱贫是消除贫困中必须直面的问题。不少思想家均对此失去了信心,作为辩证法大师的黑格尔自己也不得不承认"怎样解决贫困,是推动现代社会并使它感到苦恼的一个重要问题"。②

原来就持社会排斥与社会歧视的社会达尔文主义者对贫困与贫困人口则持更不友好的态度。在他们看来,贫困人口是社会竞争的失败者,是能力低、智商低与缺乏自制的弱者,相较于强者与精英人士自然便处于社会的另一端,两个群体也并没有真正的共同话语,他们事实上不属于同一个世界。他们完全是两类不同的存在物,即便他们共在着,那也是物理性上、空间意义上的同在,而绝不会是在社会意义上与心理意义上的同在。强者对于弱者是持歧视与排斥态度的,强者对于弱者是持"拒绝进入"的态度的,无论是心理还是物理是加以隔离的,严重时是可以采取驱逐与灭绝政策的。与此同时,强者对于

① [英]马特・里德利:《理性乐观派:一部人类经济进步史》,闾佳译,机械工业出版社2016年版,第165页。

② [德]黑格尔:《法哲学原理》,范扬、张企泰译,商务印书馆1961年版,第245页。

弱者往往进行标签化与污名化处理，他们将弱者视为“社会中的失意者”“市场中的失败者”以及“贱民”，等等。

社会达尔文主义认为，由于贫困者自身的缺陷注定了任何救助实质上都是于事无补的徒劳。马尔萨斯就认为：“富人无论作出多大的捐献，作出多大的牺牲，也不会阻止社会下层阶级陷于苦难。特别是如果以货币的形式作出捐献或牺牲。”[①]当然，马尔萨斯并未完全就主张让穷人自生自灭，他们还是提出了一些救助的方案的。比如取消教区法，给人以自由；开发新地，给予奖励；为极端贫困的人设立县立养育院；等等。[②] 马尔萨斯认为在这一切救助方案中，核心是要培育贫困人士所不具备的自尊自立的意识，但穷人是很难重新站起来成为奋发有为的人。

三、社会达尔文主义正义观批判

社会达尔文主义看到了人类社会与自然界某种程度的相似性，两者均不是漫无目的的，而是有规律的、整体是进化的。因而，这一点，社会达尔文主义并非没有任何值得肯定的地方，同时，社会达尔文主义也看到了竞争对于人类社会的促进作用，对此，我们亦应当加以一定程度的肯定。但是社会达尔文主义将人类社会等同于自然，将社会法则等同于自然法则，既会造成人与自然的紧张与对立，更会造就人与社会、人与人之间的紧张与对立，社会不再是公平的、友善的与文明的属人的社会，社会变成了偏见的、冷酷的与残忍的非人的社会。

严格来说，社会达尔文主义并未脱离自由主义语境，社会达尔文主义是自由主义的一个变异。社会达尔文主义坚持了自由主义的一些基本理念与基本立场，比如财产私有、个人自由、自由竞争、机会均等以及规则平等，等等。不过，由于社会达尔文主义将竞争泛化与扩大化，社会达尔文主义相较于古典自

---

① ［英］马尔萨斯：《人口原理》，朱泱等译，商务印书馆 1992 年版，第 30 页。

② 参见［英］马尔萨斯：《人口原理》，朱泱等译，商务印书馆 1992 年版，第 35—38 页。

由主义更为冷酷、更为无情。同时,社会达尔文主义也更加显现了资本主义制度罪恶的嘴脸与邪恶的本质。优胜劣汰、弱肉强食、适者生存本来就是资本主义社会真实的运行法则,只不过在社会达尔文之前或之后的某些资产阶级思想家故意地用伪善的遮羞布对其加以掩盖,而社会达尔文主义者相对来讲则更为直接、更为粗暴同时也更缺少耐心与技巧而已。

资本主义世界本身就是一个弱肉强食的世界,资本主义世界本身就是一个无情的世界,但资本主义世界是有理性的而非盲目的。资本主义鼓励人向上爬升,鼓励人追求现世的与现时的成就,更为重要的是资本主义并不排斥失败,反而认为失败是资本主义社会中的常态,如果没有失败,怎么会有成功?如果没有破产,又如何激励人去奋斗?因而,在社会达尔文主义眼中,没有悲惨就不会有幸福,没有弱者就不会有强者。弱者的悲残境遇是命中注定的,唯一没有注定的是谁可能成为下一个弱者。在社会达尔文主义者看来,"没有破产的资本主义就像没有地狱一样",人更失去了敬畏之心,人便失去了进取的动力,社会因此反而会陷入危机之中。因此,不只是社会达尔文主义,而是整个"资本主义的意识形态卸掉了人性的概念"。①

社会达尔文主义不仅将国内的人分为上等人与下等人,而且还将世界上所有的国家与民族都做了类似的划分。社会达尔文主义是与西方世界的殖民入侵相互呼应的。美国学者乔伊斯·阿普尔比在《无情的革命:资本主义的历史》一书中对于西方殖民者的心态与手法做出细致的描绘:"在瓜分非洲的几年里,大卫·利文斯通和享利·莫顿·斯坦利代表着把欧洲人带入非洲的两股动力。斯坦利象征着姿态傲慢的剥削,而利文斯通则表现了对他人身心幸福的奉献。许多像斯坦利一样的私人事业不仅削弱了这些国家击退西方势力的能力,还在许多方面破坏了它们文化的完整性。基督教传教士关心非洲人民,但是也抱定了要改变他们的决心。尽管斯坦利和利文斯通之间横亘着

① [美]乔伊斯·阿普尔比:《无情的革命:资本主义的历史》,宋非译,社会科学文献出版社 2014 年版,第 451 页。

一条道德鸿沟,但是两个人表现出的特征与风险投资都相当一致:他们不知满足的好奇心,他们为了达成长期目标可以忍受的短期不适,以及他们无坚不摧的意志力。"①其实,无论大卫·利文斯通(野蛮的、粗鲁的)和亨利·莫顿·斯坦利(文明的、伪善的)的做法均是社会达尔文主义的做法。西方人高人一等,原住民则低人一头;西方世界是文明的象征,地球上其他的地方均是有待西方人去开化的地方。因而,在社会达尔文主义影响之下所形成的国际政治与经济秩序必然是不公平与不公正的。

社会达尔文主义及其社会达尔文主义正义观有着诸多的危害。首先,社会达尔文主义及其社会达尔文主义正义观使得社会缺少温情与温暖。社会达尔文主义强调竞争、推崇强者,无视弱者的权益与尊严,事实上对人类自身的玷辱,是对人性光明与人道主义的彻底的背叛。社会达尔文主义"曾不无勉强地承认慈善事业可能会对缓解穷人的苦难有所帮助,但是,社会达尔文主义的本意却是禁止国家倡议慈善行为的"。② 其次,社会达尔文主义及其社会达尔文主义正义观造成人际关系的紧张。深受社会达尔文主义影响的社会必是"他人就是地狱"的社会。冷漠、疏离与怨恨是人际关系的常态,在这个社会中,亲情、友情与爱情则是奢侈品。这是因为这个社会强调竞争,将人与人的合作完全弃之不顾。最后,社会达尔文主义及其社会达尔文主义正义观也会使社会缺乏正义与秩序,因为社会达尔文主义倡导弱肉强食,每个个体都在力图寻求制度的漏洞从而争取自身利益的最大化,因而这种社会即便有制度也是一个千疮百孔的制度,这是因为人们并未真正形成制度信仰与制度信任,人们的至上信仰是生存信仰,是为了目的而无所不用其极的信仰。

---

① [美]乔伊斯·阿普尔比:《无情的革命:资本主义的历史》,宋非译,社会科学文献出版社 2014 年版,第 253 页。

② [英]约翰·米尔斯:《一种批判的经济学史》,高湘泽译,商务印书馆 2005 年版,第 211—212 页。

第二节　马尔萨斯的正义思想

马克思在《哲学的贫困》中将马尔萨斯视为庸俗的政治经济学者，根源就在于马尔萨斯站在资产阶级的立场之上为资本主义社会中失业和贫困现象等不公平现象进行辩护并以此来论证资本主义制度的合理性与永恒性。马尔萨斯认为人类社会现在与未来必然是私有制社会，人类社会之中必然会存在诸多不平等的现象，同时，这些不平等现象的存在在马尔萨斯看来是合理的与现实的。所有这些，均鲜明地体现了马尔萨斯是典型的社会达尔文主义者。

一、马尔萨斯:时代与人

托马斯·罗伯特·马尔萨斯(1766—1834)，英国18世纪末19世纪初的资产阶级学者，其主要代表作有《人口原理》和《政治经济学原理》。

马尔萨斯生活于18世纪末至19世纪初，这个时期西方社会有两大主题:经济上的英国工业革命与政治上的法国大革命。英国的工业革命使社会阶级结构愈来愈简单化，社会上形成了工人阶级与资产阶级两大对立阶级，科技的进步与机器的采用一方面创造了新的就业机会，同时也造就了失业的普遍存在，社会出现了明显的贫富悬殊、两极分化的现象。与此同时，法国大革命更激发起人民斗争的热情，如何看待贫困与失业以及与之相伴的革命与斗争便成为人们思考与讨论的焦点。马尔萨斯曾讲起他写《人口原理》的缘起，“有一次，同一个朋友谈到葛德文先生《研究者》一书中论述贪欲和奢侈的那篇文章，这便是本书的缘起。谈着谈着，便触及了社会的未来改善这一大问题”。[①]

不过，在社会未来改善方面，马尔萨斯与葛德文的主张是大相径庭的。如果说葛德文等人是激进主义者，那么马尔萨斯之流便是保守主义者。在马尔

① ［英］马尔萨斯:《人口原理》，朱泱等译，商务印书馆1992年版，第1页。

萨斯看来，葛德文与孔多塞等人是激进主义者，他们相信人类社会有着至善至美的未来，并且认为现存社会之所以问题重重根源在于制度的不公正与不美好，只要建立了公正与美好的制度，人类社会注定就会尽善尽美了。而马尔萨斯对此却持相反的意见，在他看来，人类社会存在着不完美的地方尽管有制度的原因，不过更为重要的原因是生活资料的供给以及人口增长的问题，此外马尔萨斯还认为完美的社会范型注定不能现实化①，因而，生活世界贫困与罪恶既是现实的又是合理的。

二、马尔萨斯正义思想的内容

1. 进化理性与自然演进：正义的认知

对于人类社会的考察是不能离开理性认知的。不过，人类社会之所以有诸多立场各异、彼此相抗衡的主张，则是由于人的立场不同与观察角度的不同，甚至人们对于理性本身以及理性能力的限度的认识也大相径庭。哈耶克认为人类社会发展路径与方式存有建构理性主义与进化理性主义两种流派。如果在此我们借用哈耶克这一理论来分析马尔萨斯观察人类社会的方式与方法，我们可以非常肯定地讲马尔萨斯并不属于建构理性主义这一阵营而属于进化理性主义阵营。

进化理性主义者并不否定社会的进步与改良，同时也不否认理性的作用与价值，但他们反对将理性至上化与唯一化。在进化理性主义者看来，人不仅具有理性与理智，人还具有感性与本能。“人作为理性动物会明白真理，相信真理，但作为复合动物，人又会决心逆真理而动。贪欲、嗜酒、想占有美女的欲

① “一个按照人们的想象力所能设想的最美好的方式组成、以仁爱心而不以利己心作为其活动原则、并且靠理性而不靠势力来纠正其一切成员的有害倾向的社会，很快就会按照我们本性的必然法则，蜕化为与目前在我们所知道的一切国家里普遍存在的社会没有本质区别的一种社会；我指的是，会蜕化为分成所有者阶级和劳动者阶级、并以利己心作为那庞大机器的主要动力的一种社会。”（［英］马尔萨斯：《人口原理》，朱泱等译，商务印书馆 1992 年版，第 80 页。）

望,会促使人行动,尽管他们在采取行动时明明知道这样做会给整个社会的利益带来极其严重的后果。"①马尔萨斯认为人不是纯粹理性的存在并非坏事,他认为以葛德文为代表的唯理智主义存有很大的隐患:如果人自以为拥有理性,掌握了真理,人就极易滥用人类的理性,那么极有可能会带来灾难性的后果。马尔萨斯提醒人们对于社会的改造一定要慎之又慎。这是因为社会的改造并非一件易事,同时若失败了后果将是十分严重的。当然,对于社会进步及其改革,马尔萨斯并不反对,马尔萨斯反对的是一蹴而就的社会改革。马尔萨斯注定不是一位浪漫主义者,但他自以为也不是一位悲观主义者。马尔萨斯对此进行了自我辩护:"我对人类生活的看法具有忧郁的色调,但我认为,我绘出这种暗淡的色彩,完全是因为现实中就有这种色彩,而不是因为我的眼光有偏见,或我生来性情忧郁。"②

马尔萨斯认为生活世界中有三种人:顽固派(现秩序的盟友)、激进派(思辨哲学家)与改良派(兼具现秩序的盟友与思辨哲学家两者之长的人)。现秩序的盟友为了社会秩序的稳定否定一切进步与改善之可能,现秩序的盟友会"不分青红皂白地谴责一切政治思辨,甚至不肯屈尊思考一下社会可完善理论的基础,更不愿费力公平而不抱偏见地揭露其荒谬之处"。③ 因而,现秩序的盟友注定会陷入反动的立场而成为顽固派。相反,思辨哲学家为了社会变革而忽视乃至否定了社会稳定,思辨哲学家的双眼"只是盯着更美好的社会,用最迷人的色彩描绘这种社会将给人类带来的幸福,肆无忌惮地用最恶毒的语言谩骂一切现存制度,而不运用自己的才智想一想有没有铲除弊端的最好、最稳妥的方法"。④ 因此,思辨哲学家必然会陷入激进主义的窠臼而成为激进派。马尔萨斯认为这两派主张虽不无可借鉴之处但均不宜直接加以实施,最

---

① [英]马尔萨斯:《人口原理》,朱泱等译,商务印书馆1992年版,第98页。
② [英]马尔萨斯:《人口原理》,朱泱等译,商务印书馆1992年版,第2页。
③ [英]马尔萨斯:《人口原理》,朱泱等译,商务印书馆1992年版,第4页。
④ [英]马尔萨斯:《人口原理》,朱泱等译,商务印书馆1992年版,第4页。

好的办法是持渐进改良主义立场:不否认革命,但更主张改良;不排斥斗争,但更主张妥协;不否认理论指导,但更注重实践检验。“我热望能实现这种给人带来幸福的改良。”①这才是马尔萨斯的期盼与理想。

2.有产者与地主资本家:正义的立场

公平与正义是对社会现实中权利与义务、付出与回报之间关系的一种评判。人们对此所做出的价值评判往往是基于自身利益考量的。因而,对于同一分配关系,一些人认为是公平的,而另一部分人则认为是不公平的。对于资本主义社会的认知与评判,有些人认为其是不公正的社会,是应该被推翻且要加以取代的社会;而有些人则认为资本主义社会具有天生的合理性,即便资本主义社会存有各种不足也只能改良而不应被推翻。对于资本主义社会,绝大多数人是持第一种观点,但这并不意味着就没有人持第二种观点,马尔萨斯就是其中的一员,并且是其中颇具代表性的一员。

马尔萨斯认为资本主义社会具有天然的合理性,资本主义社会即便存有社会不公等现象也不能将原因归结于资本主义制度设计与制度安排的不公正,在马尔萨斯看来两极分化、贫富悬殊是很正常的现象。“很明显,按照我们本性的必然法则,有些人必定会因匮乏而受苦。这些不幸的人在生活的大抽彩中抽了空彩。”②按照马尔萨斯的这一主张,个体的不幸不能怨天尤人,不能归结于国家与制度,如果非要找寻根源,那只能将一切归结于自己的运气与命运。马尔萨斯这一关于贫困现象宿命论的主张无疑是站在资产阶级统治者一方的。除此之外,马尔萨斯正义论的有产者立场还体现在以下三个方面:第一,马尔萨斯整体上认肯资本主义的分配制度与分配方式。马尔萨斯整个理论体系从根本上就预设了资本主义制度安排是合理的这一前提。马尔萨斯通过生活世界中的经验反思推导资本主义制度的合理性。在马尔萨斯看来,商

① ［英］马尔萨斯:《人口原理》,朱泱等译,商务印书馆1992年版,第5页。
② ［英］马尔萨斯:《人口原理》,朱泱等译,商务印书馆1992年版,第78页。

品的自然价格包括三个部分——“在生产中所雇佣的劳动者的工资;使生产得以便利进行的资本的利润(包括对劳动者的垫支在内);地租。”①既然承认商品的自然价格由工资、利润与地租所构成,那么自然也会承认资本主义社会中工人通过出卖劳动获取工资、企业主通过投资与生产获取利润以及地主通过出租土地而获取地租这种分配制度与分配方式的。第二,与葛德文对资本主义制度批判相反,马尔萨斯强调资本主义制度具有天然的合理性。马尔萨斯认为资本主义制度既实现了人的平等与自由,同时更带来民主与法治。“在当前的情况下,特别是在有人需要劳动的时候,某人为我干一天活儿给予我的恩惠,同我给予他的恩惠一样多。我拥有他需要的东西,他拥有我需要的东西。我们可以友好地互相交换。穷人由此而可以感到自己的自立,可以抬起头走路,雇主的心灵也不会被权力欲所玷污。”②在马尔萨斯看来,资本主义的制度设计从结果论的意义上来说是完美的,是符合人的本性的。第三,马尔萨斯认为是资本家养活了工人而不是工人养活了资本家。我们都知晓,关于资本主义制度正义与否的一个关键标准便是谁养活谁的问题——“是工人养活了资本家？还是资本家养活了工人?”马克思主义者认为是工人养活了资本家,资本家发家致富的奥秘是资本家无偿地占有与剥夺了工人在剩余劳动时间所创造的剩余价值,因而资本主义制度是不公平的与不正义的;而资产阶级学者则认为是资本家养活了工人,工人对资本家不仅不能反抗反而应该感恩戴德。马尔萨斯就是后一种主张的典型代表。马尔萨斯在《政治经济学原理》一书中这样写道:“支配一定数量的一定性质的劳动的能力,连同垫支这笔劳动的意愿,就代表一定的需求。然而,应该特别注意,拥有这种能力的人永远不是劳动者本人,而只是那些劳动的雇主,他们愿意并有能力支付在社会

① [英]马尔萨斯:《政治经济学原理》,厦门大学经济系翻译组译,商务印书馆1962年版,第68页。

② [英]马尔萨斯:《人口原理》,朱泱等译,商务印书馆1992年版,第113页。

实际情况下为支配所需劳动所必需的货币或商品。”①从马尔萨斯这一论述中,我们可以非常清楚地看到马尔萨斯明确地站在有产者一方而非无产者一方。

马尔萨斯是站在有产者立场上的,不过有产者又可以细分为土地资本家与工商资本家,而在这两者之中,大卫·李嘉图是站在工商资本家一方,而马尔萨斯则明确地站在了土地资本家一方,从而两人发生了激烈的论战。与大卫·李嘉图反对地租以及贬低土地资本家的主张相反,马尔萨斯承认地租的合理性以及土地资本家的重要性。在马尔萨斯看来,只有对地租的性质及其社会影响抱着错误观点的人,才会低估地租的价值。“地租既是对现在的勇气和智慧的报酬,也是对过去的力量和才能的报酬。”②总之,地租是上帝赐予人类的礼物,没有地租就不会有一切人类文明的成果。因此,马尔萨斯不赞成将地主的利益与消费者、制造商的利益相对立起来,他认为:“在这个国家里,没有一个阶级的利益象地主阶级的利益那样,和国家的繁荣富强紧密地必然地联系在一起。”③总之,马尔萨斯维系统治阶级利益的这一立场是异常鲜明的。

3. 不正义的必然与必要:正义的主张

资本主义社会是完全公平与正义的社会吗?资本主义社会就是没有对立与对抗的社会吗?对此,任何有着基本常识的人都会持否定的态度。不过,问题的关键在于如何看待资本主义世界所存在的这些对立与对抗、这些不平等与不公正的现象。马克思主义者对于资本主义世界罪恶与不公正发出的怒吼与呐喊并主张要去推翻这种不公正的制度;资产阶级学者对于资本主义世界

① ［英］马尔萨斯:《政治经济学原理》,厦门大学经济系翻译组译,商务印书馆1962年版,第73页。

② ［英］马尔萨斯:《政治经济学原理》,厦门大学经济系翻译组译,商务印书馆1962年版,第181页。

③ ［英］马尔萨斯:《政治经济学原理》,厦门大学经济系翻译组译,商务印书馆1962年版,第173页。

中的罪恶与不公正要么否认,要么极力地加以掩饰。相较于那些伪善的资产阶级学者,马尔萨斯在这一方面反而是相当的坦诚。“马尔萨斯并不打算掩盖资产阶级生产的矛盾,相反,他是想要突出这些矛盾,以便一方面证明工人阶级的贫困是必要的(对这种生产方式说来,他们的贫困确实是必要的),另一方面向资本家证明,为了给他们出卖的商品创造足够的需求,养得脑满肠肥的僧侣和官吏是必不可少的。”①

(1)社会中存在着贫富不均的不公平现象

首先,马尔萨斯承认英国社会存在贫富不均的社会不公平现象。“在繁荣的顺境中,商人阶级往往会积得资财,以供将来不时之需;但是,不幸得很,劳动阶级,尽管也分享一般繁荣的好处,但所分得的一份,不及在一般逆境中所受的一份苦难那么大。他们可能在低工资时期受到最大的痛苦,但不能在高工资时期获得充分的补偿。对他们说来,各种变动总是祸多于福。”②

其次,马尔萨斯注意到经济增长并未带来人们普遍幸福的提升。马尔萨斯认为亚当·斯密等人所主张的经济增长必然会带来人们普遍幸福的提升只是一种美好的愿望,事实上财富的增长丝毫无助于穷苦劳动者幸福的增长,甚至普通民众的生存境遇比以往还不如。“他们现在掌握的生活必需品和生活便利品并不比过去多,却有比革命时期多得多的劳苦劳动者在制造业中干活儿,拥挤在不通风的、对身体有害的屋子里。”③

总之,马尔萨斯认为英国存在着贫富悬殊、两极对立的社会现象,对此马尔萨斯也并未采取视而不见、装聋作哑的态度,但他所持的态度却并不是人道主义的而是社会达尔文主义的。

(2)贫困的存在具有合理性

承认社会贫富悬殊情况的存在是一种事实判断,更为重要的是如何对这

---

① 《马克思恩格斯全集》第26卷(第3册),人民出版社1974年版,第56—57页。

② [英]马尔萨斯:《政治经济学原理》,厦门大学经济系翻译组译,商务印书馆1962年版,第357页。

③ [英]马尔萨斯:《人口原理》,朱泱等译,商务印书馆1992年版,第120页。

一社会客观现实进行价值判断。我们前文已指出,不同的人会基于各自的立场对同一客观事实作出截然相反的判断。对人类社会出现的贫富悬殊这一不公平的社会现象,马尔萨斯给出的结论与葛德文的结论是截然相反的。马尔萨斯的结论归纳起来有以下两点:第一,贫困是人类社会难以消除的;第二,贫困又是人类社会所必需的。

马尔萨斯认为人类社会存在贫困是一种必然的现象,人世间普遍性的富裕是违反自然法则的。马尔萨斯认为自然界中是有法则的。自然界中种子极其丰裕,但大自然在给予养育生命种子所必需的空间和营养方面却是吝啬的,因而并不是每一粒种子都能开花与结果,反而是有不少种子不能发芽,害病或者夭折,不过,也恰恰是因为如此才保持了整个自然界的动态平衡,这就是自然界中的自然法则。同理,人类社会之中也会有自然法则。“在人类当中,自然法则表现为苦难与罪恶。苦难是贫困的绝对必然的结果。罪恶也是贫困很可能会带来的后果,因而我们看到到处都有罪恶,但也许不应把罪恶称为贫困的绝对后果。”①总之,在马尔萨斯看来,贫困的出现是人类社会的一种必然,是无法否定与排除的社会现象。

如果要探寻贫困产生的根源,马尔萨斯与葛德文的主张是大相径庭的。葛德文认为人类社会中的贫困根源在于制度,而马尔萨斯却认为根源在于人口。马尔萨斯认为人类社会运行是有规律的,他通过观察与分析,将人类社会所遵循的规律总结为两个公理与两个定律以及一个结论。两个万古不变之公理是:“第一,食物为人类生存所必需。第二,两性间的情欲是必然的,且几乎会保持现状。”②基于这两个公理,马尔萨斯又推出这样两个定律:“人口若不受到抑制,便会以几何比率增加,而生活资料却仅仅以算术比率增加。”③马尔萨斯认为尽管人具有理性,个体可以对于人口的增长进行有针对性预防,但人

① ［英］马尔萨斯:《人口原理》,朱泱等译,商务印书馆 1992 年版,第 8 页。
② ［英］马尔萨斯:《人口原理》,朱泱等译,商务印书馆 1992 年版,第 6 页。
③ ［英］马尔萨斯:《人口原理》,朱泱等译,商务印书馆 1992 年版,第 7 页。

还具有本能,理性只能阶段性地压制住人的本能,但一旦当理性放松或不警觉时,本能就会出现并起作用。因而,人口必定会不断地增长,但生活资料并不必然会随之同步增长,因而会造就人口增长与生活资料不足之间的矛盾。当然,从长远来看,人口与生活资料之间会形成动态的平衡。但无论人口与生活资料是否会达到平衡,想使全体社会成员都过上幸福生活注定是不可能的。

马尔萨斯不仅认为贫困的存在具有必然性,而且还认为贫困的存在具有必要性。这一论断使得其贫困观点从单纯的事实判断转变为了价值判断。马尔萨斯认为暂时的、局部的恶会变成长远的、整体的善。“如果对勤劳的刺激由于上述制度的建立而消除,如果在信贷上,在妻子和子女未来的供养上,懒汉和玩忽职守者处于同勤勉、刻苦的人一样的地位,我们还能期待人们发挥旺盛的活动力去改善他们的生活状况(现在这已成为社会繁荣的主要动力)吗?”①这也就是说,在马尔萨斯看来贫困的不正义反而变得正义了。正是看到处于悲惨境遇中人的悲惨生活,担心自己及其家人也会沦落到此种地步,农民才会勤劳耕作,工人才会辛勤劳作,医生才会精研医术,而这一切均源于不变的自然法则。马尔萨斯认为个体之所以会如此努力地工作最终要归结于贫困这一“恶”的存在。此时的“恶”在马尔萨斯看来反而有两种正向的意义与价值:一是恶能使人的机能与潜力得以爆发与展现;二是恶能够培育善。人生不幸与痛苦的刺激,“对于使人的心变软,变得富有人情味,对于唤醒社会同情心,对于产生出基督教的所有道德,对于慈善博爱之心能充分发挥作用,似乎是必不可少的”。② 按照马尔萨斯这一逻辑,越是痛苦与不幸,就越有着警诫他人的效果;越是痛苦与不幸,就越能够唤醒人们的好心肠。因而,恶就善。马尔萨斯这种理论无疑是十分荒谬的。

(3)贫困是无法根除的社会问题

马尔萨斯认为贫困是人类社会产生以来长期存在的社会问题,对此,人类

① [英]马尔萨斯:《人口原理》,朱泱等译,商务印书馆 1992 年版,第 57—58 页。

② [英]马尔萨斯:《人口原理》,朱泱等译,商务印书馆 1992 年版,第 143 页。

社会并无妙方将其彻底消除。

马尔萨斯一方面认为贫困是必然的、不可或缺的，另一方面认为对于穷人的救济是无济于事的。“富人无论作出多大的捐献，作出多大的牺牲，也不会阻止社会下层阶级陷于苦难。”[①]马尔萨斯认为英国的《济贫法》无助于穷人境况的改善，他认为《济贫法》会使人口增长而生活资料并未增加，更为重要的是受救助人所占有的生活资料挤占了更为勤劳、更有价值的社会成员本应享有的食物份额，从而造就了更多的人依赖救济为生。此外，若将临时的救济转变为长久的救济依赖，则使人易养成等、靠、要的懒汉意识与贱民心理。马尔萨斯认为社会应该形成对自立能力缺乏而陷于贫困状态抱有羞耻感的社会风气，然而《济贫法》的实施不是促进了这种风气的形成反而是瓦解了这种风气的形成，随之而来的便是这样的后果：普通人的储蓄能力削减了，勤俭意愿消减了，追求美好生活的动机同时也消减了。除此之外，马尔萨斯之所以强烈反对《济贫法》还在于马尔萨斯认为《济贫法》与英国宪法的自由精神实质是背道而驰的：其一，《济贫法》在“劳动市场上制造障碍，给那些不靠救济、尽力自谋生计的人平添许多烦恼”。[②] 其二，《济贫法》“要救济某些人，就得使另一些人有权辨别谁应得到救济，有权执行种种必要的规定，但干预他人的事却是一种暴政，行使这种权力会给被迫要求救济的人带来种种烦恼”。[③]

不过，马尔萨斯也并非完全否定人解决贫困问题上的主观能动性。马尔萨斯认为人类社会可以采取某些方法尽量减少贫困。对此，马尔萨斯提出了两种方案：一是预防性抑制，二是积极的抑制。预防性抑制是出于对养家糊口的忧虑以及生活质量下降等原因而主动采取的抑制人口增长的策略，积极的抑制则是指社会底层因其贫困的境遇不能给孩子充足的饮食而造就的人口增长的抑制。马尔萨斯对积极抑制的表述并不那么直接，反而有时说得非常委

---

① [英]马尔萨斯：《人口原理》，朱泱等译，商务印书馆1992年版，第30页。

② [英]马尔萨斯：《人口原理》，朱泱等译，商务印书馆1992年版，第35页。

③ [英]马尔萨斯：《人口原理》，朱泱等译，商务印书馆1992年版，第35页。

婉与含蓄,但无论怎样马尔萨斯的基本理念却是非常明确的——预防人口增长,贫困与罪恶是必需的。

(4)正义先于仁慈,自爱先于仁爱

在正义观的内容之中,正义与仁慈是必不可少的组成部分,也是所有著述者都必然会有所论及的。对于正义与仁爱,马尔萨斯看似没有太多的直接论述,但是马尔萨斯却通过自爱与仁爱的相关论述对此加以表达。仁慈源自仁爱,这是非常显明的;而正义则出于自爱,亦不难理解。在正义与仁慈、自爱与仁爱的关系上,马尔萨斯认为正义先于仁慈,自爱先于仁爱。

自爱,就是爱自己。自爱并不天然有错,自爱也并不意味着就不爱他人,乃至于损人利己。其实,自爱本身就是一种德性,自爱总比自暴自弃强,自爱是个人珍惜自己、珍视自己的生存价值的体现;更为重要的是,人其他许多德性的养成恰恰又源于自爱。不过,自爱的确极易演变成自私,即只顾及个人利益而不考虑他者利益,并进而导致人的信仰缺失与道德沦丧。因而,相较于自爱,人们更倾向于仁爱。仁爱是人心灵中最高尚的、最神圣的品质。仁爱既表现为个体具有悲天悯人之情怀,仁爱更表现在个体有关爱他人与社会之善举,仁爱有助于净化人们的心灵,仁爱有助于消除贫富两极分化,仁爱有助于调整扭曲的人际关系。对于仁爱的存在与作用,马尔萨斯并不否认,但马尔萨斯一再强调:“仁爱之心的作用实际上就是在某种程度上缓和自爱之心带来的恶,但仁爱之心绝不能取代自爱之心。”①

马尔萨斯认为人类一切文明事实上都源于自爱而不是仁爱。自爱虽不可爱但可信与可行,仁爱虽可爱但不可信更不可行。马尔萨斯认为在物质丰裕的条件下,人的利己心(自爱)及其人性的阴暗都暂时地隐藏起来了,但当物质一旦出现匮乏后,“由富裕培育和激励起来的仁爱精神,将被匮乏的寒冷气息所抑制。已经消灭的可憎的感情将再次产生。自我保存的强大法则将驱除

① [英]马尔萨斯:《人口原理》,朱泱等译,商务印书馆1992年版,第113页。

人们心灵中一切较温柔、较高尚的感情”。① 同时，马尔萨斯指出，当社会资源出现匮乏之时，首要的任务不是滥施同情而是通过财产权保护以及社会财富的增加来解决最为紧要的生存问题。马尔萨斯的这一论断并非一无是处，马尔萨斯提醒人们正义问题的由来以及正义问题的解决要从历史与现实的维度去加以考察而非仅仅出于善良的动机。

马尔萨斯认为葛德文等激进主义者初心与本义是良善的，但其最终的结果却事与愿违。“葛德文先生把这种人为的平等状态视若北斗星，在他看来，我们现在就应把它当作向导，以此决定人类应该做什么，不应该做什么。但我要说，航海家若以这样的北斗星作指引，很可能会触礁遇难。”②人类社会注定是不完美的，注定是有缺陷的；若要强求社会的完美，注定也会失败的。马尔萨斯并不否认私有制存有不足，同时亦不否认劳动是辛苦之事，但相较于由仁慈恩惠所养成的依附—支配的关系而言只能算是一种小恶，因为它“不会使人类心灵堕落得那么厉害，而且我所读过的全部人类史都明白无误地表明，让一些人握有永久性权力是极其危险的”。③ 总之，马尔萨斯主张人类社会注定是不平等的私有制社会，只不过人们情感上不愿意加以接受而已。

（5）知其不可而为之：正义的矫正

马尔萨斯正义思想是充满了矛盾的。马尔萨斯尽管主张贫困问题从根本上是难以消除的，但他并非主张人在贫困与苦难面前无动于衷，无所事事。在这一方面，马尔萨斯似乎又有着“知其不可而为之”的入世与救世的情怀。“虽然我们不能指望消除社会中的贫富现象，但是如果我们能找到一种政治制度，能借以减少两个极端的人数，增加中产阶级的人数，则我们无疑就有义务采用这种制度。”④

---

① ［英］马尔萨斯：《人口原理》，朱泱等译，商务印书馆 1992 年版，第 73 页。
② ［英］马尔萨斯：《人口原理》，朱泱等译，商务印书馆 1992 年版，第 115 页。
③ ［英］马尔萨斯：《人口原理》，朱泱等译，商务印书馆 1992 年版，第 113 页。
④ ［英］马尔萨斯：《人口原理》，朱泱等译，商务印书馆 1992 年版，第 141 页。

马尔萨斯提出了一些对策与建议来力求降低人世间的贫困与困难。马尔萨斯所给出的对策包括以下三点:第一,完全废除英国现行的教区法。让英国农民不受妨碍地选择居住地,哪里工作机会多,劳动价格高,就居住在哪里。即要给人们以行动自由与迁移自由。第二,削弱和废除所有那些与同业公会、学徒制有关的制度,促使人们有择业的自由,鼓励人们开垦新土地,鼓励人们从事耕种等农业工作。第三,建立济贫院,通过征税收容各地的贫民。不过,济贫院里的生活绝不是坐享其成,进入济贫院的人首先要劳作;其次,生活应是艰辛的,其最终目的是不能养成坐享其成的依附心理与懒汉作风。①

三、马尔萨斯正义思想评述

熊彼特曾对马尔萨斯有一较为中肯的论断:“有人说他是人类的恩人。又有人说他是恶魔。有人说他是深刻的思想家。又有人说他是笨伯。一个人的著作激动了人们的心灵,以致引起如此带有感情色彩的评价,这个人实际上就不是庸碌之辈。”②马尔萨斯注定不是一个平凡的人,而是在人类思想史中有一定地位的人。同时,我们也可以看出马尔萨斯的思想是并不简单的,而是相当复杂的,马尔萨斯正义思想中也有一些值得关注与反思的地方,对此,我们不应无视或轻视,而是应该加以正视与重视。

马尔萨斯认为资本主义的社会关系与社会结构由劳动者、工商资本家与土地资本家三个部分组成,土地资本家赚取地租、工商资本家赚取利润、工人拿工资这样的制度设计与制度安排是公正的。马尔萨斯并不否认资本主义社会存有两极分化、贫富悬殊等现象,但他并不因此认为两极分化、贫富悬殊等现象存在是不合理的。如果要探寻两极分化、贫富悬殊等现象产生的根源,马尔萨斯事实上讲了两个原因:一是运气,二是人口。马尔萨斯与葛德文最为大

---

① 参见[英]马尔萨斯:《人口原理》,朱泱等译,商务印书馆 1992 年版,第 35—38 页。

② [美]约瑟夫·熊彼特:《经济分析史》第 2 卷,杨敬年译,商务印书馆 2001 年版,第 165 页。

的差别就在于葛德文认为贫困与罪恶存在的根源在于制度的不公而马尔萨斯则认为是人口的增多。马尔萨斯之所以被认定是社会达尔文主义者，关键就在于马尔萨斯认为贫困与罪恶是必然的与不可或缺的，同时更认为对于穷人的救济是无济于事的。这就鲜明地体现了马尔萨斯理论的反动特性。

马尔萨斯确有一些希望社会有所进步以及贫困人士境遇有所改变的主张，甚至还有些人因此认为马尔萨斯是人道主义者。对此，我们应有清晰的认知和准确的判断。马克思在《哲学的贫困》中指出资本主义世界对于贫困问题的第二种流派是人道学派。人道学派不否认资本主义世界存在假、恶、丑等社会现实，同时人道学派也力求实现人世间的真、善、美，但人道学派将这一理想之实现付诸资本家的良心。“他们劝工人安分守己，好好工作，少生孩子；他们建议资产者节制一下生产热情。”①人道学派力求通过爱与慈善而非斗争来实现社会的和谐，这无异于痴人说梦。马克思一针见血地指出人道学派“他们自己比任何人都更像资产者”。② 即便真正的人道学派实质上都是站在资产阶级立场之上的，更何况仅部分具有人道学派之形而实质上是真正的社会达尔文主义的马尔萨斯呢。马尔萨斯站在资产阶级的立场上，通过《人口原理》《政治经济学原理》等著作对资本主义制度的合理性与合法性进行辩护，将失业和贫困归结为人口的因素、否定进步与革命，瓦解人民斗志以达至最终维护资产阶级统治之目的。这便是马尔萨斯整个正义理论的核心要旨。对此，我们应该非常清醒。

第三节　斯宾塞的正义思想

斯宾塞是社会达尔文主义的主要代表人物，斯宾塞持社会进化论与社会有机论的主张，他认为人类社会是有机的整体，同时人类社会处于不断进化之

① 《马克思恩格斯选集》第1卷，人民出版社1995年版，第154页。

② 《马克思恩格斯选集》第1卷，人民出版社1995年版，第155页。

中,人类社会与自然界一样均奉行“适者生存,优胜劣汰”的法则。斯宾塞认为个人与社会一样都在不断地进化,都在由不适应到适应的流变过程中,那些存活下来的必然是强者,那些没有存活下来的事实已证明是弱者,弱者的被淘汰是自然选择的结果,具有着必然性,没有必要大惊小怪。斯宾塞所持的这种正义观便是最为典型的社会达尔文主义正义观。

一、斯宾塞:时代与人

赫伯特·斯宾塞(1820—1903),英国19世纪英国著名的思想家。斯宾塞著作等身,其代表作有《社会静力学》《社会学研究》《心理学原理》《伦理学原理》等。斯宾塞没有进入大学,他是自学成才,但他在社会学、人类学、教育学、哲学、伦理学等方面均有非凡的影响,因而也有人将其称为“十九世纪的亚里士多德”。

斯宾塞生活于英国维多利亚女王时代。维多利亚时代的英国正处于其发展的鼎盛与巅峰时期。英国正处于日不落帝国的光环之笼罩下,当时的英国已完成工业革命,社会进步,经济繁荣,社会矛盾整体而言并不十分明显,工人阶级的反抗斗争也并不十分激烈,英国资产阶级的统治相对进入了一个黄金时代。因而,如何看待这一时代以及社会向何处发展成为当时英国理论界的一个颇具挑战性的时代课题。

对于既往的英国,斯宾塞和英国其他的思想家大体持相近的看法——“所有这些发展都应归功于私有制和勤俭的原则,正是通过中产阶级的不懈努力,才建立起现代的工业体系,从而给英国带来稳定的繁荣。他们认为,最好的政府应该是管得最少的政府。他们心目中的政府的形象是一个忠于职守的看门人,日夜保卫它的海内外臣民。至于其他事情,则应该让个人去发挥积极性。”①斯宾塞在这一方面是英国自由主义的继承者与传承人,他秉承了自

① [美]刘易斯·A.科塞:《社会学思想名家》,石人译,中国社会科学出版社1990年版,第127页。

由主义的基本理念，坚持个体的同等自由的原则，倡导个性解放与自由竞争，主张最弱意义上的国家。不过，斯宾塞也有明显异于其他思想家的理论主张，斯宾塞是将功利主义、自由主义与进化论思想实现统一的思想家。斯宾塞认为社会是有机系统，部分离不开整体，整体亦离不开部分，因而他事实上提出了社会结构理论与社会功能理论。同时，更为重要的是，斯宾塞将自然界的生存方法应用到人类社会之中，提出社会生存法则——“适者生存，优胜劣汰”。

斯宾塞的社会达尔文主义维护强者而蔑视弱者，这在一定程度上为帝国主义的殖民政策以及资本家论证自身的统治与剥削的合理性提供了理论依据，因而得到了资本主义社会中的上层社会的普遍性欢迎，尤其是新兴的美国的普遍赞许。不过，斯宾塞的社会达尔文主义主张的无情、冷酷与残酷也使得其主张备受批评与指责。19 世纪中后期之后，资本主义世界普遍由自由竞争阶段过渡到垄断阶段，国家及其国家作用的提升已成为时代的必然，斯宾塞的原教旨主义的自由主义事实上已逆时代潮流，成为时代的反动。因而，斯宾塞目睹了他本人被社会接纳的由盛转衰的全过程。

我们在这里有必要对斯宾塞与达尔文的关系作一说明。斯宾塞与达尔文是同一时代的人，但两人的私交并不十分融洽，相反达尔文与赫胥黎的关系反而十分融洽。斯宾塞认同达尔文的生物进化论，但达尔文却并不认同斯宾塞的社会进化论。事实上，斯宾塞的进化论思想早于 1859 年达尔文发表《物种起源》一书。只不过，达尔文的生物进化思想太具有震撼力，所以，后人才将斯宾塞称为社会达尔文主义者而未将达尔文称为生物斯宾塞主义者。

二、斯宾塞正义思想的内容

1. 正义的产生：必要及其可能

人是需要正义，社会也是需要正义的。这首要就在于正义具有防止伤害、维持社会秩序的工具性作用。正义的缘起既有客观原因，又有主观原因。对此,休谟曾讲得十分明确,资源的有限性与人的有限慷慨是正义起源的两个先决条件。对于资源的有限性尽管斯宾塞的论述并不多,但斯宾塞事实上是秉承休谟这一主张的;而对于人的有限慷慨(即正义产生的主观原因),斯宾塞的论述则相对较多,同时也较为完整。斯宾塞认为正义产生的首要条件就在于人具有了理性以及自制能力。对此,斯宾塞讲道:“作为一种道德的生物,人的最重要的特性是什么呢? 可不可以回答说是自我控制的机能呢? 这是形成人类与牲畜之间的主要区别的特性。正因如此,给人下的定义是‘瞻前顾后’的动物。文明种族之所以高于野蛮人就因为在这方面有较大的才能。理想的人的完美点之一就在于这方面的优越。”①作为具有理性能力以及自我控制能力的社会存在而言,人必然会理性地谋划自我利益的最大化,而欲实现这种利益最大化人际互动机制便是基于互惠的正义原则与正义机制。若从这个角度上去思考,罗尔斯的正义理论之所以要构建“无知之幕”,理论基石与斯宾塞的正义理念是相通的与一致的。另一方面,斯宾塞延续了休谟、斯密的观点——人虽有同情之心与利他之心,但人有自私之心与利己之心,具有相同理性、追求自我利益最大化的个体在常态社会中必然会形成这样的人际交往原则——“每个人从事这类行为都应受到如下限制:即其他人也会从事类似行为,其他人也同样不得不接受其行为导致的无论好坏的正常结果。”②这便是正义及其正义形成的机理。这也就是说,人们遵守正义的原因是有一种“以眼还眼以牙还牙”这样一种平衡伤害的观念与机制。

对于正义,斯宾塞一再强调:“正义准则所表达的真实含义是,每个人在采取眼下构成其生命并有助于随后维续其生命的行动时,除了维续他人生命所采取的同类行动之外,将不受其他阻碍。正义准则并不支持基于同等干预可以实现平衡这样的理由而不必要地干预其他人的生活。”③可见,斯宾塞认

---

① [英]赫伯特·斯宾塞:《社会静力学》,张雄武译,商务印书馆1996年版,第82页。

② [英]赫伯特·斯宾塞:《论正义》,周国兴译,商务印书馆2017年版,第24页。

③ [英]赫伯特·斯宾塞:《论正义》,周国兴译,商务印书馆2017年版,第50页。

为正义的产生是有前提的:第一,我意识到我有权利且我要运用与维系我的权利;第二,我的权利并非无限的,我的权利是有边界与限度的,这种边界与限度则是我行使我的权利不能侵犯他人的权利。正义与道德恰恰是在善与恶的交锋与博弈之中确立、形成与发展起来的。道德的确立既在于道德能够做到善有善报,更在于道德能够做到恶有恶报。正义之所以能够形成以及被人们所期许原因也正在于此。斯宾塞认为正义的产生离不开友善伦理与敌对伦理相互纠缠。斯宾塞认为社会之所以会产生(需要)正义,就在于人并非绝对的善与绝对的恶。如果人是绝对的善,那就社会就不需要正义;如果人是绝对的恶,那么社会中正义也就建立不起来。事实上,在正义原则的形成过程中,是有着对复仇的恐惧、对社会耻辱的恐惧、对法律惩罚的恐惧以及对神的报复的恐惧的。①

斯宾塞认为人的正义观源自人的正义感,只有培育了人的正义感,才能够逐渐地培养人的正义观。这也就是说正义的人的养成,一定且必然是有条件的——正义的人离不开正义的社会与正义的制度。斯宾塞这一观点是值得肯定的。正义的人的养成是需要时间与条件的,任何个体开始进行道德实践时,可能并非出自其自愿而是被逼与强制的。其实,强制与规训是有其合理性的。正义的人首先需要培育正义感,而人的正义感往往又与准利他主义情感密切相联。斯宾塞认为人的准利他主义情感的形成是复杂的,准利他主义情感包含着人所独有的社会想象力,同时准利他主义情感的养成与维系是不易的,是有条件的:一方面,只有在适应社会生活的过程当中,利他的正义感才能出现;另一方面,只有那些暗含着利他正义感的公平条件得以维持,社会生活才可能。正义感与正义观是有区别的,顾名思义,正义感是感,是情感;正义观是观,是理性。不过,正义感与正义观是紧密相联的。正义感是正义观的形成的情感前提与意志保障,正义观是正义感的理性升华与理论总结;正义感是难得

① ［英］赫伯特·斯宾塞:《论正义》,周国兴译,商务印书馆 2017 年版,第 33 页。

与可贵，正义观则客观与全面。

2. 正义的表现：进化、类型与重点

斯宾塞是进化论者，他对历史的发展与人类社会的未来是充满信心的。“可以肯定地说，邪恶和不道德必然要消失；可以肯定地说，人必然要变得完善无缺。”①斯宾塞认为动物也有道德，但较为低端；高级动物的道德相对而言则有了进步，更具组织化，因而形成了次人类正义；地球上最高级的动物——人——具有最高级的道德，会形成真正意义上的正义。斯宾塞认为人类社会与纯粹自然界并无明显的界限，这是因为自然界与人类社会的法则是一致的——“适者生存，优胜劣汰”。斯宾塞一再强调：“记住这些真理：一切祸害都是素质不适应外界条件的结果；凡是这种不适应存在之处，它总在不断由于适应外界条件的素质改变而趋于减弱；我们将为理解人类的现状做好准备。”②因而，是非善恶的评价自然也就以此为标准。对于动物而言，凡是有助于保存后代与个体自身的行为就是好的行为，就是善的行为；对于组织而言，凡是有利于增强组织存在的行为便是好的行为，就是善的行为。总之，“个体应当承受自己的自然本性及其相应行为所产生的或好或坏的结果，这是源自适者生存之次人类正义的基本原则”。③ 其实，在这里斯宾塞提出了自我牺牲及其自我牺牲合理性的问题。（这一部分内容在西季威克的正义思想中已有论述，斯宾塞的自我牺牲思想与西季威克的主张大体相近，在此不再赘述。）斯宾塞认为社会组织化程度越高，正义的样式也便越丰富，正义的结构也便越复杂。

在近代社会，正义的现实表现便是对于个体权利的确证、维护与保障。而人的权利体现在人的社会生活中的方方面面，因而人的权利具体表现为：身体

① ［英］赫伯特·斯宾塞：《社会静力学》，张雄武译，商务印书馆1996年版，第28页。
② ［英］赫伯特·斯宾塞：《社会静力学》，张雄武译，商务印书馆1996年版，第26页。
③ ［英］赫伯特·斯宾塞：《论正义》，周国兴译，商务印书馆2017年版，第17页。

健康权利、自由移动与迁移的权利、利用自然资源的权利、赠予与遗赠的权利、自由交换与自由缔约的权利、自由职业权、自由信仰与礼拜的权利、言论与出版自由权与财产权,等等。斯宾塞认为每种权利对于个体而言都是不可或缺的,它们共同实现着与保障着人的真实的自由。不过,在诸多权利之中,经济权利(财产权)相较于人的其他权利作用更大,因而对于人而言是居首要位置的权利。这是因为经济权利(财产权)真实地决定着个人生活状态以及可行性能力。经济自由是人可行性能力的第一要素,人的经济若不自由,那么人的可行性能力就会变得虚幻,法律条文规定的权利对于个体而言将变得不再真实。政治自由、思想自由、言论自由与人的经济自由相比总是第二性的。因而,大凡思想家均会对经济权利(财产权)给予相当的关注。柏拉图、亚里士多德如是,康德、黑格尔如是,马克思、恩格斯如是,斯宾塞自然也不例外。在财产权的由来与产生方面,斯宾塞延续了洛克的观点,斯宾塞认为"财产权从一开始就依赖于利用大地的权利"。① 这也就是说,财产离不开土地与劳动。当然,财产(财产权)更离不开政府。事实上,任何财产的取得与确立都要经过政府的确认,政府、财产与私有制在人类社会的发展史上是有着密切的联系的。同时,也正是因为这种联系,斯宾塞认为个体的财产权必然也会受到一定程度的损害。社会的安全与和谐是需要公共财政的,而财政收入是需要个体缴税的。斯宾塞认为个体应该缴税,不过个体所缴的税应是公正的与恰当的。斯宾塞对于资本主义社会的分配方式虽有批判但整体而言是持肯定态度的,但他对社会主义与共产主义的分配方式却持反对态度。在斯宾塞看来,社会主义与共产主义的分配方式有违其所主张的付出与回报成正比的分配方式。②

斯宾塞认为"自由是个人正常生活的先决条件,而同等自由则成为社会

---

① [英]赫伯特·斯宾塞:《论正义》,周国兴译,商务印书馆 2017 年版,第 102 页。

② "共产主义者们却假定,最优秀的少数人受到最差的多数人的必要强制是公平的。"([英]赫伯特·斯宾塞:《论正义》,周国兴译,商务印书馆 2017 年版,第 109 页。)

正常生活的先决条件”。[1] 这也就是说，斯宾塞强调人的自由与权利的平等而非最终分配结果的平等。斯宾塞主张在保障人的基本权利的前提下，人可以自主地行使自己的自由，人的自由不应被他者——国家、组织或他人——随意地干预，如果发生这样的事情，就是对于个体权利的侵害，就是不正义。斯宾塞赞同功利主义的“最大多数人最大幸福原理”，这是因为在他看来功利主义的“最大多数人最大幸福原理”包含着肯定每一个人存在的价值与意义，即我的幸福并不亚于与低于你的幸福，不能因为你的幸福就否定我的幸福，这事实上就是在承认人的平等。

不过，斯宾塞强调的平等更多的是对人的权利平等的注重而非注重实质平等的强调。在斯宾塞看来，“每个人都必须被允许去行动”。[2] 这也就是在每个人要有平等的对待——权利的平等、机遇的平等以及规则的平等——的基础上，一切让才能任意驰骋，竞争的任何结果均是公平的与正义的，任何人不能再对竞争之后产生的后果进行指责或人为干预。斯宾塞认为那些对市场竞争结果的任何指责以及所有试图人为地干预市场分配的做法均是错误的与不可取的，这是因为它们违反了自然法则，违反了公平的法则，并且最终注定失败的结局。斯宾塞因此强调：“给每个人一个机会去获取他所期望的物品是一回事；把物品本身给予他们，不论他们有没有作出适当努力去获得它们，是另一回事，而且是完全不同的一回事。不仅如此，它还必然完全违反同等自由的原理。”[3]

3. 国家的职能：安全与秩序的护卫者而非社会弱者的守护神

斯宾塞是一位坚定的自由主义者，甚至是极为保守的自由主义者。这也就注定了斯宾塞不会是一个无政府主义者，同时也注定了斯宾塞又绝不是一

① ［英］赫伯特·斯宾塞：《社会静力学》，张雄武译，商务印书馆1996年版，第42页。
② ［英］赫伯特·斯宾塞：《论正义》，周国兴译，商务印书馆2017年版，第49页。
③ ［英］赫伯特·斯宾塞：《社会静力学》，张雄武译，商务印书馆1996年版，第61页。

个全能政府的倡导者。斯宾塞眼中的理想国家并不是一个全能式的国家,而是一个保持个体自由与竞争自由最大化的国家。在国家的产生及其职能作用等方面,斯宾塞可能与亚当·斯密都会有一定距离,斯宾塞的国家观反而在相当程度上与其之后的米塞斯、哈耶克与诺齐克更为接近一些,他们均主张"最弱意义的国家"。对于国家的职能,斯宾塞有着近代自由主义者一般性的认知——"国家是一种必要的恶。"在这些自由主义者眼中,国家是必需的,但国家又是恶的,只不过是一种必要的恶。因而,对于国家,"既要用,更要防"。对国家的用,目的是保护民族国家不受外来侵略以及民族国家内部的安定以及一些必要的公共设施与公共事务的运营与维护;对国家的防,是因为国家极有可能变成吞噬个人的怪兽——利维坦,因而要对国家的权力加以监督与制衡。在斯宾塞看来,最好的国家其实就是管得最少的国家,国家的职责限于"保护每个公民免受其邻人侵害,而且保卫他,和整个社区一起,不受外国侵略的职责"。①

总之,在斯宾塞看来,国家不是"地上的神",公民不应对国家及其作用加以崇拜。相反,国家是公民实现个人自由权利的工具,国家是为公民而服务的。尽管斯宾塞承认在时序上以及在逻辑上国家具有优先性,但在价值次序上,斯宾塞却认为个体具有优先性。若颠倒个人与国家价值次序,个人的自由将会不保,"凡对权力的敬畏心最大的地方就是对个人自由侵犯最严重的地方,这多少是一种自明之理"。②

4. 对济贫法的批判:直接作用的无效以及负作用的种种

如何对待贫困与贫困者,是衡量一个人以及一个理论的道德高下的直接的标准与尺度。尽管时下亦有人为斯宾塞翻案,认为斯宾塞虽是社会进化论者—社会有机体论者,但斯宾塞也有社会同情与社会和谐的主张,因而,斯宾

① [英]赫伯特·斯宾塞:《社会静力学》,张雄武译,商务印书馆1996年版,第113页。
② [英]赫伯特·斯宾塞:《社会静力学》,张雄武译,商务印书馆1996年版,第233页。

塞并不是社会达尔文主义者。对于这样的论断,我们认为尽管其在部分上有一定的合理成分,但就整体而言,斯宾塞是社会达尔文主义者这一论断是成立的。斯宾塞并不主张从制度层面对贫困者加以救助亦是有定论的,同时斯宾塞认为贫困者是社会进化中的弱者与社会不适应者的表现亦是一个定论。同时,如果认真思考斯宾塞的整个理论,斯宾塞认为贫困从整体而言是难以消除的,所以在贫穷消除的问题上,斯宾塞与马尔萨斯的观点是一致的——贫困的必然性与无法根除性。在这一方面,斯宾塞是不及亚当·斯密的,因为亚当·斯密认为随着生产的进步与财富的增长,贫困的问题是能够解决的。斯宾塞尽管被认定为是社会进化论者,但斯宾塞在贫困的救助方面却又是悲观主义者。斯宾塞的这个悲观主义情绪既与其阶级立场有关,同时也与其反动的世界观有关。

斯宾塞认为在富人与穷人之间本来是有着和善的、温柔的与高尚的私人往来(即私力救助),这种基于同情与悲悯情怀的私力救助实现了财富的隐蔽转移,既实现了富人的善心又顾全了穷人的脸面,从而这个社会既是温情脉脉的又是安定和谐的。对于斯宾塞的这一结论,我们很难认同。众所周知,英国是一个注重经验的国度,经验理性主义是英伦思想家的一般特质,我们在前面也强调过斯宾塞是注重观察社会现实的思想家。一个注重观察社会的人如何做出了这种经不起实践检验与理性推敲的结论——富有的资本家与穷若的无产者之间关系是和谐的与融洽的。贫困的私力救助真的就能够完美地实现贫穷的无产者摆脱悲惨的境遇?如果事实确如斯宾塞所期望的那样,斯宾塞生活时期西方社会的济贫法以及国家的公力救助也就不会存在了;同理,20世纪西方社会所推崇的福利国家与福利社会也就不用出现了。因而,事实证明了斯宾塞这一主张是错误的。

斯宾塞之所以反对济贫法,是因为在他看来济贫法不仅没有实现原初的意图,同时更产生了意想不到的不良后果。斯宾塞认为做任何事情既要考虑动机,更要考虑结果,并且结果的考量要大于动机。斯宾塞认为济贫法从效果来讲是得不偿失的，济贫法并没有取得预期效果反而是负面效应众多。斯宾塞所主张社会救济的基本宗旨是“它们不但补救了要对付的特殊祸害，而且有助于把人类塑造成某种形式，使之将来有一天会杜绝这些祸害”。[①] 若以此标准来衡量其生活年代的济贫法，这两项任务确实是均没有实现。中肯地讲，资本主义社会中的济贫法是为维护资本主义制度而服务的，是为资产阶级整体利益而服务的，对于这一法规的本质我们应有清醒的认知。不过，济贫法对于贫困人士也确起到一定的救助作用，济贫法对于缓和社会矛盾、维护贫困者的个体权益有一定的社会作用。对此，我们应该予以客观的评价。不过，斯宾塞对此却进行了完全的否认，当然他努力的目的并不是为贫困的无产者而服务，他的理论主张仍然是为资产阶级而服务的。

斯宾塞认为，济贫法这种国家救济制度并没有增加人们的同情而是减少了人们的同情。斯宾塞认为，人的同情应是自愿的而非强迫的，但是其生活年代所实现的济贫法却试图强迫人去同情，这事实上违背了慈善的本意，它压抑了富人的高尚情感却激发起穷人的卑劣情感，因而双方均不满意——“一方怀着不满和漠不关心，另一方怀着不平和经常反复的怨恨。”[②]而且，现实中的济贫法的效果更是不佳，贫穷并未消减反而有越来越多的趋势。在斯宾塞看来，济贫法的实施违反了自然进化的原则——“适者生存，优胜劣汰”。济贫法是一种人为活动，且这种人为的行动是违反“天道”的非自然活动，它并不能真正地解决贫困者、社会竞争中的不适者的悲残命运，只不过是将贫困者、社会竞争中的不适者痛苦再度拉长而已，实质上是增加了那些“失败者”的痛苦。对此，斯宾塞这样写道：“一个手艺笨拙的工匠，如果他作了一切努力也无上进，他就要挨饿，这似乎是严酷的。一个劳动者因疾病失去与他较强的伙伴竞争的能力，就必须忍受由此而带来的贫困，这似乎是严酷的。一个劳动者因疾病失去与他较强的伙伴竞争的能力，就必须忍受由此而带来的贫困，这似

① [英]赫伯特·斯宾塞：《社会静力学》，张雄武译，商务印书馆 1996 年版，第 140 页。

② [英]赫伯特·斯宾塞：《社会静力学》，张雄武译，商务印书馆 1996 年版，第 140 页。

乎是严酷的。听任寡妇孤儿挣扎在死亡线上,这似乎也是严酷的。可是如果不是单独地来看,而是把它们与人类普遍的利益联系起来考虑,这些严酷的命中注定的事情,却可以看作充满利益的。"①斯宾塞认为这是真实的社会与社会的真实。可是,人们往往缺乏足够的勇气与理智正视这一问题。相反,人们往往基于同情与善心、善念与善行去使这些社会不适者继续在社会中生存下去,但这样做的结果又是什么呢?一方面,社会不再能清理"不健康的、低能的、呆笨的、优柔寡断的、缺乏信心的成员",社会"不仅会停止它的净化进程,而且甚至要加剧它的品质降低的干预——由于向他们提供源源不断的必需品,绝对地鼓励了轻率、无能的人的繁殖,而由于加重了维持家族的困难,妨碍了有能力、有远见的人的繁殖"。② 另一方面,贫困者、社会竞争中的不适者的悲残命运是无法得到最终解决的。自然规律与社会规律是不能违背的,违背规律最终也会是要受到惩罚的。人若强行地对弱者施以救助,从当下来看似乎充满浓情与厚爱,但实质上却是"轻率的仁慈",而轻率的仁慈是解决不了贫困者(社会不适应者)的根本问题。等待着贫困者(社会不适应者)的结局是注定不可变更的,人们的好心好意只不过是使其痛苦变得更长而已。更为重要的是,济贫法的实施,不仅不会提升社会的整体道德,还会使社会整体道德下降。斯宾塞认为那些没有劳动且没有自制能力的人反而得到了社会救助,事实上是给社会树立了"坏的榜样",会使社会风气变坏,甚至会出现"道德危机"。

三、斯宾塞正义思想评述

正如我们在前文所分析的那样,斯宾塞是位理性主义的思想家,但我们都知晓过分理性即是对情感的拒斥与反动。一个极端理性主义者即便有看似温

① [英]赫伯特·斯宾塞:《社会静力学》,张雄武译,商务印书馆1996年版,第144页。

② [英]赫伯特·斯宾塞:《社会静力学》,张雄武译,商务印书馆1996年版,第144—145页。

情脉脉的主张，事实上仍然是理性算计的结果，因而，本来是充满温情的慈善与慈善事业背后就极有可能充满了种种的功利的、个人的算计。如此一来，理性的结果必然是理智地失去理性——走向非理性。功利主义者之所以会有为了最大的功利而选择某些人的牺牲原因也正在此。斯宾塞及其理论无不具有着如此的特质。

基于斯宾塞坚持社会进化论的立场，在社会正义的问题上，斯宾塞所信奉的正义原则就是“平等自由的法则”。斯宾塞这一主张清楚地表明他选择的正义观念是与个人主义、自由主义与功利主义相契合的正义观念。斯宾塞倡自由而忽平等，重竞争而轻合作，赞强者而贬弱者。斯宾塞过于推崇竞争，过于强调适者生存，因而，斯宾塞本人及他的理论成为社会达尔文主义的典型代表。我们在前文已指正，也有人试图为斯宾塞翻案，认为斯宾塞不是社会达尔文主义者，因为斯宾塞有社会合作以及救助穷人的相关主张。但我们认为，如果统观斯宾塞的整个思想，斯宾塞是典型的社会达尔文主义者，这是毋庸置疑的。我们可以很容易地找到代表其心声的言论来——“假如我们设计者的计划能坚持下去，他们将使可怜的白痴充塞世界。他们将会给我们造成一种令人悲叹的人的素质——一种不断犯错误，又需要重新矫正的素质——一种永远趋向于自我毁灭的素质。呃，大自然的全部努力就是要摆脱这类的人——从世界上把他们清除掉以便为较好的人腾出地方。”①斯宾塞的正义理论由于坚持社会达尔文主义的立场，过于夸大竞争的作用，过于推崇适者生存，显得异常冷酷与残忍，完全违背了社会公平的原则，同时也触碰了人类文明的底线，因而遭到了有良知与正义的人的批评与抵制。

与斯宾塞同一时代的赫胥黎支持达尔文的生物进化论，但他对斯宾塞主张的社会进化论不以为然，赫胥黎认为在社会演进中竞争与合作均扮演了重要角色，并且伦理是社会中所不可缺少的要素。“在伦理体系中，最古老和最

---

① ［英］赫伯特·斯宾塞：《社会静力学》，张雄武译，商务印书馆1996年版，第197页。

重要的原理是正义的概念。"①赫胥黎并不否认自然界与人类社会中存有竞争,人类与其他物种一样,在进化大河中,用力击水、奋力挣扎,尽全力将头部伸出水面,既不去想从哪儿来,也不去想往哪儿去。② 人类社会之所以异于自然界、高于自然界,就在于人类社会有文明,人类社会有道德,人会以人的方式——文明的方式而非野蛮的方式——处理人类社会中的一切问题,而非简单、粗暴地沿用自然界的法则。如果真的这样做的,那岂不就是一种未进化的表现吗?这岂不与斯宾塞本人所秉承的一贯的理念是自相矛盾的吗?

① [英]赫胥黎:《进化论与伦理学》,宋启林等译,北京大学出版社2010年版,第24页。
② [英]赫胥黎:《进化论与伦理学》,宋启林等译,北京大学出版社2010年版,第80页。

第五章　西方近代正义理论范式演变

西方近代社会是人类最早开启现代化的社会。西方近代社会是西方人的社会,西方近代社会的社会结构、精神特质具有着典型的西方特质。不过,西方社会也是人类社会这一大家族里的成员,西方社会所具有的社会特质、社会结构与运行机制等对于整个人类而言,是具有借鉴意义的。现代化与现代性最早源起于西方社会,当然,这并不意味着西方社会就能够且应当垄断现代化与现代性的话语权。现代化是人类社会所面临的全球性的共同话题,因而各个国家均具有选择自己国家实现现代化道路的权利。这是我们必须要肯定的。不过,既然人类社会是一命运共同体,人类社会均面临着和平与发展等共同问题,因而,人类社会是需要彼此合作的。尤其是对于发展中国家而言,在面临如何实现本国现代化的问题上,在坚持从本国国情出发走符合民族国家自身特点的发展道路的同时,注重吸取其他国家既有的成功经验与失败教训亦是非常必要的。这是因为:一方面,“他山之石”是“可以攻玉”;另一方面,“前车之鉴”是“后车之覆”。对于西方社会、西方文明以及西方的近代正义理论,我们同样应该坚持拿来主义的立场,对其加以辩证地分析,更好地为实现我国的现代化事业以及伟大的民族复兴而服务。

西方近代社会不同于中世纪的西方社会,西方近代社会整体是一个世俗化与理性化的社会。西方近代社会注重人的现实生活与此岸的世界,注重人在尘世间物的占有及其欲望的满足，因而，西方近代社会是典型的工业社会与商业社会。西方近代社会相较于中世纪西方社会对于精神世界与彼岸世界相对疏离，一定程度上出现了“躲避崇高与神圣”的现象。人们开始逐渐从理论与现实多个层面论证世俗生活的合理性以及世俗生活的现实建构，与此同时，西方社会理论应这一时代潮流与社会需要而蓬勃发展，这其中自然就包括西方近代正义理论。西方近代正义理论是西方近代思想家关注的主要话题，西方近代知名的思想家均有对社会正义的相关论述与主张，因而，西方近代正义理论流派众多、主张各异，尽管如此，西方近代正义理论却有着共同的时代特征与理论特质。

西方近代正义理论是西方近代启蒙运动以来的产物，是在与西方近代社会的工业革命、政治革命与社会革命相互响应中发展而来的。“从不言及‘放弃’，永不承认‘绝望’，这是现代精神最鲜明的特点。”[①]西方近代正义理论整体上均有乐观主义的态度——相信理性与进步，人们相信可以“过得更好，做得更好，得到的更好”。[②] 同时，西方近代正义理论大体就是围绕着这两种正义——“第一种非常简单：我付你钱，你为我提供相应的商品或者服务。另一种就不那么简单了，而且也不那么容易用逻辑或者理由来解释。它是资本主义进程对社会产生的影响。因此，资本主义从根本上说要依赖于可以接受的公正和慷慨的结果”[③]——而展开的。因而，作为发展与流变的正义理论，同样是有规律可循的。西方近代正义理论的变迁具体而言有着三种范式：正义内容主旨由公正到公平，正义实施方式由一视同仁到区别对待，正义实施主体由市场到国家。

---

① ［英］齐格蒙·鲍曼：《生活在碎片之中——论后现代道德》，郁建兴等译，学林出版社2002年版，第14页。

② ［英］丹尼斯·史密斯：《后现代性的预言家：齐格蒙特·鲍曼传》，萧韶译，江苏人民出版社2007年版，第8页。

③ ［英］伊凡·亚历山大：《真正的资本主义》，杨新鹏等译，新华出版社2000年版，第45页。

第一节　从公正到公平

艾伦·伍德在《西方政治思想的社会史:自由与财产》一书中对西方近代社会发展的概况作了如此的描述——“如果说在‘启蒙时代’,知识精英和人民力量等刚开始挑战一种悠远的西方传统——它把自然平等观念转变成对不平等和支配的辩护,那么,资本主义则通过将政治领域抽离于经济等级和强制,巧妙避开了挑战。它不仅使离散‘科学’和自主‘科学’之间的简明分工(这种分工在古典政治经济学和自由主义政治哲学中都有反映)成为可能,而且使一种完全不承认‘经济’形式的权力和强制的也是权力和强制的世界观成为可能。在政治领域中,或许有必要限制权力过度或保护民主自由。但是,政治上的自由原则和权力制约原则并不属于经济。”①艾伦·伍德事实上已经揭示出了资本主义社会中经济、政治与社会之间深藏的矛盾。那就是政治自由与经济自由、政治平等与经济平等之间的对立与冲突。自由与平等不能仅仅是表象上的,自由与平等还应该是实质上的;自由与平等不仅仅是部分的,自由与平等还应是整全的。对此,西方近代社会有一个认知的过程,尽管这一过程可能有些缓慢与曲折,但这一过程却是清晰与明确的。

一、公正与公平

关于公正与公平的概念众多,因而,麦今泰尔发出如此的追问——“谁之正义?何种合理性?”为了能够展开讨论以及讨论的便利等原因,对于公正与公平的界定我们在此以亚里士多德在《尼各马科伦理学》以及《政治学》中的相关论述为依托与标准。我们首先来看什么是公正。

亚里士多德在《尼各马科伦理学》以及《政治学》这两部著作中对于公正

① [加]艾伦·梅克辛斯·伍德:《西方政治思想的社会史:自由与财产》,曹帅译,译林出版社 2019 年版,第 312—313 页。

与公平有诸多的论述。对于公正，亚里士多德认为公正属于现实生活之中的人的或社会的德性，并且这种德性是通过现实的活动加以确切展示出来的德性与品质。因而，亚里士多德强调“公正是一切德性的总汇”。① 亚里士多德认为公正可以分为分配的公正与矫正的公正；个人的公正与城邦的公正；公正即中庸之道，公正是在过与不及之间。亚里士多德对于城邦的公正与个人的公正均给予了相当的重视。关于城邦的公正，亚里士多德持等级正义观，他认为奴隶天生就是受治于人的人，而奴隶主则是治人之人。关于个人的公正，亚里士多德则主张个体的正义源自其想要做公正的事情并且在公正地做事情之中所展示出来公正的品性。因而，亚里士多德强调现实人的正义之德性主要有两点——守法与均等。亚里士多德对于法与规则给予了更多的重视与强调，他认为“一切合法的事情在某种意义上都是公正的。因为合法是由立法者规定，所以我们应该说每一规定都是公正的。所以，法律是以合乎德性以及其他类似方式表现了全体的共同利益，或者只是统治者的利益。所以，从一个方面，我们说公正就是给予和维护幸福，或者是政治共同体福利的组成部分”。② 如果对亚里士多德的公正作一简化处理，即公正即合法，合法即公正。

那么，什么是公平呢？亚里士多德认为公平是公正的一种，公平是对既有公正具有反思与引领作用的公正，即起着“公正的旁观者”作用的那种高级的公正。对于公平，亚里士多德的定义如下：“公平是种优于公正的公平，虽然它优于公正，但并不是另一个不同的种，公平和公正实际上是一回事情，虽然公平更有力些，但两者都是好事情。问题的困难在于，公平虽然就是公正，但并不是法律上的公正，而是对法律的纠正。”③“公平就是公正，它之优于公正，

① ［古希腊］亚里士多德：《尼各马科伦理学》，苗力田译，中国人民大学出版社 2003 年版，第 94 页。

② ［古希腊］亚里士多德：《尼各马科伦理学》，苗力田译，中国人民大学出版社 2003 年版，第 94 页。

③ ［古希腊］亚里士多德：《尼各马科伦理学》，苗力田译，中国人民大学出版社 2003 年版，第 115 页。

并不是一般,而是由于带了缺点的公正。纠正法律普遍性所带来的缺点,正是公平的本性。"[①]在这里,亚里士多德事实上已经指出了公正与公平的区别与联系,同时也揭示出了公正发展的内在动力——公平的不断督促与激励,同时也指出了法与法的精神区别与联系,合法是公正的,但合法并不必然是公平的,因为既有的实在法可能已渐失其合理性,而合乎法的精神的规范要逐渐地由理念化为现实。因而,那种认为现有的规范以及现有的公正就是永恒的观点在智识上是偷懒行为。正义及其正义的范式是在向前不断发展的。为了实现正义,人们所做的以及能做的事情有很多,这其中既包括发展生产,将蛋糕做大,又包括制定出好的法律与规则。应该牢记,良法是人制定出来的,好的制度也是建立起来的。这也正如阿克顿所说:"制度不是天生的,尽管它在我们出生前就已存在,它们并不优于公民。每个法律及其运用都是人适时用来处理具体的情况。我们可以制定好的法律,也可以制定更好的法律。"[②]亚里士多德对于公平的上述理解,事实上与罗尔斯在《正义论》中所殚思极虑、苦心经营的"作为公平的正义"中对正义的理解是一致的。[③]

公正与公平都主张平等,但公正与公平也并不反对差异化的存在。公正与公平事实均承认差异存在的合理性与现实性。有些事情的不平等反而既是公正的又是公平的,而有些事情的平等反而既是不公正的又是不公平的。不过,关于平等与不平等的合理性,公平与公正的主张也存有一定的差异。公正认为只要这些平等与不平等有事实依据与相关规定即可,而公平则不仅仅要看有无事实依据与相关规定,公平还要对这些平等与不平等的存在进行相应

① [古希腊]亚里士多德:《尼各马科伦理学》,苗力田译,中国人民大学出版社 2003 年版,第 115 页。

② [英]阿克顿:《自由史论》,胡传胜等译,译林出版社 2001 年版,第 420 页。

③ 罗尔斯在《正义论》中写道,他所努力追求的正义的社会与正义的制度有着如下两点规定:"首先,这一制度是正义的(或公平的),即它满足了正义的两个原则;其次,一个人自愿地接受这一安排的利益或利用它提供的机会促进他的利益。"(参见[美]约翰·罗尔斯:《正义论》,何怀宏等译,中国社会科学出版社 2009 年版,第 86 页。)

的价值追问与哲学反思。因而,公正更多的是指现实的平等与现实的正义,即通常意义上源于规则(主要为法规则)的那些具有某种实体性、规范化与程序化的公正。这种公正在现实生活中真实存在且发挥作用与功能,它具有着普遍性、共识性与一致性等优点,但这种公正也会有教条性、机械性与滞后性等缺陷。公平则是既具有现实性又具有理想性的公正,公平既强调规矩的普遍性同时又强调差异化对待,公平既强调程序正义又主张人文关怀。公平承认差异与差别存在的合理性,但如果公平发现基于某一规则所形成的差距过大时,公平则主张对于差距及其造成如此差距的规则要做适度的调整,以维护人们社会最终的公正。总之,公平是基于现实又具有理想性的正义,因而公平与公平感永远在"路"上,永远在激励着人类社会向前发展,公平与公平感促使人们不断地修正着现实生活中的不正义,从而使社会与人变得越来越正义。

二、正义与仁慈

马克思与恩格斯对资本主义社会的冷漠与冷酷进行了全面的揭示与深刻的批判。中肯地讲,西方近代思想家对其所生活的社会也并非全部持赞美之词,他们大都注意到了资本主义社会中的冷漠、冷酷与冷血的社会现实,并且或多或少、或隐或显地对资本社会的不合理性予以揭示。古典自由主义者、空想社会主义者与功利主义者莫不如是,即便社会达尔文主义者中的马尔萨斯与斯宾塞等人事实上也会对其所生活的资本主义世界的残酷性流露出某种程度的不满。易言之,一个理想的社会应既是公平与正义的,同时又是温暖与仁慈的。当然,对于资产阶级学者来讲,这也只能作为一种理念而存在。不过,这并不意味着他们没有为此而谋划过与努力过。他们大多均主张"在平等中注入一些合理性,在效率中注入一些人道"。① 尽管他们在其著作中可能没有这样明确的表述,但整体而言隐含着类似的主张。

---

① [美]阿瑟·奥肯:《平等与效率》,王奔洲、叶南奇译,华夏出版社 1987 年版,第 105 页。

对于野蛮与血腥的资本主义原始积累(如"圈地运动"),有良知的思想家均对此予以了批判。尽管从生产发展的角度而言,资本主义的原始积累确具有效率与效益的优势,但从道德与良知而言,这确实是罄竹难书的罪恶。因而,托马斯·莫尔将圈地运动称为"羊吃人的运动",并且充满情感地写下了《乌托邦》这一空想社会主义名著。莫尔之后的所有的空想社会主义者无不对社会中处于悲惨境遇的人们给予极大的同情,并在正义感的作用下对于资本主义制度的不公正给予勇敢的、全面的揭示,并在批判资本主义社会不正义的同时描画了未来理想社会美好生活的蓝图。当然,空想社会主义之所以被命名为"空想"与定性为"空想"根源就在于空想社会主义者没有认识到资本主义的本质,且没有找到推翻资本主义制度以及建立美好与公正的新制度的路径与方法。不过,空想社会主义者对于社会底层人士的关爱与悲悯情怀确是值得肯定的。19 世纪空想社会主义者路易·勃朗对于残酷竞争的资本主义社会予以深刻的批判,他认为在资本主义社会之中,有竞争就没有自由、平等与博爱,因为"竞争是一场战斗"。① 对此,路易·勃朗提出的社会解救之途就是"要拿出善良的心肠来奠定这样的一个社会制度的基础。……这样一来,竞赛并没有被消灭,而是纯洁化了;个人利益不再挑起仇恨,而成为一种彼此亲善的方法,一种对于博爱的鼓励;对个人的鼓励并不丧失它的力量,并且成为道德上的力量了"。②

古典自由主义者认为近代资本主义社会是商业社会,是异于中世纪庄园经济的全新的社会,在他们看来,新的秩序的建构的任务要优先于新的个体心灵秩序的建构,制度的正义与社会的正义要优先于个体的德性与操守。这是因为在他们看来,只要有了正义的制度安排,有了规训与教化(主要是规训与惩戒),社会才可能存在下来。因而,古典自由主义者事实上都认同亚当·斯

① [法]路易·勃朗:《劳动组织》,何钦译,商务印书馆 1962 年版,第 197—198 页。

② [法]路易·勃朗:《劳动组织》,何钦译,商务印书馆 1962 年版,第 103 页。

密这一观点——“行善犹如美化建筑物的装饰品,而不是支撑建筑物的地基。”①总之,在古典自由主义者眼中,正义是社会的基础与保障,而仁爱则属于锦上添花式的补充,有之更好,无之亦行。不过,随着资本主义社会的发展,特别是资本主义种种弊端的暴露,对于人道、仁慈的强调则日益增多。这是因为古典自由主义者逐渐发现如果一个社会仅仅是正义的(合法与合规的)事实上是不够的,因为这个社会只能是勉强运行与维持下去的社会,这个社会有着诸多的不足与缺乏:未能充分就业,收入分配不公,人与人之间的疏远与隔膜,等等。因而,仅仅强调竞争、仅仅主张有规则正义的社会事实上造就了诸多的实质不正义。面对着这些不正义,仁慈与关爱、人道与温暖成为一种必然的要求与补充。这也恰恰说明了为什么亚当·斯密要不断地修订其《道德情操论》,他的目的就是实现其心目中理想的社会——既正义又仁慈的良序社会。因而,我们会发觉,古典自由主义者在强调正义与规则优先的同时,对仁爱与人道也是给予了相当的重视。亚当·斯密认同资本主义制度下的分配法则,他认为地主拿地租、资本家拿利润与工人拿工资是正义的,没有什么不合理之处。不过,斯密在强调这一原则后,事实上对于社会底层人士不幸的生活也是予以了关注。对弱者的同情与关爱,既是思想大家必有的情怀,同时也是社会正义发展方向的必然。最大多数人的最大幸福确有一定的历史合理性。功利主义既强调功利也强调仁爱。这是因为“除非同情和慈善能够被普遍深入地培养,否则,他们的正义观就有被动摇的危险”。②

正如我们前文所说的那样,西方近代学者中大凡有良知的学者均注意到这一现象,从市场规则与自然法则的角度而言,只要不违反市场法则与自然法则,事物与行为的任何结局都是公正的,都不应该对此产生质疑,但如果认真思考,这一貌似公正的结局却未必就是真正的公平。对于商战中的竞争双方

① [英]亚当·斯密:《道德情操论》,蒋自强等译,商务印书馆2020年版,第107页。

② [美]约翰·罗尔斯:《正义论》,何怀宏等译,中国社会科学出版社2009年版,第138页。

而言,均按照规则竞争,自然的结果是有输有赢,失败者不应有过多的抱怨,愿赌服输,这种结果从表象上是公正的。不过,此时如果仍有人说一个竞争的失败者(一贫如洗的人)与一个竞争的成功者(富可敌国的人)所享有的权利与机会是完全相同的则有失公允,甚至这种行为在事实上是伤人自尊的嘲讽,因为此时,"成功者喂养猫狗的食物甚至胜过了失败者哺育他们后代的食物"。① 公正是人类社会之必须,仁慈亦是人类社会之必须。当然,公正相较于仁慈而言确有优先性。这种优先性按罗尔斯的说法就是具有辞典规则的顺序,但这并不意味着仁慈是可有可无的。西方近代不少思想家主张用仁慈来弥补公正之不足从而力求于正义之实现。不过,西方近代不少思想家主张行使仁慈既需要以公正为先,又需要公正的指导。行善是要考虑到自己的财力,行善要考虑到救助对象的感受与心理,行善最终的目的是要使救助者增强自主、自尊与自立之意识与能力。

三、形式正义与实质正义

西方近代社会是商业社会,商业社会中的人们注重契约、尊重规则,强调收入与应得的对等。因而,商业社会之中的人们必然强调自由与平等,强调公平与正义。不过,中肯地讲,商业社会中的人们优先注重的正义范式正是形式正义。

形式正义顾名思义就是形式上的正义。"它要求法律和制度在执行的时候要平等地(即以同样的方式)适用于那些属于由其规定的阶层的人们。"② 形式正义是对原则的坚持,是对体系的服从。形式正义源于实质正义,形式正义是对实质正义的坚守、服从与实现。同时,形式正义又离不开程序正义,形式正义一定且必然要借助于程序且通过程序来展示出正义的内容与特质。

形式正义首先强调人形式上的平等:人格上的平等、尊严上的平等与政治

① ［美］阿瑟·奥肯:《平等与效率》,王奔洲、叶南奇译,华夏出版社 1987 年版,第 1 页。

② ［美］约翰·罗尔斯:《正义论》,何怀宏等译,中国社会科学出版社 2009 年版,第 45 页。

上的平等,等等。人生而平等,人皆具有七情六欲,对基督徒而言,虽贵为王侯,仍然和平民一样具有原罪,仍然要接受上帝对其审判。其次,形式正义强调人机遇的平等,即每个人都可以进入到市场竞争之中,机会向每一个人敞开,市场不会因其性别、出身、容貌等原因将其排出在外。最后,形式正义注重规则面前的平等。所有的人在规则面前均一视同仁,而不会有人在形式上被差别对待。在有关形式正义讨论之中,柏克有一观点是需要引起关注的——"在合伙关系中,一个只有 5 先令的人,对他的这点钱所享有的权利,不亚于一个拥有 500 英镑大额股份的人所享有的权利。"①柏克所作的这一论断初看起来似乎非常可笑,但若认真思考我们就会发觉这一观点所内含的深意。柏克本人非常清楚只具有 5 先令股份的人所真实享有的权益及其话语权与具有 500 英镑股份的人相比是有天壤之别的,但柏克为什么还要主张两者权利相同呢?这是因为柏克在坚守着人的权利与尊严的平等,柏克认为现实中的人虽然经济上有差距与差异,但不能因此就否定人的政治上的平等与尊严上的平等。柏克的这一立场与追求是难能可贵的。

在资本主义早期,由于迫切要打破封建等级的身份社会的束缚而大力提倡机会均等与形式正义,因而事实上也在大力倡导自由——思想的自由、行动的自由与财产的自由。在这个阶段,人们重视自由,认为自由先于平等,没有自由就不会有平等。早期的资产阶级思想家极其重视财产及其财产的自由。同时,人们重视积极的自由,但更强调消极的自由。积极的自由是我可以且能够实现的那种自由,消极的自由是社会所给予个体如此行事的自由。消极自由强调的是社会所给予个体打开的"门"和"窗户"的数量与程度,社会所给予个体打开的"门"和"窗户"的数量越多、打开"门"和"窗户"的程度越大则社会越自由,那么,社会则越正义、越公平。因而,我们会发现早期的古典自由主义就非常强调自由。亚当·斯密就强调:"每一个人,在他不违反正义的法律

① [英]埃德蒙·柏克:《自由与传统:柏克政治论文选》,蒋庆等译,商务印书馆 2001 年版,第 68 页。

时，都应听其完全自由，让他采用自己的方法，追求自己的利益，以其劳动及资本和任何其他人或其他阶级相竞争。"①

形式正义顾名思义是形式上的正义而非实质上的正义，欲实现实质上的正义自然离不开形式正义，如果连形式正义都没有的话，那么所谓的实质正义既不真实又很难持久。但是，如果以为有了形式正义就必然产生了实质正义，那么，此种想法则过于天真。形式正义的结果未必就会带来实质正义。我们在前文已经分析过，即便作为社会主义阶段的分配法则的按劳分配，它相较于按资分配具有着历史进步性，但实质上它允许了个体间智力、体力以及家庭的差异化存在，因而按劳分配仍然会带来收入不平等的结果。所以，马克思肯定了按劳分配在社会主义阶段内的现实性与合理性，不过同时又指出其局限性——"按照原则仍然是资产阶级权利。"②如果说按劳分配都存有形式正义与实质正义的矛盾，那么，资本主义世界所宣扬的机会均等下的让才能任意驰骋必然会产生更为严重的两极分化。阿瑟·奥肯认为在资本主义社会中，个体获得收入取决于以下四点：①技能和资产；②能力和天赋；③努力；④服务的供求状况。③ 从阿瑟·奥肯这一论述我们可以得出这样的结论：第一，任何个体来到这个世间是被抛到这个世界上的，因而具有着偶然性，我的收入及其我可预期的未来事实与我的出身、我的家族是有关联的。含着金钥匙出生的人其所接受的教育与可资利用的社会资源是那些出身于贫寒家庭的子弟所无法比拟的。而这些"先天的差异"所造就的个体收入间的不平等在自由主义者眼中是合乎自然的，是公正的。第二，我的收入与我个人的能力与天赋是有关系的。人的能力与天赋是不同的，因而基于能力与天赋在市场中形成的人与人的收入的差异在自由主义者眼中是自然的与公正的。第三，即便是对于一

① ［英］亚当·斯密：《国民财富的性质和原因的研究》下卷，郭大力、王亚南译，商务印书馆1974年版，第253页。

② ［德］马克思：《哥达纲领批判》，人民出版社2018年版，第15页。

③ 参见［美］阿瑟·奥肯：《平等与效率》，王奔洲、叶南奇译，华夏出版社1987年版，第37页。

样的我而言，工作意愿强的时候与工资意愿低的时候会产生收入很大的差异，而这些差异同样是最为自然的与公正的，因为它源于我个体的抉择。第四，个体的收入还与变幻莫测的市场紧密相连。个体生产同样的产品或提倡同样的服务，收入却未必是相同的。当运气好时，个体的产品与服务被社会所接纳，那么个体的私人化劳动就顺利转化为社会劳动并且在这一劳动转化过程中个体实现了收入增加之目的；而当运气不好时，个体的产品与服务未被社会所接纳或者是部分接纳，那么个体的私人化劳动就未能顺利转变成社会劳动并且个体也未实现收入增加之目的。所有这些为自由主义者所推崇的自由竞争、机会均等以及让才能任意驰骋的分配原则事实上仅仅具有正义的形式，在形式正义之下与之后隐藏着深深的不正义——实质上的不正义。

自由竞争的必然结局是垄断，纯粹的市场法则是优胜劣汰，即便竞争是以平等的自由开始的，但经过几轮竞争下来之后，自由必然会变得不平等。这是因为自由竞争必然是有人成功，有人失败，而且失败的多，成功者少，更为重要的是，“在机会均等问题上，一步赶不上，便步步赶不上”。① 在资本主义商业社会中，通行的法则是“赢者通吃”。经济与财富之中的优胜者一定且必然会成为政治与社会生活方面的强者与精英，他们会垄断一切。即便资本主义社会没有了封建社会中的等级特权，但在资本主义社会中出现了资本特权。资本特权通行于社会的方方面面，造成了无产者与有产者地狱与天堂般的差别。针对着资本主义世界这一顽疾——形式正义与实质正义的对立与冲突，许多思想家对此均展开了严肃而又认真的讨论。马克思如是，凯恩斯如是，罗尔斯亦如是。罗尔斯之所以费尽心力来建构庞大的正义论体系，提出“无知之幕”等概念来，目的就是论证其两个正义原则的合理性与正当性。罗尔斯提出社会之中那些最多受惠者已经从社会资源的占有中受益颇多了，因而他们就有义务从自身受益的诸种善中拿出一部分来弥补最少受惠者，同时这种补偿并

---

① ［美］阿瑟·奥肯：《平等与效率》，王奔洲、叶南奇译，华夏出版社 1987 年版，第 69 页。

非对最少受惠者的怜悯而是其应得。在此,我们应该强调这种由强调形式正义到实质正义的转换并不是直到当代罗尔斯才有的。对于形式正义与实质正义分离之社会现实,近代的西方学者也注意到它的存在,除了少数社会达尔文主义者之外,绝大多数西方社会思想家也认为这一现象的存在不合理与不公正,因而想方设法地对贫富悬殊、两极分化的社会加以弥补。以亚当·斯密为代表的古典自由主义者认为通过蛋糕做大就能实现社会的实质正义,以傅立叶为代表的空想社会主义者认为通过同情实现人与人之间的平等,而以密尔为代表的功利主义者则倡导"最大多数人最大幸福"之社会。

"实质性正义和形式的正义事实上倾向于结为一体。"①西方近代正义理论范式整体由公正到公平,事实上也就是由形式正义向实质正义的转换。美国学者阿德勒对于这一转变有过这样的表述——"自由主义者正确地认识到,在有组织的社会里,要建立经济条件的平等而不是机会的平等,这种企图会不可避免地导致政府颁布各种法规,控制和干涉经济活动,限制个人的行动自由并控制进取自由。自由主义者的错误之处就在于没有能够看到,这种对自由的限制是合理的,是出于对正义的考虑而制订的。他的错误仍在于他要求的自由超出了正义许可的范围。"②

第二节　从一视同仁到区别对待

关于社会转型表述与概括有很多,但最为人们所熟知的且也为人们所认同的则是英国法学家梅因的这一论断——"我们可以说,所有进步社会的运动,到此处为止,是一个'从身份到契约'的运动。"③传统社会是身份社会,近

① ［美］约翰·罗尔斯:《正义论》,何怀宏等译,中国社会科学出版社 2009 年版,第 46 页。

② ［美］摩狄曼·J.阿德勒:《六大观念》,陈珠泉、杨建国译,团结出版社 1989 年版,第 176 页。

③ ［英］梅因:《古代法》,沈景一译,商务印书馆 1959 年版,第 97 页。

现代社会则是契约社会,近现代社会之所以异于且高于传统社会之处就在于契约成为社会的通行法则。契约社会之中,人实现了自主与自决,人可以通过自己的努力来谋求财富、名望与地位。这相较于既往社会确是一大历史进步。在原先的等级社会,人的财富、名望与地位均与个人后天努力无关,所有的这一切均取决于个体出自何种家庭以及具有何种血统。这就是典型的不平等、不自由与不公正的等级社会,这也就是备受人们指责的身份社会。告别身份走向契约表明了人与社会均"从隶属走向自由"①,这确是人类的一大进步。不过,在契约社会真的就不存在身份吗?如果契约社会中个体依然存在着身份差异的话,那么这种身份差异的具体表现又是什么样的呢?更为重要的是,基于本书主旨,怎样对待这一差异性的身份才是正义的呢?

一、契约与身份

"契约"是一看似简单实则内涵十分丰富的概念。霍布斯认为:"权利的互相转让就是人们所谓的契约。"②契约的前提是隐含着复数化的个体与团体的存在,并且这些个体与团体并非命令与服从的关系而是平等与互惠的关系,它们均以自身为目的以对方为手段,事实上就形成交互主体的关系,同时,这些复数化的个体与团体认肯其所生活社会的制度设计与制度框架,认同与接受遵守规则所带来的后果——无论是好的还是坏的。契约认肯了个体的主体性与能动性,激发了个体的上进心与进取心,从而使得社会充满了生机与活力。契约肯定了利益的现实性,并通过肯定利益的现实性认肯人类社会可以找到一个实现自利、利他与利社会的非暴力合作的方法。契约是对程序正义的遵守与实现,同时契约还包含着实质正义的内容,因而契约是实现正义的途径与方法。此外,契约的广义化应用——社会契约论——对于国家公权力的行使形成了一种切实有效的监督,并对现代民主制度的形成有一定的积极促

① [美]伯纳德·施瓦茨:《美国法律史》,王军等译,法律出版社2007年版,第127页。

② [英]霍布斯:《利维坦》,黎思复、黎廷弼译,商务印书馆1985年版,第100页。

进作用。

身份并不是一个抽象的概念，身份与地位以及角色密切相关，地位是指个体在社会结构中的位置，角色是指个体在社会结构安排中如何行为的规范与模式，而身份则是地位的显象化与形式化的表征，角色则是身份的显象化与形式化的表征。身份真实地体现了个体在生活世界中的实际身份以及行为模式，同时身份的获得、维系与承认均需被他人与社会所认可。事实上，身份并非仅仅存在于身份社会之中，身份存在于迄今为止一切社会之中。只不过，"一种等级制倾向于把社会划分成一些分离的生物学的人群"。[①] 身份社会中的身份更多的是源于出身与血统，源自先天而非后天，进而形成了差别固化与阶层固化以及阶级固化的等级社会。"他们看重的不是'你做过什么'，而是'你是谁家的孩子'。出身名门的他们赞同血统是神定的等级。"[②]身份社会中，身份即特权，身份使得少数人基于偶然性——出生于何种家庭或具有何种血统——而获取了他人后天努力也无法获得的社会地位。身份造就了社会障碍，身份扼杀人的雄心壮志。总之，身份社会有违于人的平等、阻碍了人的进取，成为社会发展的障碍，因而备受人们的批判。

我们在前面分析过，规范与正义存在的前提是人的社会性与个体性之间的冲突与矛盾，解决人的个体性与社会性之间冲突的方法一般而言有两种：和平的方式与非和平的方式。自进入文明社会以来，人类更多的是选择和平的方式来获取各自所需的资源，这样是最为理性的方式。而在这一方式中，契约就是最为明显的手段与方法。契约使人选择了文明告别了野蛮，契约使人选择了诚实与守信告别了欺骗与狡诈，同时，契约往往能达到自我、他人与社会之意愿之实现与欲求之满足。我们当然可以且应该对契约唱赞歌。不过我们还要清晰地认识到契约同样是人们获取（争夺）社会资源的方式之一，契约具

① [美]约翰·罗尔斯：《正义论》，何怀宏等译，中国社会科学出版社 2009 年版，第 82 页。

② [美]乔伊斯·阿普尔比：《无情的革命：资本主义的历史》，宋非译，社会科学文献出版社 2014 年版，第 31 页。

有着自我性与为我性,契约仍然具有恶的动机、倾向与可能,同时契约的结果也未必是全善的。众所周知,市场的高效源于市场无情的赏罚制度,市场的高效源于契约内在的冷酷。市场对成功者的奖励是慷慨的,市场对失败者的惩罚亦是残酷的。市场不相信眼泪,市场不同情失败与失败者,市场只奖励成功与成功者。契约社会从表象上是法治社会、平等社会与进取社会,但骨子里契约社会却是自私的社会、冷血的社会与野蛮的社会。纯粹的契约社会必然是对成功者顶礼膜拜、推崇备至的社会,纯粹的契约社会是对失败者听之任之、麻木不仁的社会。这个社会事实上就是社会达尔文主义者所崇尚的“弱肉强食、适者生存”的社会。这个社会并不是一个美好的社会,这个社会并不是一个正义的社会。

一个正义的社会不能仅仅为成功者唱赞歌,一个正义的社会还应该关注失败者;一个正义的社会不应仅仅有市场法则,一个正义的社会还应该有人道原则;一个正义的社会不能仅仅强调契约,一个正义的社会还应该注重身份①。

二、强者与弱者

强者与弱者是我们日常生活中常用的概念。不过,我们应该注意这样的概念可能具有社会歧视与社会排斥的成分。此种意义上的弱者往往被描述为、想象为与定性为能力弱与素质差的人,对弱者的这一界定事实上将长期处于系统性和结构性不利状况的人群(如资本主义制度下的工人阶级、移民与少数族裔)处于弱势的主要根源在于权利与义务的不合理安排的社会结构这一根本原因给遮蔽了。罗尔斯在其名著《正义论》中并不使用弱势群体(the social vulnerable groups)这一概念而使用的是“最少受惠者”(the least fortunate

① 当然,这种身份不是等级社会中的先天身份,而是由竞争引发在社会分层意义上的后天身份。

group）来指称弱者①。罗尔斯的这一做法既有其平等主义的情感偏好，又有着科学的学理性基础。最少受惠者产生既有自身的原因更有社会的原因，罗尔斯的这一分析是客观与公正的，同时罗尔斯这一做法又极具亲和力与说服力。只不过，为了讨论的便利，在此我们仍旧使用常规的概念——弱者与强者，而不使用“最少受惠者”与“最多受惠者”。

那么，何为弱者呢？强与弱是相对而言的概念，我的能力相较于 A 而言强，那么，在 A 面前我就是强者；我的能力相较于 B 而言弱，那么，在 B 面前我就是弱者。这样一来，我既是强者又是弱者。因而，弱者就是一个可以任意使用而没有具体规定性的概念了。这样的现象在日常生活中是可以允许的且可以理解的。但若做严格的学术讨论，概念的明晰与准确是前提。弱者这一概念不仅仅具有相对性，弱者这一概念是有明确所指的。仅就政治哲学而言，“所谓弱者，就是那些不能实现事实上的个体性的法律意义上的个体，而且，如果或当人们有权享有他们设法凭自己的智慧和努力获得的东西（而且仅仅是有权享有这些东西）这一理念代替了共享的义务时，就会中途退出”。② 这也就是说，在现代性社会之中，弱者同样具有着法律规定的一切权利，没有任何人与组织从形式上对其权利加以剥夺，但这些权利仅仅具有形式上的意义而个体并未能真正地享有与实现，权利对于他们而言就是镜花水月、空中楼阁，根本原因就在于缺乏能力（自由能力）。事实上，真正的机会平等必须通过能力的平等才能现实化，而弱者恰恰就是由于诸多的因素造就了自由能力差而未能将权利现实化的那些人。

所谓强者，就是弱者的他者。强与弱是通过相比较而产生的，且又是通过比较而转化的。强与弱源于力量的差异，源于社会资源占有的比较。强者就是那些因智力、体力、运气、机缘以及家庭出身等诸多方面的因素而最终成为

---

① ［美］约翰·罗尔斯：《正义论》，何怀宏等译，中国社会科学出版社 1988 年版，第 93 页。

② ［英］齐格蒙特·鲍曼：《共同体》，欧阳景根译，江苏人民出版社 2003 年版，第 66 页。

优胜者的人,他们在社会资源的占有方面取得了决定性的优势,强者不仅掌握着大量的经济资源,强者还掌握着大量的政治资源以及社会的话语权,事实上强者在社会中形成了赢者通吃的局面。强者在某种程度上可以视为社会中的精英——“一个有能力从非精英群体手中攫取资源、并控制独特的组织力量的统治者群体。”①而精英(强者)则包括智识的精英、经济的精英与政治的精英。

在市场法则占主导地位的商业社会,竞争是社会的灵魂,强弱的分化是必然的社会现象。在这样的社会之中,契约平等、契约自由既是真实的又是虚幻的。所谓真实就是市场对其进入者并没有排斥与歧视,任何人都可以加入到竞争之中,凭自己的智慧、才能与勇气任意驰骋,在这一点上,契约平等与契约自由是真实存在的。但另一方面,契约平等与契约自由也是虚幻的。契约不平等以及契约不自由也是真实存在的。强者与弱者在自发的商业社会中表象上也可以订立看似公平的契约,但这种契约对于弱者来讲可能更多的是“城下之盟”而非“真实意愿”,但强者与弱者所订的契约却满足一切表象上的平等与自由,实质上却是不平等与不自由的。因而,伯纳德·施瓦茨充满感情地写下了这样的话:“对那些为了换取不足以维持生计的报酬而出卖血汗的人谈契约自由,完全是一种尖刻的讽刺。”②

因而,人们开始对于强者与弱者的关系有了更为深入的认识,并在倡导济贫扶弱的基础上,对于强者要加以一定程度的限制。事实上,西方近代的民主制度就是对于强者的限制,个体的优秀与否最终要由民众来决定,这实质就是平等化的进程,这实质上就是对强者在程序上的某种限定。我们对于西方近代社会政治生活中的平等与自由的诉求与做法较为关注,而往往忽略了经济生活中对平等与自由的诉求与做法的关注。其实这很好理解:第一,西方近代

① [美]理查德·拉克曼:《不由自主的资产阶级:近代早期欧洲的精英斗争与经济转型》,郦菁等译,复旦大学出版社2013年版,第13页。

② [美]伯纳德·施瓦茨:《美国法律史》,王军等译,法律出版社2007年版,第197页。

社会较长阶段在经济生活中主张自由放任，对于民众经济上的平等没有像政治上的平等那样重视。第二，许多人对于西方近代社会中在经济生活中对于平等的措施和方法的确有所忽视。西方近代社会对于弱者是有救助与关爱的。从早期的《济贫法》到19世纪末福利政策的出台以及20世纪的福利制度。尽管这不是西方近代社会发展的主线，但我们亦不能否认其存在的现实。20世纪的自由主义者以塞亚·柏林在其《自由论》一书中就强调“R.H.托尼正确地提醒我们，强者——不管他们强在生理上还是强在经济上——的自由必须受到限制。这句格言值得尊重。这并不是因为某种先验原则——根据这一原则，对一个人的自由的尊重，逻辑地蕴含着对其他人与他一样的自由的尊重；而仅仅是因为，尊重正义原则或耻于公然的不平等待遇，就像自由的要求一样，是人的基本特征”。[①] 总之，从一视同仁向区别对待渐成一种趋势与潮流。

三、自由与福祉

这里所讲的自由是指作为人的生存而言必不可少的经济的、政治的、思想的与社会中的自由，并且这里所讲的自由更多是指作为权利的自由。权利是指社会为其成员所提供的可以且能够配享且拥有的自由。因而，权利是“民约法留给我们的自由”。[②] 权利是自由的现实化与具体化，权利是自由的质与自由的量的统一，权利是我可以做什么的自由与我能够做什么的自由的统一。在近代早期，西方社会对于自由强调是平等自由、自由竞争与机会均等，斯密所讲的自由放任与“无形的手”均持如此的理念。但正如我们前面所分析的那样，平等的自由带来的是自由的不平等。因而社会逐渐地对于自由与平等的侧重发生了相应的变化。在自由方面，人们在坚持平等的自由优先性的前提下，对于实质性的差异（即实质性的不平等）开始关注，并逐渐地提出来要

---

① ［英］以塞亚·柏林：《自由论》，胡传胜译，译林出版社2003年版，第243—244页。

② ［英］霍布斯：《利维坦》，黎思复、黎廷弼译，商务印书馆1985年版，第225页。

对弱者(最少受惠者)进行救济或补偿。而用什么对弱者进行救济或补偿呢?这自然便是福祉——社会的基本善。因为,福祉既是救济或补偿的手段,同时也是救济或补偿成功的目标——让每个社会成员能够实现社会财富的共享。

那么,何为福祉呢?福祉"不仅包括单纯的食物、衣物和住所,而且包括'新鲜空气、宽敞卫生的房子、富含营养并精心烹制的充足食物、足够的换季衣物和丰富的娱乐条件',此外还包括'艺术、音乐、旅行、教育以及社会交流'"。① 当然,这种对于福祉的定义是20世纪初新自由主义者的理解,这种理解在早期自由主义者看来未免太过奢侈,但无论如何,西方近代学者恐怕都会认同福祉包括基本上的维持生存,维持温饱的衣、食、住等基本生活条件。对此,我们是可以作出肯定性回答的。

其实,自由—权利—福祉之间的过渡是非常自然的事情。这具体表现在两个方面:第一,从理论自身来讲,三者之间有很紧密的关系。我们在前面已做过分析,权利即自由,同时,权利的核心是利益(福祉)。权利的核心是对利益的确定以及对利益关系的调整。当然,严格意义上权利并不等同于利益。权利中有原则的问题,而原则是不可以讨价还价的;而利益则非原则问题,利益的问题则是可以讨价还价的。尽管权利不能与利益直接画等号,但权利的要旨与要义确是利益的分配。因此,我们看到人们对于正义问题的关切由自由到福祉,是一个由抽象到具体的过程,是一个由形式正义到实质正义的过程。当然,强调正义范式的重心与重点由自由到福祉的转换,并不意味着就不再重视平等的自由,而是说在重视平等的自由、坚持个人主义的原则下,尽可能地对弱者加以救助,以实现社会的稳定、社会的和谐与社会的正义。第二,西方近代社会及其思想发展事实均证明了这样的理论进路。当然,如果作进一步的分析,这一理论进路可以分为具体社会现实的路径以及思想史自身发展理路。在此,我们以思想史自身发展的理路作一简要的分析。功利主义在

① [英]迈克尔·弗里登:《英国进步主义思想:社会改革的兴起》,曾一璇译,商务印书馆2018年版,第119页。

19 世纪中后期取代自由主义成为西方世界占主导地位的社会思潮。功利主义理论的核心就不再是“自由”而是“幸福”，自由在功利主义者看来是第二位的，已具有工具属性而非终极目的了，功利主义追求的是最大多数人最大的幸福。功利主义的出现与盛行使人们认识发生了深刻改变——“自由虽然不能被抛弃，但也不能被视为唯一的和排他性的目的。”[①]人追求的是幸福，同时幸福并不是虚幻的，幸福的现实化就在于物的占有与支配。当然，这种理解有物质主义化的倾向，密尔对此也是进行过“做一个不满足的人胜于做一只满足的猪”这样的辩解与驳斥的。但无论如何，福祉已成为社会以及大众关注的焦点，这是一个不争的事实。

总之，“契约自由让位于社会福利和对一个更公平的工作和生活水准的维护”。[②] 这是西方近代社会正义变迁过程中一个显著的特点。对此，英国学者迈克尔·弗里登在《英国进步主义思想：社会改革的兴起》一书中这样写道：“从自由主义的角度来看，19 世纪的意识形态史应该被描述为福祉观念（物质福祉以及其他福祉）对免于干预的自由观念的持续侵蚀。在这个过程中，这两个观念变得非常了解彼此，以至于把彼此的要素作为必要成分而加以吸收。”[③]

第三节　从市场到国家

从西方近代正义类型的演变中，我们可以清晰地把握到这样的脉络，那就是实现正义主体的角色转换。在西方近代社会早期，市场这只“无形的手”被人们所重视与强调，人们相信通过市场这只“无形的手”，既能实现财富的增殖又能实现社会的正义。在这个阶段，人们对政府与国家这只“有形的手”的

① ［英］迈克尔·弗里登：《英国进步主义思想：社会改革的兴起》，曾一璇译，商务印书馆 2018 年版，第 97 页。

② ［美］伯纳德·施瓦茨：《美国法律史》，王军等译，法律出版社 2007 年版，第 198 页。

③ ［英］迈克尔·弗里登：《英国进步主义思想：社会改革的兴起》，曾一璇译，商务印书馆 2018 年版，第 96 页。

作用与职能评价并不高,人们认为政府与国家是“必要的恶”,因而对于政府与国家要防范与加以限定。不过,随着时代的发展,人们逐渐发现市场这只“无形的手”并非万能,市场有着自身的局限,同时市场还存在着失灵之可能。因而在社会发展与社会进步过程中,政府与国家的作用日渐凸显。因而,对于西方近代发展的这一过程,人们一般认为是治理中心从市场到国家的转型与转变。同时,在西方近代正义理论范式的转变过程中,主角的转变自然也是与此同步的,那就是由市场到国家,因而,正义范式所具有的特点也就是由自发秩序向着建构秩序的这一转变。

一、无形的手:市场与市场正义

谈及无形的手(一只看不见的手),人们首先想到亚当·斯密,这是因为亚当·斯密是经济自由主义的鼻祖,倡导自由放任,主张让市场这只“无形的手”在社会经济中发挥重要作用,因而人们就自然地将二者联系在一起。对此,我们并不持否定的观点。不过,我们还应该看到斯密之前的思想家以及与斯密处于同一时代的思想家也大多从自然中寻求某种力量来解释人类社会的运行。重商主义者将“无形的手”视作货币的力量,而重农主义者将“无形的手”看作是“自然秩序的力量”。亚当·斯密认为在人类社会中存在着一种虽不显其形但却有其实的神秘力量来调节人、财、物的分配关系,最终实现人与社会的和谐,亚当·斯密将其称为“无形的手”①,而这只“无形的手”就是

① 事实上,亚当·斯密在其两本重要的著作中都谈及了“无形的手”,即“一只看不见的手”。在斯密的成名作《道德情操论》中,斯密写道:“虽然他们雇用千百人来为自己劳动的唯一目的是满足自己无聊而又贪得无厌的欲望,但是他们还是同穷人一样分享他们所作一切改良的成果。一只看不见的手引导他们对生活必需品作出几乎同土地在平均分配给全体居民的情况下所能作出的一样分配,从而不知不觉地增进了社会利益。”([英]亚当·斯密:《道德情操论》,蒋自强等译,商务印书馆 2020 年版,第 232 页。)而在其最具盛名的著作《国民财富的性质和原因的研究》中,斯密又这样写道:“由于他管理产业的方式目的在于使其生产物的价值能达到最大程度,他所盘算的也只是他自己的利益。在这场合,象在其他许多场合一样,他受着一只看不见的手的指导,去尽力达到一个并非他本意想要达到的目的。”([英]亚当·斯密:《国民财富的性质和原因的研究》下卷,郭大力、王亚南译,商务印书馆 1974 年版,第 27 页。)

市场。

在亚当·斯密看来,市场的形成以及市场真正地能在社会生活发生作用既离不开市场自发的建构同时也离不开市场法则的确立与维护,而市场法则的确立与维护是不能完全靠市场自身加以解决的,这就需要政府这只"有形的手"发挥作用。因而,亚当·斯密等自由主义者事实上绝不是无政府主义者,人们通常认为古典自由主义者倡导的政府是"守夜人"式的政府,其实并不十分准确,自由主义者认为政府应该是合宜的,但无论如何合宜的政府绝不是全能式政府。自由主义者重视与强调市场的作用,都强调市场法则在资源配置方面的优先性。市场法则是资源配置的一种方式,市场法则通过价值规律左右着商品的供给与需求以及商品生产者的命运。市场的形成以及市场的运行有以下三个特征:第一,自利;第二,互惠;第三,竞争。进入商业社会遵循市场法则的主体有着与前商业社会不同的精神气质与心灵结构。他们对个人正当利益是看重和争取与维护的。同时,人们对于在商业社会中有道德的人也有了新的规定。一个有道德的人也在追求自己的利益最大化,不过他在实现这一目的的过程中做到了对于市场规则的遵守,而与之相反的"自由骑手"——不道德的人——要么对市场规则直接破坏,要么在挖空心思寻求市场规则的漏洞而不当获利。商业社会中的主体是平等自由的人,平等自由的主体在市场交往活动中遵循的是等价交换原则。对于等价交换,我们应该给予充分的重视。"'公平交换'原则或'等值交换'不是经济规律,而是经济伦理学的绝对命令。"①按照科斯洛夫斯基的这一说法,等价值交换已不单单是经济交往中的法则,事实上已成为商业社会人与人交往的绝对命令。此时的等价交换已转化为平等互惠的市场法则。平等互惠的市场法则是随意与任性的否定;平等互惠的市场法则是对绝对的占有与绝对的牺牲的否定;平等互惠的市场法则是对不劳而获、少劳多获的否定;平等互惠的市场法则是对厚此薄

---

① [德]彼得·科斯洛夫斯基:《伦理经济学原理》,孙瑜译,中国社会科学出版社1997年版,第197页。

彼、区别对待的否定。平等互惠的市场法则是对规则与秩序的肯定;平等互惠的市场法则是对人生而平等自由的肯定;平等互惠的市场法则是对付出与回报对等、按劳分配的肯定;平等互惠的市场法则是对公正对待、一视同仁的肯定。平等互惠的市场法则如此深厚的价值底蕴,亚当·斯密以极其形象的话说出来:"请给我以我所要的东西吧,同时,你也可以获得你所要的东西,这句话是交易的通义。"①恩格斯对此给予高度的评价——"亚当·斯密证明了商业的本质中就有人道的基础……总的说来商业对它的一切参加者都是有利的。"②市场从表象上看是等价值交换、平等互惠的,但在这之后却隐藏着"见物不见人"的法则。我之所以与你交换,看中的不是你的人而是你的物。你若有我需要之物,我目中便有你,我便与你交换;你若无我需要之物,我便目中无你,我自然不会与你交换或有互动。同时,市场之所以能够带来高效,就在于市场存有竞争,竞争的结果是优胜劣汰。市场之所以充满活力根源于此。市场的成功者自然是喜悦的,因为成功者可以获取更多的利润与占有更大的市场,但成功者的这种喜悦是建立在失败者的痛苦之上的。对此,以斯密为代表的古典自由主义有这样一个基本立场——"一种事业若对社会有益,就应当任其自由,广其竞争。竞争愈自由,愈普遍,那事业亦就愈有利于社会。"③总之,在资本主义社会里,"绝对的优先权给了毫无理性和没有道德的市场竞争"。④

市场的运行以及对市场法则的坚守便形成了市场正义。市场正义源自市场,自然便主张市场的合理性与现实性。市场作为社会资源的主要分配机制相较于其他的几种机制——强制、惯例、政府与教会⑤——具有一定的比较优

① [英]亚当·斯密:《国民财富的性质和原因的研究》上卷,郭大力、王亚南译,商务印书馆1972年版,第14页。

② 《马克思恩格斯全集》第1卷,人民出版社1956年版,第601页。

③ [英]亚当·斯密:《国民财富的性质和原因的研究》上卷,郭大力、王亚南译,商务印书馆1972年版,第303页。

④ [英]齐格蒙特·鲍曼:《个体化社会》,范祥涛译,上海三联书店2002年版,第99页。

⑤ 参见[美]哈里·兰德雷斯、大卫·C.柯南德尔:《经济思想史》,周文译,人民邮电出版社2014年版,第1—2页。

势。首先,市场是平等的。在市场中,规则对于每个人都是一样的,没有任何人可以成为规则之外,即市场做到一视同仁。同时,没有人会因其出身、外貌与性别被拒斥于市场之外。其次,市场是自由的,任何人都可以选择进入市场退出市场,没有人为的阻拦与障碍。同时,市场交易的主体可以选择以自己的方式来生产商品,只要他的商品能够为市场所认可。再次,市场是灵活的与高效的。市场具有着天然的自动反馈机制,市场可以根据市场行情的变化与价值规律的原则,调整商品生产的数量与种类,因而减少浪费的同时又提高了效率。最后,市场是公平的。市场的公平在于市场支持交换的正义与比例的正义。市场是对努力生产市场所需要商品或服务的那些人的认可,是对其努力的回报,这是一种应被承认的“应得”。同时,市场又推崇规则与秩序,坚信和平而反对暴力、抢劫与欺诈,因而又具有形式正义。

对于资本主义社会中市场所形成的形式正义,我们应该做一全面的考察。在资本主义市场经济条件下,社会给普通人看似留下了许多选择空间且被赋予了诸种自由。但实质上,对于普通人而言,这些权利与自由是非常有限的且难以实现与保存的。英国学者詹姆斯·斯蒂芬指出资本主义社会人的现实权利事实上有这样四种规定:“一、你不可犯罪;二、你不可犯错;三、你要履行自己的契约;四、你和你的家人可以保留你能够得到的一切。”①这是资本主义社会中对人的权利真实且具体的规定与保障。从表象上看,它凸显了人的自由与平等,它保障了人的主体性与能动性,因而具有一定的历史进步性。不过,如果仔细分析其中的第四点——“你和你的家人可以保留你能够得到的一切”,我们就会发现资本主义社会内在的矛盾。“你和你的家人可以保留你能够得到的一切”这一规定从表象上看是对所有人的财产与自由的肯定、维护与保障,似乎它是公平的与正义的。然而,如果要对此进行深入的思考,我们就会发现问题,“你和你的家人可以保留你能够得到的一切”恰恰是对社会不

① [英]詹姆斯·斯蒂芬:《自由·平等·博爱:一位法学家对约翰·密尔的批判》,冯克利、杨日鹏译,广西师范大学出版社2007年版,第183页。

公平与不正义的一种彻彻底底的保障与维护。这是因为每一个人(每一个家庭)在社会之中事实上所获得物品的类型与数量注定是不同的。如果这个人是强者,他所获得物品的类型多且物品的数量大,那么,他的生活以及他家人的生活必然会是十分美好的;如果这个人是弱者,他所获得物品的类型少且物品的数量小,那么,他的生活以及他家人的生活必然会是十分糟糕的。因而,在保障与维护个人私有财产神圣不可侵犯的社会中,个体要想活下去或过上过得去的生活唯一可行的方法便是在市场竞争中超过他人,成为市场竞争中的优胜者,舍此无他途,除非选择出家抑或自杀。当然,还有一种方式是抗争,不过抗争往往是无果的。同时,抗争一般又会触犯第一条"你不可犯罪"规定,因而个体就会因此而受到惩罚。

总之,市场公平只是形式公平而非实质公平,市场只支持交换正义并不支持再分配正义与补偿正义。市场所遵行的原则就是"适者生存,优胜劣汰"。市场对成功者的奖励是丰厚的,市场对于失败者的惩罚是残酷的。那些竞争中的成功者,享受着人们的欢呼与膜拜;那些竞争中的失败者,会被社会无情地遗忘与忽视——哪怕他们曾经也是成功者。其实,市场只在表象意义上是平等自由的,市场的平等自由是不平等的平等自由。市场虽是有效的,但市场却不是万能的。市场不能公平地分配财富,它会造成人与人之间占有可支配性资源的巨大差异。另外,市场也不会注重环境保护与生态正义。正因为如此,阿瑟·奥肯才说道:"我为市场欢呼;但是我的欢呼不会多至两次。金钱尺度这个暴君限制了我的热情。一旦有机会,它会扫尽其他一切价值,并建立起一个自动售货机式的社会。"①

二、有形的手:国家与制度正义

"在所有的模式当中,国家是最重要的。在所有模式当中,它是最高级

① [美]阿瑟·奥肯:《平等与效率》,王奔洲、叶南奇译,华夏出版社1987年版,第105页。

的，这是因为，正像费希特所说的铁环一样，它综合了所有模式；因为它是人类最有自我意识、最为训练有素和最为秩序坦然的状态。”①国家在社会生活中起着至关重要的作用，国家对于公平与正义的实现起着决定性的作用。首先，政府是规则的主要制定者，是社会权利与义务安排的发起者、决定者、监督者与执行者。制度的善、制度性承诺以及公民制度性信仰的确立均与政府制定规则的初始正义紧密相连。其次，在制度运行中，政府是程序正义的监督者与保证人，社会的实质正义是离不开程序正义的，程序不公，则正义不达。再次，政府是实现社会补偿正义与实质正义的最佳角色。这是因为：①政府掌握着社会资源，政府有能力实现社会资源的再分配；②政府有着行之有效的体系、组织与人员，能够将正义由理念顺畅地、及时地通过“物与服务”化为现实；③政府拥有切实可行的方法，比如税收、财政与金融等方法。

中肯地讲，国家不是从来就有的，国家也未必就是至善的存在。国家是人类社会发展到一定阶段后的产物。国家的核心功能是统治，但为了维系统治阶级的统治，国家还要进行社会治理——国家将人与事加以“调控”。凡是将人与事“调控”的“好”与“恰当”的国家便是“好”的国家，便是具有合法性的国家，便是为人们所接受与认同的国家。人们对于国家的职能与作用以及国家合法性的认知与评判是有一个过程乃至于是有所反复的。

早期自由主义者尽管对政府具有某种本能式的反感，但理性也告诉他们个体的便利、安全与秩序离不开政府。政府提供了秩序、稳定与安全，这些事实上是市场运行的前提与保障，因此，自由主义者事实上都是坚定的政府论者而绝不会是无政府主义者。“自由主义与无政府主义这两者之间毫无关系。自由主义的观点十分鲜明，这就是：没有强制措施，社会就会面临危险；为了保障人们的和平与合作，必须制定人们共同遵守的规则，必须保留暴力和威慑手

① ［英］以塞亚·柏林：《自由及其背叛》，赵国新译，译林出版社2005年版，第98页。

段,只有这样才不至于使任何人破坏社会秩序。”①不过,早期自由主义确是对于政府的作用及其职能有限定,相较于19世纪中后期的思想家,他们的确推崇“警察式的政府”与“最弱意义的国家”。“自由放任理论认为,根据这些条件,人应该绝对自由地互相竞争,以便他们最好的能力得以发挥,每个人得以感到必须为指引自己的生活负责,并最大限度地发挥他的丈夫气概。”②其实,这是一种误读,国家的作用不仅仅如此,国家介入经济、社会生活的范围与幅度只不过越来越深罢了,说国家从来就不介入经济与社会生活只是一种假设与幻想。亚当·斯密的确主张自由放任,对此,斯密有过一段非常经典的论述——“得以享受毫无限制的自由;最重要的是平等而公平的司法制度,使最下级英国人民的权利,为最上级英国人民所尊重,使各个人能保有各自的劳动果实,这样就对各种产业,给予最大而且最有效的鼓励。”③亚当·斯密的确竭力倡导市场这只“无形的手”发挥作用,但斯密并未否定政府这只“有形的手”的存在及其作用。首先,斯密认为政府要创制出能够确保社会公平竞争与公正对待的法律与政策。“一国君主,对其所属各阶级人民,应给予公正平等的待遇;仅仅为了促进一个阶级的利益,而伤害另一阶级的利益,显然是违反这个原则的。”④其次,斯密较早地提出了最低工资标准以保护劳动者。斯密认为工人的工资应有一不能逾越的底线——“符合一般人道标准的最低工资。”⑤尽管斯密没有明确谁来保障最低工资标准的实施,我们可以将其简单归于“公正的旁观者”或良心。不过若进一步追问,如何将此制度现实化、具

① [奥]路德维希·冯·米瑟斯:《自由与繁荣的国度》,韩光明等译,中国社会科学出版社1995年版,第76页。

② [英]霍布豪斯:《自由主义》,朱曾汶译,商务印书馆1996年版,第43页。

③ [英]亚当·斯密:《国民财富的性质和原因的研究》下卷,郭大力、王亚南译,商务印书馆1974年版,第181页。

④ [英]亚当·斯密:《国民财富的性质和原因的研究》下卷,郭大力、王亚南译,商务印书馆1974年版,第221页。

⑤ [英]亚当·斯密:《国民财富的性质和原因的研究》上卷,郭大力、王亚南译,商务印书馆1972年版,第62页。

体化以及程序化操作，事实上便只能依赖于政府了。最后，为了经济的发展与社会的稳定以及人的自由之实现，斯密主张由国家来实施强制性的义务教育。这是18世纪斯密对于国家与政府的职能与作用的主张。

到了19世纪中叶，作为功利主义思想家的密尔更是将国家与政府的职能与作用大大地向前推进了一步。密尔强调："不能认为，保护人身和保护财产是政府的唯一目的。政府的目的同社会联合的目的一样，是极为广泛的。凡扬善避恶的事，都是政府应该做的，既可以直接去做，也可以间接去做。"①接下来，密尔又论述了几项应由政府去做的事情：教育、保护儿童与青少年、规定劳动时间，济贫法，等等。总之，"国家逐渐承担起更多的角色，从一个掌握主权权威的法律、理性和权力组织，到调控和推进某些核心的经济运转，为人们提供情感上和物质上的支持，同时成为社会成员情感忠诚的对象"。②

19世纪末与20世纪初，关于国家的作用，在西方世界产生了极大的争议。鲍桑葵赞同黑格尔对于国家的颂扬，认为"国家的目的就是社会的目的和个人的目的——由意志的基本逻辑所决定的最美好的生活"。③ 霍布豪斯认为鲍桑葵的主张是对"十八世纪法国、十六世纪荷兰和十七世纪英国的民主观念与人道主义思想"④的一种政治反动，国家是手段而非目的，国家是人类的仆人而非主人，鲍桑葵犯了形而上学的国家论的主要错误。不过，即便是坚持自由主义立场的霍布豪斯也不得不强调"要维持个人自由和平等，就必须扩大社会控制的范围"。⑤ 国家的职责包括为正常健康的公民创造自食其力的条件，"一方面是提供获得生产资料的机会，另一方面是保证个人在共同

---

① ［英］约翰·穆勒：《政治经济学原理》下卷，胡企林、朱泱译，商务印书馆1991年版，第377页。

② ［美］特伦斯·鲍尔、［英］理查德·贝拉米：《剑桥二十世纪政治思想史》，任军锋、徐卫翔译，商务印书馆2016年版，第22页。

③ ［英］鲍桑葵：《关于国家的哲学理论》，汪淑钧译，商务印书馆1995年版，第191页。

④ ［英］L.T.霍布豪斯：《形而上学的国家论》，汪淑钧译，商务印书馆1997年版，第17页。

⑤ ［英］霍布豪斯：《自由主义》，朱曾汶译，商务印书馆1996年版，第49页。

库存中享有一份”。[①] 其实,霍布豪斯这一理解与罗尔斯的作为公平的正义的理念是颇为相似的。

随着资本主义的发展,资本主义逐渐由自由资本主义阶段向垄断资本主义阶段过渡,特别是资本主义国家开启了殖民贸易与殖民掠夺,政府与国家的在社会生活中的作用日渐增强。自19世纪末开始,自由主义者逐渐以福利和平等的名义强调国家干涉和家长主义政策,而这些恰恰是17世纪与18世纪的古典自由主义者所反对的。其实,我们前面所分析中已指出,即便如马尔萨斯、斯宾塞等社会达尔文主义者对《济贫法》作用与效果持相当的质疑,但也并未直接就否定《济贫法》及其存在的意义而是往往会有所保留。《济贫法》自1601年在英国产生后就长期存在,直到20世纪初英国的养老金制度、失业保险制度等法规相应出台才逐渐退出历史舞台,但它并未真正消亡,而是改头换面地仍然存在着——社会福利政策与社会福利制度。总之,通过上述分析,我们可以得出这样的结论,到了19世纪末与20世纪初,西方正义范式发生了如此的剧变——“过去的正义,致力于保证个人的财产权利和契约权利,而新的正义必须考虑怎样才能保障每个人的生活标准。这样共享文明的价值将构成一种完全可能的道义生活”。[②]

三、第三只手:慈善与社会正义

在社会资源的再分配之中,除了市场这只“无形的手”以及国家这只“有形的手”之外,事实上还存在“第三只手”——慈善。慈善是指个人和组织自发地、自愿地对贫困人员或陷入不利境遇的人进行无偿救助的行为。慈善既表现为人的善心善念又表现为人的善行善举,其实,慈善是善心善念与善行善举的同一与统一。慈善首先表现为人有悲天悯人、民胞物与的情怀,而慈

① [英]霍布豪斯:《自由主义》,朱曾汶译,商务印书馆1996年版,第89页。

② [美]伯纳德·施瓦茨:《美国法律史》,王军等译,法律出版社2007年版,第229页。

善更表现在人有惜老怜贫、救死扶伤之行动。慈善是个体与非政府组织自发与自愿进行的社会财富的第三次分配，某种程度上有助于消除两极分化，某种程度上有利于化解社会成员的怨恨，某种程度上有利于社会矛盾的缓和。

慈善是人道主义的表现。人文主义与人道主义是有所区别的。两者都承认与肯定人的理性与力量，肯定人的价值与尊严，肯定人的自主与自由。不过相较于人文主义而言，人道主义有着更多的悲天悯人的情怀，有着更多的对弱者的同情与关注的成分。因而，“所有社会道德中最重要的道德是人道主义。人道主义是其余一切道德的精髓”。① 人道主义是慈悲为本、善念为怀，人道主义强调仁爱、友善、慷慨与怜悯。人道主义是乐观主义的基石与支撑，它肯定了人世间的美好，推崇社会的发展与进步，相信人性之中的善端与善念。人道主义对于一切美好、公正而又合理的事物均持欢迎与开放之态度。人文主义强调的是人的伟大以及人类的伟大，强调的是人类的力量与进步。因而，人文主义者对于社会剥削与社会压迫并不必然表示反对，人文主义者对于社会中的弱势群体并不必然表示同情与关爱；而人道主义侧重于社会的公平与正义，因而对于社会剥削与社会压迫是持批评之立场的，对于社会弱势群体主张加以人文关怀与社会救助。无疑，洛克与斯密等大多数古典自由主义者既是人文主义者又是人道主义者。他们均肯定与推崇社会的进步，相信未来人类社会的美好；同时，他们对于社会中的贫困现象及其贫困者并不是熟视无睹、麻木不仁，而是给予了相当的关注。他们力图通过慈善与个人救济的方式实现弱者境遇的改善。洛克与斯密之后的空想社会主义者以及功利主义者无不主张对于社会低层人士加以救助。此外，即便是马尔萨斯与斯宾塞等社会达尔文主义者也并非完全没有同情与仁爱的主张。总之，尽管这些思想家及其流派主张各异，侧重点亦有所不同，但他们都在想方设法地解决不幸者不幸的

① ［法］霍尔巴赫：《自然政治论》，陈太先、眭茂译，商务印书馆1994年版，第40页。

生活，虽然目的与动机、初衷与本意可能各不相同，但从实际效果来讲均对弱者有所关爱与帮助，某些层面给社会带来了温暖与关心，一定程度上缓解了社会危机与矛盾，从而有利于社会的和谐与稳定。

虽然慈善能调节分配，慈善能缓和社会矛盾，慈善对社会正义之实现是有一定积极作用的，但慈善是社会资源的第三次分配，它不能代替同时也不应代替市场与政府在分配中的地位与作用。决定个体真实社会财富占有的是市场与市场法则所进行的初次分配，影响个体真实社会财富占有的是国家通过税收等手段所进行的第二次分配，慈善对于个体真实占有社会财富状况的影响是极其有限的，因此，寄望于第三次分配来解决财富占有不均以及社会公正的其他问题实质上是犯了本末倒置的错误了。

作为可支配性资源第三种分配方式的慈善本身作用的有限性具体表现在以下三个方面：第一，同情是个体情感的主观表达，因而同情具有偶然性而非必然性。人是有同情心，但“同情并不是一种强有力的感情”。① 对于某一事件，个体可以产生同情，可以表达同情；同时也可以不产生同情，也可以不表达同情。第二，同情的程度具有着差异性。尽管人们都是有同情心与利他心，但是事实上人们所表现出来的同情心与仁爱心的程度是有差异的。这种差异既可因情境的不同所产生，也可能因人的不同所产生，抑或由这二者兼而产生。生活实践告诉我们：人们的同情心、仁爱心并不是平等地分配的，爱有差等是一种很自然的现象。第三，个体慈善所起的作用是有限的。个体的能力也是有限度的。一个人即便其能力再大、财力再雄厚、同情心再强，但其救助他人的数量、时效、程度也不会是无限的。“许多经验已经证明，仅仅靠私人的力量来对付普遍的贫穷、不正义和不受控制的私利是靠不住的。”②正是由于上述这些缺点，人们逐渐认识到，欲实现社会的正义，是离不开个体的同情，但这

① ［美］约翰·罗尔斯：《正义论》，何怀宏等译，中国社会科学出版社 2009 年版，第 145 页。

② ［美］菲利普·塞尔兹尼克：《社群主义的说服力》，马洪、李清伟译，上海人民出版社 2009 年版，第 64 页。

种同情应由个体同情上升到制度同情。只有如此,才能超越个体同情的偶然性而达致必然性。在这一方面,罗尔斯有一个思想是非常值得注意的。罗尔斯认为西方文化传统中的“自由、平等、博爱”价值追求中,博爱仅仅是口号,缺少具体化的内容以及可操作性的措施,在社会生活中并没有合适的地位。因而,罗尔斯试图用他的差别原则来完善博爱,从而实现博爱的制度化——“博爱相应于差别原则”。① 罗尔斯的这一思想是极有价值的。不过,罗尔斯这一种主张事实上已超越了个人同情与慈善了,已不再是个体化的同情与慈善了,而成为制度化的同情与制度化的慈善——社会福利与保障制度了。

更为重要的是,对于近代西方学者倡导慈善的目的以及最终意图我们应该有清醒的认知。近代西方学者主张对弱者加以慈善、救济与帮助,提升社会弱者的福祉并不是否定个人主义与自由主义,而是要维系个人主义与自由主义;②对弱者加以慈善、救济与帮助,也并非一种平等主义的计划,它不仇视精英,也不蔑视精英,它仍然对于强者与英雄加以崇拜,仍然坚持社会达尔文主义的立场。因此,空想社会主义者以及其他资产阶级人道主义者将社会公平寄望于资本家与有钱人的良心发现——个体的慈善,既天真又可笑,既可悲又可叹。

总之,资本家对于弱者加以慈善、救济与帮助,提升社会弱者的福祉并不是要否定资本主义制度,而是要维系资本主义制度的运行。③

---

① [美]约翰·罗尔斯:《正义论》,何怀宏等译,中国社会科学出版社2009年版,第81页。

② 新自由主义的核心要素是:“社会的东西归社会这个原则(它本身是一个社会主义原则,但也可以从自由主义的信条中推导出来)并没有威胁到对一个更重要的自由主义原则——个性原则——的坚守。”(参见[英]迈克尔·弗里登:《英国进步主义思想:社会改革的兴起》,曾一璇译,商务印书馆2018年版,第122页。)

③ “决不能让人们贫困到被迫犯罪或危害社会的地步。按照这种贫困观,贫困不仅是穷人的不幸和苦难,更为重要的是,它还导致了社会不安并增加了社会成本。之所以存在贫困问题,是因为低收入者会为高收入者带来麻烦。”这一观点并非近代学者的原话而是当代印度学者阿马蒂亚·森的话(当然,这一观点阿马蒂亚·森本人并不认同)。不过,这样的主张却是西方近代学者主张救助弱者的主要理由。(参见[印]阿马蒂亚·森:《贫困与饥荒》,王宇、王文玉译,商务印书馆2001年版,第16页。)

尾　言　正义的历史与历史的正义

人们需要正义,人们追求正义。对于社会正义的渴望,已成为人们的社会性本能。个体的福祉、社会的进步、国家的安全、世界的和平以及环境的美好都离不开正义。不过,正义恰恰又是难以琢磨的,特别是我们越试图揭开正义的面纱、揭示正义自身的奥秘时,我们则发觉困难越大。但我们不能因此而止步,我们不能因此而停止对正义及其正义实现的探索。因为我们若真的觉得正义太玄远而不再对正义加以关注的话,那么,“人类就有退回到野蛮无知状态的危险”。①

一、何为正义:正义的内涵与类型

正义为何如此重要?我们有必要从人的生存本体论角度加以说明。从生存本体论的角度来看人,我们首先可以得出这样的结论:人是社会性的存在,人具有社会性。然而,人同时又是个体化的存在,人又具有非社会性,这看似矛盾,实则真实,个人与社会的矛盾大都源于此。正视而不是回避、正解而不是曲解人的社会性与非社会性的矛盾就成为人类社会以及人类思想史的一大主题。

① [美]E.博登海默:《法理学:法律哲学与法律方法》,邓正来译,中国政法大学出版社2004年版,第223页。

刘小枫认为19世纪后人类社会思想的主题是“社会的公义、自由的秩序、欲望的个体”。① 其实,任何人类社会都面临着秩序、正义与个体之间紧张的对立及其制度化的缓解。苏格拉底所追求的理想城邦如是,柏拉图所构思的理想国如是,耶稣所奋斗的上帝之城如是。而中国传统中的儒、墨、道法则莫不如是。其中,荀子对此做出的论述最为鲜明:“礼起于何也? 曰:人生而有欲,欲而不得,则不能无求。求而无度量分界,则不能不争;争则乱,乱则穷。先王恶其乱也,故制礼义以分之,以养人之欲,给人之求。使欲必不穷于物,物必不屈于欲。两者相持而长,是礼之所起也。”(《荀子·礼论》)礼就是规矩与秩序,礼就是群己权界的制度化安排。事实上,任何社会都是要通过“礼”来规训与教化其成员,使其组织成员认知、认同并遵守其角色与义务安排,成为该社会中合格的成员,这即个体的社会化。所以,任何社会事实上都重视各自社会的“礼”与“礼教”,都会对各自社会中出现的对“礼”背离的现象与行为加以惩戒——以使当事者悔改并给旁观者与后来人以警示。西方世界中被雅典人判处死刑的苏格拉底、被罗马帝国犹太行省总督钉死在十字架上的耶稣和1600年被烧死在罗马鲜花广场上的布鲁诺以及中国传统社会中的被孔子诛杀的少正卯、被明朝诛杀的何心隐和被清朝诛杀的金圣叹莫不如是。礼是规则与秩序,但是规则与秩序自身也有尺度对其加以衡量。这也就是说并不是任何一种规则与秩序都具有天然的、永恒的合理性。规则与秩序是要受到人们的诘问与评判的,而对规则与秩序加以拷问的则是正义。②

对于正义,人们众说纷纭。不过,对于正义我们首先应该明确正义是一种

① 刘小枫:《现代性社会理论绪论》,上海三联书店1998年版,第59页。

② 对于秩序与正义关系,博登海默做了相对较为完整的说明。他认为秩序侧重的是社会制度和法律制度的形式结构,而正义所关注的却是法律规范和制度性安排的内容,正义关注的是群体秩序或社会制度是否适合于实现其基本的目标。([美]E.博登海默:《法理学:法律哲学与法律方法》,邓正来译,中国政法大学出版社2004年版,第261页。)因而可见,秩序是有无的问题,在正义则是好坏的问题。从时间角度上讲,秩序有无的问题是第一性,而正义的问题则是第二性。而从价值序列上讲,正义的问题即制度好坏的问题优先于秩序的问题即制度有无的问题。

人为的德性，而不是自然的德性。正义更多关注的是此岸世界的合理性，而非彼岸世界的超越性。正义具有"这个世界"的价值，当然现实生活中也有所谓的来世惩罚正义，但这种正义只不过是现实世界正义的映象与回声罢了。关于正义的总体认知，我们可以借用博登海默的说法——正义是"一种态度、一种制度、一部法律、一种关系"。① 当然，我们有必要从多个角度对于正义的概念加以诠释。

第一，正义最初与最终的表现是正义感。其实，正义包含两个方面的内容：正义观与正义感。正义观，简单来讲就是人们对正义的看法与观点。正义观是关于正义与否的一种评判，因而正义观不仅是事实判断，更是一种价值判断。正义观从社会客观精神层面来讲就是社会的价值导向，社会常常用此来评判一种行为与制度，表明它支持什么、反对什么，否定什么或谴责什么。而正义感则是个体对于正义观的"得"与"化"以及对正义观的"显"与"现"。若从个体主观方面来讲，正义感是个体对于正义的主观意向，是个体对于正义的认知、评价、感受以及将其转化为行动的冲动。正义感的形成既依赖于外在的客观环境与社会风尚，更在于个体的理智直观与意志自由。正义感是正义的主观向度，它是一种向往公平的意愿与追求以及对不公平的愤懑与不满，正义感是正义的缘起与始基，没有正义感就不会有公正的行为与公正的制度。然而，仅仅具有正义感还不够，"推行正义的善意，还必须通过旨在实现正义社会的目标的实际措施和制度性手段来加以实施"。②

第二，正义的核心是利益及其利益的分配方式。基于正义的这一主题，按照不同的标准，正义可以做不同种类的划分：正义可以分为分配型正义、交换型正义与惩治型正义；正义可以分为形式正义、程序正义与实质正义；正义可

① ［美］E.博登海默：《法理学：法律哲学与法律方法》，邓正来译，中国政法大学出版社2004年版，第278页。

② ［美］E.博登海默：《法理学：法律哲学与法律方法》，邓正来译，中国政法大学出版社2004年版，第278页。

以分为初民社会的正义、农耕社会的正义与商业社会的正义；正义可以分为特权主义的正义、自由主义的正义与平等主义的正义；正义可以分为奴隶、农民、工人的正义与奴隶主、地主、资本家的正义；等等。

第三，正义所包含的内容是非常广泛的，它既指个体的正义，又指制度的正义，同时在更广泛的范围内还包含着超越互惠合作关系的范围的行动。作为个体的正义，按苏格拉底与柏拉图的观点而言就是做到了智慧、勇敢与节制的统一；若按亚里士多德的观点来看，个体的正义则是个体做到了一切德性的中道；若按休谟的观点来看，正义这种人为德性是在自爱与利己基础之上通过互惠合作的行动而展示出来的维护个体财产与自由的德性。作为制度的正义则是一种制度化的、社会化的“生活习惯”，制度化的、社会化的“生活习惯”的形成事实上有自发的社会演进与人为的理性建构两种方式。制度正义是社会正义的核心，也是我们研究的重点。这是因为社会正义能“告诉我们如何安排我们的关系，相互之间怎样行动才是正当的”。① 与此同时，还有一种超越了严格意义上的互惠合作意义的正义，它同样是一种合宜性的行为，不过是一种更高标准、更高要求的人际互动——它更多地具有单方面的奉献性而不要求对待的索取，这种正义便是穆勒所说的那种行为——“没有人在道德上有权利要求我们慷慨或者仁慈，因为我们对任何特定的个人都不负有践行这些美德的道德责任。”②

第四，正义是对现存不甚完满的生活世界的批判与申诉，又是对未来理想生活的向往与追求。不过，这种关于未来理想生活的想象应具有现实性。具有现实性的正义就是在人们的现实活动基础上能够实现的人们对于未来生活的各种预期。那么，现代性社会中人们预期的是什么样的正义呢，这种正义又有哪些功能呢？博登海默对此给出了一个中肯回答：唯有那些能“满足个人

① ［英］戴维·米勒：《社会正义原则》，应奇译，江苏人民出版社 2005 年版，第 29—30 页。
② ［英］约翰·穆勒：《功利主义》，徐大建译，上海人民出版社 2008 年版，第 51 页。

的合理需要和主张,并与此同时促进生产进步和提高社会内聚性的程度”①的正义方是值得人们去信奉、去践行与去维护的正义。这也就是说理想的正义要合理地处理好自我与他人、市场与国家、自由与平等、公平与效率、发展与代价、环境与资源等诸多方面的问题。一个正义的制度、一个理想的社会不仅仅要做到内部的公平,还要保障制度的稳定与安全,更要实现社会整体福祉的增长。这也就是说一个正义的社会,不仅仅是公平的,还是安全的与和谐的,更是繁荣与发展的。所以在评判制度正义的问题上,效率与效益是一极其重要的指标。

第五,任何正义理论都会把制度置于首要的位置,但我们又不能仅仅将制度正义作为考察社会正义的唯一根据。这是因为仅仅有了正义的制度并不必然带来正义的社会,我们不可陷入制度原教旨主义——“制度被赋予无上的优先地位,不受该制度所导致的实际后果的制约”。② 阿马蒂亚·森认为,启蒙运动之后西方世界关于正义理论形成了两大阵营:先验制度主义的正义研究与“着眼于现实”的正义研究。先验制度主义的正义研究致力于探究正义的本质且主要关注制度自身的正确,先验制度主义者大多是契约论者,洛克、卢梭、康德等人为主要代表,力图通过理性先验地建立起某种正义的制度。而以斯密、孔多塞、边沁、密尔与马克思为代表的另一批学者则更为致力于对现实社会而并非局限于先验地去寻找绝对公正的社会,他们认为先验制度主义

---

① [美]E.博登海默:《法理学:法律哲学与法律方法》,邓正来译,中国政法大学出版社2004年版,第261页。其实,社会正义(主要是分配正义)的核心就是社会成员或群体成员之间进行社会善(权力、权利、利益、机会以及义务与代价等)配置的问题。社会善是西方伦理学的术语,在通常的意义上,社会善等同于“利益”。事实上,社会正义的所有问题都是围绕着利益而展开的。对此,我们应该清醒。正义及其正义问题的研究是现实世界中的现实问题。正义问题真实的起点恰如休谟所言,资源有限以及人的有限慷慨。因而,无视利益或超越利益,事实上就无所谓正义问题的存在。那种做法,就不是对正义及其正义问题解决的唯物主义的做法,它要么是不科学的唯心主义的,要么就是别有用心的假道学。

② [印]阿马蒂亚·森:《正义的理念》,王磊、李航译,中国人民大学出版社2012年版,第75页。

者认为只要有了完美的制度就万事大吉是一种简单化的思考，如何纠正不公正，如何通过种种努力来提高目前活生生的人的自由与福祉来促进公正这才是重中之重。①

二、认识正义：认知正义的科学方法

正义是如此的复杂，正义又是如此的繁多，因而人们往往会发出这样的追问——“谁之正义？何种合理性？”这种对于正义的追问既反映出人们对于正义的痴迷与执着，同时也反映出人们对正义问题的迷茫与困惑。

正义可知吗？正义当然是可知的。尽管正义在不同的社会有不同的形式与特质，但正义是人为之德，正义与否的问题源于人们对现实生活的反思与反省，正义仍然是可以认识、可以概括、可以交流的具有可公度性的概念。

正义如果是可知的，那么何种方法才能正确地认识正义呢？对于这一问题的解答，可以从许多角度来加以回应：增强理性、避免感性、克服局限、位置转换等，这些方法都是有用的，但这些方法都不能洞察正义的本质，揭示正义的发展的脉胳。唯一正确的方法就是唯物史观的方法。马克思与恩格斯与其他人不同之处就在于他们不是以人的思想意识说明社会历史而是从人的生产实践去解释历史，他们要求我们要从现实的人出发，到物质实践活动中去考察社会历史现象和解释观念。这无疑是正确的、科学的途径与方法。对于正义的认知，同样如此，这正如恩格斯所说的那样——“无论如何，在考察财富的分配时，我们最好还是遵循现实的客观的经济规律，而不要遵循杜林先生关于正义和非正义的一时的、易变的主观想象。”②

正义（此处与公平是相同意义来使用的）是对现实分配关系的一种评价，是一种价值判断。当人们说正义与不正义时，往往是从本身所处的位置（经

① 参见［印］阿马蒂亚·森：《正义的理念》，王磊、李航译，中国人民大学出版社2012年版，第4—8页。

② ［德］恩格斯：《反杜林论》，人民出版社2018年版，第166页。

济关系所决定的)而言的。由此,不同的社会集团就会对正义持不同的看法。不同的社会集团总是从自身利益出发提出各自的正义主张。由于每个社会集团都是以自己的正义尺度去衡量现存的分配关系,因而对于同一分配关系,一些人认为是正义的,而另一部分人则认为是不正义的。奴隶主与奴隶的正义观是不同的,农奴与封建主的正义观是不同的,工人与资本家的正义观也不同。“什么是‘公平的’分配呢?难道资产者不是断言今天的分配是‘公平的’吗?难道它事实上不是在现今的生产方式基础上唯一‘公平的’分配吗?难道经济关系是由法的概念来调节,而不是相反,从经济关系中产生出法的关系吗?难道各种社会主义宗派分子关于‘公平的’分配不是也有各种极不相同的观念吗?”①因此,正义是一阶级的概念。

正义是对历史事实的价值认知与价值判断,这种价值认知与价值判断会随着时代的发展、社会的进步而不断地加以转换与改变。这也就是说正义与否的判断具有社会历史性。恩格斯指出:“希腊人和罗马人的公平观认为奴隶制度是公平的;1789年资产者阶级的公平观则要求废除被宣布为不公平的封建制度。在普鲁士的容克看来,甚至可怜的专区法也是破坏永恒公平的。所以,关于永恒公平的观点不仅是因时因地而变,甚至也因人而异,它是如米尔柏格正确说过的那样‘一个人有一个理解’。”②因此,正义是一历史的概念。

正义的判断总是与自身利益密切相关,合乎自身利益、能够带来自身利益增加的社会与制度就具有现实性与合理性,就具有正义性;而不能给自己带来利益与好处的社会与制度就失去了现实性与合理性,就不具有正义性。对此,恩格斯进行了精彩的论证:“当一种生产方式处在自身发展的上升阶段的时候,甚至在和这种生产方式相适应的分配方式下吃了亏的那些人也会欢迎这种生产方式。大工业兴起时期的英国工人就是如此。不仅如此,当这种生产

① [德]马克思:《哥达纲领批判》,人民出版社2018年版,第12页。

② 《马克思恩格斯全集》第18卷,人民出版社1964年版,第310页。

方式对于社会还是正常的时候,满意于这种分配的情绪,总的来说,会占支配地位;那时即使发出了抗议,也只是从统治阶级自身中发出来(圣西门、傅立叶、欧文),而在被剥削的群众中恰恰得不到任何响应。只有当这种生产方式已经走完自身的没落阶段的颇大一段行程时,当它多半已经过时的时候,当它的存在条件大部分已经消失而它的后继者已经在敲门的时候——只有在这个时候,这种越来越不平等的分配,才被认为是非正义的,只有在这个时候,人们才开始从已经过时的事实出发诉诸所谓的永恒正义。"①因而,正义是一流变的概念。

三、正义的历史:正义谱系的知识考古

马克思在《〈政治经济学批判〉(1857—1858 年草稿)》中提到了三种不同的社会形态和交往方式:自然经济形态、商品经济形态与产品经济形态,与之相应的则有三种不同的人类交往方式:(1)以人的依赖关系或个人之间统治和服从关系为基础的交往;(2)建立在交换价值基础上的一切劳动产品、能力和活动的私人交换;(3)自觉联合起来的个人之间的自由交换。这三种交往方式与三个社会形态是对应的。② 根据马克思关于人类发展的三阶段说,我们可以把正义观历史分为三个基本形态:人的群体依赖性时代群体本位的正义观(古代正义观)、人的个人独立性时代个体本位的正义观(近代正义观)以及自由个性时代人类本位的正义观(社会主义与共产主义的正义观)。我们以马克思的这一思想逻辑对人类社会的正义观加以整体性的、宏观性的考察。

① [德]恩格斯:《反杜林论》,人民出版社 2018 年版,第 157—158 页。

② "人的依赖关系(起初完全是自然发生的),是最初的社会形态,在这种形态下,人的生产能力只是在狭窄的范围内和孤立的地点上发展着。以物的依赖性为基础的人的独立性,是第二大形态,在这种形态下,才形成普遍的社会物质交换,全面的关系,多方面的需求以及全面的能力的体系。建立在个人全面发展和他们共同的社会生产能力成为他们的社会财富这一基础上的自由个性,是第三个阶段,第二个阶段为第三个阶段创造条件。"(参见《马克思恩格斯全集》第 46 卷(上册),人民出版社 1979 年版,第 104 页。)

1. 人的群体依赖性时代群体本位的正义观

“我们越往前追溯历史，个人，从而也是进行生产的个人，就越表现为不独立，从属于一个较大的整体。”①在自然经济条件下，人类征服自然改造自然的能力是较低，个人从属于氏族、部落、或家族，个人被定位于整个家族和权力的附庸，个人很难以独立的身份进入社会交往。等级秩序、等级关系压抑着个人，从而形成了古代以等级为主的群体本位正义观。

在古代中国，强调尊卑高下的等级关系，认为君臣等级关系的存在是必要的，是天经地义的。孔子提倡“正名”，其目的就是要“君君，臣臣，父父，子子”(《论语·颜渊》)。儒家自古以来都强调社会等级存在之必要性，认为社会等级存在是合乎自然本性的。人并不是一个平等自由的人，人的社会本质就是他自己在所属的社会等级地位上表现出来的特征，每个人必须对自己所处之地位负起不可推卸的责任。因为等级差异在儒家看来是人类社会有秩序存在的既定前提，人的作用即是把他所处地位的社会功能充分发挥出来，以便做到“君君、臣臣、父父、子子”，这样才会使得整个社会得以稳定与和谐。由于社会等级的存在，自然就存在着等级正义观。孔子曾说过：“丘也闻有国有家者，不患寡而患不均，不患贫而患不安。盖均无贫，和无寡，安无倾。”(《论语·季氏》)但我们还应知晓孔子的本意并不是真正的均等而是按名分的差等。在古希腊，柏拉图认为构成人的材质是不同的，因而人的权利与地位也是不同的。不同的人依其性质居于国家的不同等级，各守其位，各尽其职，便能达到国家的正义，每个人自身内的各种品质在其范围内均起到各自的作用也达到了个人的正义。亚里士多德是古希腊对于正义研究最为系统、最为全面的学者，亚里士多德认为正义可以分为分配正义、矫正正义与交换正义三类。不过，亚里士多德认为雅典城邦中的人并非是平等的，只有雅典城邦中的公民

① 《马克思恩格斯全集》第46卷(上册)，人民出版社1979年版，第21页。

方能享有权利，雅典城邦中外邦人是无公民权的，而奴隶是会说话的工具，奴隶的“被奴役不仅有益而且是公正”。①

总之，这种正义观是建立在自然经济基础上的世袭等级制，它以人先天的出身、血统将人分为三六九等，上下有别，尊卑有序，不能僭越。为了维护这种不平等，奴隶主阶级和地主阶级都编出一套“君权神授”“出身高贵”的神话、谎言来愚昧、麻痹人民。长期奴化教育的结果，使统治阶级和被统治阶级都本能地认同这种不平等，让每个人“本能式”地认同这一点，接纳这一点，也默默地承受着这一点所带来的一切不合理性与不平等性，甚至将这一不合理、不平等认作是合理的、平等的。

2. 人的个人独立性时代个体本位的正义观

“主观自由的法，是划分古代和近代的转折点和中心点。”②近代社会是主体觉醒的社会与主体觉醒的时代，近代社会是主体的特殊性欲求获得自我满足的社会。单个的个人似乎已经从过去历史时代使他成为一定狭隘人群的附属物的自然联系中解脱出来了。个人成为一个自由的与自为的主体。对于这一历史进程，梅因将其描述为是从“身份到契约”的运动——“在以前，‘人’的一切关系都是被概括在‘家族’关系中的，把这种社会状态作为历史上的一个起点，从这一个起点开始，我们似乎是在不断地向着一种新的社会秩序状态移动，在这种新的社会秩序中，所有这些关系都是因‘个人’的自由合意而产生的”。③

在契约社会，人们通过契约设定人的权利义务关系，通过努力来获取财富、地位与荣誉；而不像身份社会那样，依靠出身继承特权。契约社会的基础是人的平等，契约社会的核心则是自由。因此在契约社会，人们推崇的是人人

① ［古希腊］亚里士多德：《政治学》，颜一、秦典华译，中国人民大学出版社 2003 年版，第 10 页。

② ［德］黑格尔：《法哲学原理》，范扬、张企泰译，商务印书馆 1961 年版，第 126—127 页。

③ ［英］梅因：《古代法》，沈景一译，商务印书馆 1959 年版，第 96 页。

平等和自由竞争。在近代商业社会中,人们通过契约设定人的权利义务关系,通过努力来获取财富、地位与荣誉;人们推崇的是人人平等和自由竞争,因此,以个体为本位的正义观开始盛行。个体本位的正义观承认他者,尊重财产,重视契约,强调法治;个体本位的正义观强调自由的至上性与个人权利神圣性,主张机会的均等与规则的平等;个体本位的正义观并不反对平等,而是十分注重平等与强调平等,不过这种平等更多的是政治上的平等、法律上的平等与机会的平等。至于说到财富上的平等,个体本位的正义观承认从财富占有源泉的角度上人的平等但并不主张人的真实占有财富的平等,如果真是这样的话,“平等倒反是不法了”。①

相对于古代社会的等级正义观而言,近代个体本位的正义观无疑是一个巨大的进步:第一,它至少在理论上承认了“人生而平等且自由”,因而使得社会告别独裁与专制走向民主与共和。第二,它承认基于个人能力和努力所带来的应得的差别,因而打破了社会阶层的固化并给社会带来生机与活力。第三,它讲求程序正义与形式正义,从而使得社会更加规范有序。不过,近代个体本位的正义观弊端与局限也是明显的:第一,市场公平大于社会公平,形式正义大于实质正义。第二,资本特权造就了人世间最大的不平等与不公正。第三,市场法则与资本逻辑的通行,造就了个体与自我、个体与他人、个体与社会、人与环境的紧张与对立。面对着近代个体本位的正义观的难题,西方思想家们也曾试图加以解决。不过,由于其阶级立场的局限性,他们是无法真正解决这一难题的。

3. 自由个性时代人类本位的正义观

马克思和恩格斯运用唯物史观,科学地指出人类社会的发展规律:资本主义社会必然灭亡,共产主义社会必然胜利。共产主义社会是物质财富极大涌

① [德]黑格尔:《法哲学原理》,范扬、张企泰,商务印书馆 1961 年版,第 58 页。

现的社会,共产主义社会是人的精神境界极大提升的社会,共产主义社会是人的自由和全面发展的社会,只有达到共产主义社会,社会正义的问题才能真正彻底地加以解决。

作为共产主义社会的第一阶段的社会主义社会同样面临着社会发展与社会分配等正义问题。如果说资本主义社会注重自由的话,那么社会主义社会更加注重平等。这种平等是全方位的平等,不仅仅是形式上的,更是实质上的;不仅仅是政治上的,更是经济上的;不仅仅是机会上的,更是实质上的。这也正如恩格斯所说:“平等应当不仅仅是表面的,不仅仅在国家的领域中实行,它还应当是实际的,还应当在社会的、经济的领域中实行。”①不过,由于社会主义生产力以及社会主义社会中人的精神境界未能达到共产主义的高度,所以在社会主义社会中通行的分配方式是“按劳分配”而非“按需分配”②,社会主义社会的经济制度以公有制为主,社会主义社会的分配方式是按劳分配。因而,在社会主义社会,仍然会出现效率与公平的矛盾,仍然会出现收入差距的现象。对此,我们应该重视而非回避,我们要通过发展生产、提高效率,创造公平与公正的社会环境,通过奋斗实现社会财富的“共创与共享”,最终向着美好而公正的共产主义社会前进。

四、正义的实现

消除贫困与贫穷、消灭剥削与压迫、实现社会的公平与正义,是几千年来人类的理想与梦想。对美好生活的向往与追求是人类社会共同的心愿。但关

---

① ［德］恩格斯:《反杜林论》,人民出版社 2018 年版,第 112 页。

② 马克思在《哥达纲领批判》一书中对按劳分配进行了详细的论证。尽管马克思认为按劳分配方式有不尽如人意的地方,“这里平等的权利按照原则仍然是资产阶级权利”,但在社会主义阶段只能采取按劳分配这种方式。“这些弊病,在经过长久阵痛刚刚从资本主义社会产生出来的共产主义社会第一阶段,是不可避免的。权利决不能超出社会的经济结构以及由经济结构制约的社会的文化发展。”(［德］马克思:《哥达纲领批判》,人民出版社 2018 年版,第 15、16 页。)

键是如何实现这一目标与心愿呢？在古代社会，在生产力低下的条件下，当人们数次奋起反抗不公正的社会与制度安排失败后，人们不得不将此种希望寄托于文学世界与艺术的想象之中。中国古代的“大同世界”与“桃花源”、西方世界的亚特兰蒂斯与阿里斯托芬在《鸟》中所塑造的“云中鹁鸪国”莫不如是。人类对于美好生活的第二种理论表达就是宗教。宗教之所以能够产生并吸引信徒，既在于其理论的玄远与神秘，更在于其构想出了与悲惨现实迥异的理想天堂。不过，文学与宗教往往只是或局限于臆想之中，或寄望于来世，因而，并不能真正地实现现实的正义。对于正义的向往与追求的第三种形态便是人道学派（博爱论者以及空想社会主义者）。但是人道学派将解决人们苦难生活的希望寄望于有产者的同情与悲悯情怀之上。这只能是一种空想，他们的想法无异于与虎谋皮；更为重要的是，“博爱论者以为，他们是在严肃地反对资产者的实践，其实，他们自己比任何人都更像资产者”。①

正义的实现离不开对资本主义世界不正义的声讨与批判。我们要对资本主义社会的不公正不正义发出勇敢的质疑与呐喊。正义的实现离不开现实斗争。“如果我们确信现代劳动产品分配方式以及它造成的赤贫和豪富、饥饿和穷奢极欲尖锐对立的状况一定会发生变革，只是基于一种意识，即认为这种分配方式是非正义的，而正义总有一天一定要胜利，那就糟了，我们就得长久等待下去。”②同时恩格斯又说“这种诉诸道德和法的做法，在科学上丝毫不能把我们推向前进；道义上的愤怒，无论多么入情入理，经济科学总不能把它看做证据，而只能看做象征”。③ 为了实现人的自由和全面的发展，实现社会的公平与正义，我们必须要进行不断的现实斗争。

统观人类社会的历史，人们的权利是人们争取而来的。在探寻劳工之所以会取得相应的社会地位的改善的原因时，汉娜·阿伦特指出，“之所以能在

① 《马克思恩格斯选集》第1卷，人民出版社1995年版，第155页。

② ［德］恩格斯：《反杜林论》，人民出版社2018年版，第166页。

③ ［德］恩格斯：《反杜林论》，人民出版社2018年版，第158页。

相对较短时间,且常常处于十分不利的形势下获得巨大的潜力,乃在于这样一个事实:不管所有的话语和理论观点如何,他们都是政治舞台上唯一一支不仅捍卫自己的经济利益,而且进行一场成熟的政治斗争的团体”。[①] 权利的获取、维护、保障与救济,都是离不开抗争,因而斗争是重要的,斗争是必要的。对此,马克思说道:“我们并不向世界说:‘停止斗争吧,你的全部斗争都是无谓之举’,而是给它一个真正的斗争口号。”[②]

总之,我们要积极行动,勇于斗争,善于斗争,摆脱自然界与人类自身所给予的双重限制,为建立没有阶级对立与对抗的共产主义社会而奋斗,为实现人的自由和全面的发展而努力。

---

① ［美］汉娜·阿伦特:《人的境况》,王寅丽译,上海人民出版社 2009 年版,第 170 页。

② 《马克思恩格斯全集》第 1 卷,人民出版社 1956 年版,第 418 页。

参考文献

（以作者姓名汉语拼音为序排列）

第一部分

《马克思恩格斯全集》，中共中央马克思恩格斯列宁斯大林著作编译局编译，人民出版社，第1版。

《马克思恩格斯选集》第1—4卷，中共中央马克思恩格斯列宁斯大林著作编译局编译，人民出版社1995年版。

《1844年经济学哲学手稿》，中共中央马克思恩格斯列宁斯大林著作编译局编译，人民出版社2018年版。

《1848年至1850年的法兰西阶级斗争》，中共中央马克思恩格斯列宁斯大林著作编译局编译，人民出版社2018年版。

《德意志意识形态》，中共中央马克思恩格斯列宁斯大林著作编译局编译，人民出版社2018年版。

《法兰西内战》，中共中央马克思恩格斯列宁斯大林著作编译局编译，人民出版社2018年版。

《反杜林论》，中共中央马克思恩格斯列宁斯大林著作编译局编译，人民出版社2018年版。

《共产党宣言》，中共中央马克思恩格斯列宁斯大林著作编译局编译，人民出版社2018年版。

《哥达纲领批判》，中共中央马克思恩格斯列宁斯大林著作编译局编译，人民出版社2018年版。

《家族、私有制和国家的起源》,中共中央马克思恩格斯列宁斯大林著作编译局编译,人民出版社 2018 年版。

《路易·波拿巴的雾月十八日》,中共中央马克思恩格斯列宁斯大林著作编译局编译,人民出版社 2018 年版。

《社会主义从空想到科学的发展》,中共中央马克思恩格斯列宁斯大林著作编译局编译,人民出版社 2018 年版。

《资本论》,中共中央马克思恩格斯列宁斯大林著作编译局编译,人民出版社 2018 年版。

第二部分

曹玉涛:《分析马克思主义的正义论研究》,人民出版社 2010 年版。

慈继伟:《正义的两面》,三联书店 2014 年版。

陈宜中:《何为正义》,中央编译出版社 2016 年版。

戴剑波:《权利正义论:基于法哲学与法社会学立场的权利制度正义理论》,法律出版社 2007 年版。

邓晓臻:《马克思的正义思想探究》,中国社会科学出版社 2015 年版。

邓正来、郝雨凡:《转型中国的社会正义问题》,广西师范大学出版社 2013 年版。

丁建定:《英国济贫法制度史》,人民出版社 2014 年版。

董玉荣:《资源平等分配的社会正义观研究》,江苏大学出版社 2015 年版。

高兆明:《伦理学理论与方法》,人民出版社 2005 年版。

高兆明:《制度公正论》,上海文艺出版社 2001 年版。

高兆明:《心灵秩序与生活秩序:黑格尔〈法哲学原理〉释义》,商务印书馆 2014 年版。

高兆明:《政治正义:中国问题意识》,人民出版社 2014 年版。

高瑞泉:《平等观念史论略》,上海人民出版社 2018 年版。

龚群:《西方道义论与功利主义》,中国人民大学出版社 2004 年版。

顾肃:《自由主义基本理念》,中央编译出版社 2003 年版。

何怀宏:《公平的正义——解读罗尔斯〈正义论〉》,山东人民出版社 2001 年版。

何怀宏:《契约伦理与社会正义》,中国人民大学出版社 1993 年版。

何怀宏:《自由》,三联书店 2017 年版。

何怀宏:《平等》,三联书店 2017 年版。

贺金社:《简明经济学:回归亚当·斯密的幸福和谐框架》,上海人民出版社 2016

年版。

何增科:《公民社会与第三部门》,社会科学文献出版社 2000 年版。

胡波:《社会正义的思想追寻》,黑龙江教育出版社 2013 年版。

李海青:《公民、权利与正义:政治哲学基本范畴研究》,知识产权出版社 2011 年版。

李惠斌、李义天:《马克思与正义理论》,中国人民大学出版社 2010 年版。

李惠斌:《全球化与公民社会》,广西师范大学出版社 2003 年版。

李季璇:《从权利到权力:洛克自然法思想研究》,江苏人民出版社 2017 年版。

李强:《自由主义》,东方出版社 2015 年版。

厉以宁:《资本主义的起源》,商务印书馆 2003 年版。

刘军宁:《自由与社群》,三联书店 1998 年版。

刘军宁:《经济民主与经济自由》,三联书店 1997 年版。

刘军宁:《共和 · 民主 · 宪政》,上海三联书店 1998 年版。

刘小枫:《现代性社会理论绪论》,上海三联书店 1998 年版。

柳平生:《当代西方经济正义理论流派》,社会科学文献出版社 2012 年版。

罗国杰、宋希仁:《西方伦理思想史》,中国人民大学出版社 1985 年版。

蒋志红、黄其洪:《马克思批判性正义观研究》,人民出版社 2016 年版。

靳凤林:《追求阶层正义:权力、资本、劳动的制度伦理考量》,人民出版社 2016 年版。

吕世伦、文正邦:《法哲学论》,中国人民大学出版社 1999 年版。

彭富明:《马克思恩格斯正义批判理论研究》,中央编译出版社 2013 年版。

强昌文:《契约伦理与权利》,山东人民出版社 2007 年版。

秋风:《法治》,三联书店 2017 年。

申林:《柏拉图正义理论新解》,法律出版社 2011 年版。

唐士其:《国家与社会的关系》,北京大学出版社 l988 年版。

万俊人:《正义为何如此脆弱》,经济科学出版社 2012 年版。

王广:《正义之后:马克思恩格斯正义观研究》,江苏人民出版社 2010 年版。

王海明:《新伦理学》,商务印书馆 2001 年版。

王海明:《公正与人道》,商务印书馆 2010 年版。

王沪宁:《政治的逻辑》,上海人民出版社 1993 年版。

王立:《正义与应得》,中国社会科学出版社 2019 年版。

王莹、景枫:《经济学家的道德追问:亚当 · 斯密伦理思想研究》,人民出版社 2001

年版。

王玉峰:《城邦的正义与灵魂的正义:对柏拉图〈理想国〉的一种批判性分析》,北京大学出版社 2009 年版。

王凤才:《承认 · 正义 · 伦理:实践哲学语境中的霍耐特政治伦理学》,上海人民出版社 2017 年版。

王增收:《论自由主义正义的限度及超越:从马克思到 G.A.柯亨》,中国社会科学出版社 2014 年版。

文长喜:《正义:政治哲学的视界》,黑龙江大学出版社 2010 年版。

吴忠民:《社会公正论》,山东人民出版社 2004 年版。

夏勇:《人权概念起源》,中国政法大学出版社 1992 年版。

熊秉元:《正义的效益:一场法学与经济学的思辨之旅》,东方出版社 2016 年版。

姚文胜:《利益均衡:推进社会公平的路径建议》,法律出版社 2012 年版。

姚大志:《何谓正义:当代正文政治哲学研究》,人民出版社 2007 年版。

姚大志:《平等》,中国社会科学出版社 2017 年版。

袁祖社:《实践与公正:马克思的哲学价值观研究》,中国社会科学出版社 2014 年版。

应齐:《从自由主义到后自由主义》,三联书店 2003 年版。

应齐、刘训练:《后柏林的自由观》,江苏人民出版社 2007 年版。

余斌:《〈资本论〉正义:怎样理解资本主义》,广西人民出版社 2014 年版。

张凤阳:《现代性的谱系》,南京大学出版社 2004 年版。

张秀:《多元正义与价值认同》,上海人民出版社 2012 年版。

张翠梅:《论罗伯特 · 诺齐克之资格正义理论》,科学出版社 2009 年版。

赵海洋:《马克思正义思想研究》,上海人民出版社 2016 年版。

周辅成:《西方伦理学名著选辑》,商务印书馆 1987 年版。

周濂:《正义的可能》,中国文史出版社 2016 年版。

周谨平:《机会平等与分配正义》,人民出版社 2009 年版。

周秋光、曾桂林:《中国慈善简史》,人民出版社 2006 年版。

周仲秋:《平等观念的历程》,海南出版社 2002 年版。

周志刚:《中国社会正义论》,中国社会科学出版社 2012 年版。

朱大鹏:《社会主义正义观研究》,中国社会科学出版社 2014 年版。

朱学勤:《书斋里的革命》,云南人民出版社 2006 年版。

朱贻庭:《中国传统伦理思想史》,华东师范大学出版社 2021 年版。

第三部分

[美]摩狄曼·J.阿德勒:《六大观念》,陈珠泉、杨建国译,团结出版社1989年版。

[美]布鲁斯·A.阿克曼:《自由国家的社会正义》,董玉荣译,译林出版社2015年版。

[英]阿克顿:《自由史论》,胡传胜等译,译林出版社2001年版。

[英]阿克顿:《自由与权力:阿克顿勋爵论说文集》,侯健、范亚峰译,商务印书馆2001年版。

[美]汉娜·阿伦特:《人的境况》,王寅丽译,上海人民出版社2009年版。

[法]雷蒙·阿隆:《论自由》,姜志辉译,上海译文出版社2007年版。

[美]乔伊斯·阿普尔比:《无情的革命:资本主义的历史》,宋非译,社会科学文献出版社2014年版。

[美]阿瑟·奥肯:《平等与效率》,王奔洲、叶南奇译,华夏出版社1987年版。

[法]保罗·阿扎尔:《欧洲思想的危机:1680—1715》,方颂华译,商务印书馆2019年版。

[德]路德维希·艾哈德:《来自竞争的繁荣》,祝世康、穆家骥译,商务印书馆1983年版。

[美]苏珊·李·安德森:《密尔》,崔庆杰、陈会颖译,中华书局2014年版。

[英]布莱恩·巴里:《正义诸理论》,孙晓春、曹海军译,吉林人民出版社2004年版。

[英]布莱恩·巴利:《作为公道的正义》,曹海军、允春喜译,江苏人民出版社2008年版。

[法]菲·邦纳罗蒂:《为平等而密谋》,陈叔平译,商务印书馆1989年版。

[德]弗里德里希·包尔生:《伦理学体系》,何怀宏、廖申白译,中国社会科学出版社1988年版。

[德]米歇尔·鲍曼:《道德的市场》,肖君、黄承业译,中国社会科学出版社2003年版。

[英]齐格蒙特·鲍曼:《个体化社会》,范祥涛译,上海三联书店2002年版。

[英]齐尔格特·鲍曼:《通过社会学去思考》,高华等译,社会科学文献出版社2002年版。

[英]齐格蒙·鲍曼:《生活在碎片之中:论后现代道德》,郁建兴等译,学林出版社2002年版。

[英]齐格蒙特·鲍曼:《后现代伦理学》,张成岗译,江苏人民出版社 2003 年版。

[英]齐格蒙特·鲍曼:《流动的现代性》,欧阳景根译,上海三联书店 2002 年版。

[美]特伦斯·鲍尔、[英]理查德·贝拉米:《剑桥二十世纪政治思想史》,任军锋、徐卫翔译,商务印书馆 2016 年版。

[英]鲍桑葵:《关于国家的哲学理论》,汪淑钧译,商务印书馆 1995 年版。

[英]理查德·贝拉米:《重新思考自由主义》,王萍等译,江苏人民出版社 2005 年版。

[美]汤姆·L.彼彻姆:《哲学的伦理学》,雷克勤等译,中国社会科学出版社 1990 年版。

[古希腊]柏拉图:《理想国》,郭斌和、张竹明译,商务印书馆 1986 年版。

[英]卡尔·波普尔:《开放社会及其敌人》,郑一明等译,中国社会科学出版社 1999 年版。

[英]J.R.波尔:《美国平等的历程》,张聚国译,商务印书馆 2010 年版。

[英]以赛亚·伯林:《自由论》,胡传胜译,译林出版社 2003 年版。

[英]以赛亚·伯林:《自由及其背叛》,赵国新译,译林出版社 2005 年版。

[英]埃德蒙·柏克:《自由与传统:柏克政治论文选》,蒋庆等译,商务印书馆 2001 年版。

[美]理查德·J.伯恩斯坦:《根本恶》,王钦、朱康译,译林出版社 2015 年版。

[法]米歇尔·博德:《资本主义史 1500—1980》,吴艾美等译,东方出版社 1986 年版。

[美]E.博登海默:《法理学:法律哲学与法律方法》,邓正来译,中国政法大学出版社 2004 年版。

[美]克里斯托弗·博姆:《道德的起源:美德、利他、羞耻的深化》,贾拥民、傅瑞蓉译,浙江大学出版社 2015 年版。

[法]路易·勃朗:《劳动组织》,何钦译,商务印书馆 1983 年版。

[英]边沁:《政府片论》,沈叔平等译,商务印书馆 1995 年版。

[美]唐纳德·布莱克:《自由、市场和国家》,徐昕、田璐译,浙江人民出版社 2009 年版。

[美]布坎南:《自由、市场和国家》,吴良健等译,北京经济学院出版社 1988 年版。

[法]马克·布洛赫:《封建社会》,张绪山译,商务印书馆 2004 年版。

[美]斯蒂芬·埃里克·布隆纳:《重申启蒙》,殷杲译,江苏人民出版社 2006 年版。

[英]亚历山大·布罗迪:《苏格兰启蒙运动》,贾宁译,浙江大学出版社 2010 年版。

[英]C.D.布劳德:《五种伦理学理论》,田永胜译,中国社会科学出版社 2002 年版。

[日]村上泰亮:《反古典的政治经济学:进步史观的黄昏》,张季风、丁红卫译,北京大学出版社 2013 年版。

[美]罗伯特·A.达尔、布鲁斯·斯泰恩布里克纳:《现代政治分析》,吴勇译,中国人民大学出版社 2012 年版。

[美]罗纳德·德沃金:《认真地对待权利》,信春鹰、吴玉章译,中国大百科全书出版社 1998 年版。

[美]罗纳德·德沃金:《至上的美德》,冯克利译,江苏人民出版社 2003 年版。

[英]约翰·邓恩:《洛克》,方尚芩译,译林出版社 2020 年版。

[英]彼得·狄肯斯:《社会达尔文主义》,涂骏译,吉林人民出版社 2005 年版。

[英]H.T.狄金森:《十八世纪英国的大众政治》,陈晓律等译,商务印书馆 2015 年版。

[美]威尔·杜兰特:《哲学的故事》,金发燊等译,三联书店 1997 年版。

[美]道格拉斯·多德:《资本主义及其经济学》,熊婴译,江苏人民出版社 2013 年版。

[法]傅立叶:《傅立叶选集》第 1 卷,汪耀三译,商务印书馆 1959 年版。

[美]约翰·菲兹帕特里克:《密尔的政治哲学》,万绍红译,人民出版社 2014 年版。

[美]J.范伯格:《自由、权利和社会正义》,王守昌、戴栩译,贵州人民出版社 1998 年版。

[美]埃里希·弗罗姆:《健全的社会》,王人庆等译,国际文化出版公司 2003 年版。

[美]埃里希·弗罗姆:《逃避自由》,刘林海译,国际文化出版公司 2007 年版。

[美]米尔顿·弗里德曼:《资本主义与自由》,张瑞玉译,商务印书馆 2004 年版。

[英]迈克尔·弗里登:《英国进步主义思想:社会改革的兴起》,曾一璇译,商务印书馆 2018 年版。

[英]塞缪尔·弗莱施哈克尔:《分配正义简史》,吴万伟译,译林出版社 2010 年版。

[英]亚当·弗格森:《文明社会史论》,林本椿、王绍祥译,浙江大学出版社 2010 年版。

[英]弗格森:《道德哲学原理》,孙飞宇、田耕译,上海人民出版社 2003 年版。

[美]威廉.K.弗兰克纳:《伦理学》,关键译,三联书店 1987 年版。

[法]马可·弗勒拜伊:《经济正义论》,肖江波等译,中国人民大学出版社 2016 年版。

[德]约瑟夫·福格尔:《资本的幽灵》,史世伟等译,中国法制出版社 2014 年版。

［美］威廉·A.盖尔斯敦:《自由多元主义》,佟德志、庞金友译,江苏人民出版社2008年版。

［比］弗朗索瓦·冈绍夫:《何为封建主义》,张绪山、卢兆瑜译,商务印书馆2018年版。

［英］威廉·葛德文:《政治正义论》,何慕李译,商务印书馆1980年版。

［英］葛德文:《论财产》,何清新译,商务印书馆2013年版。

［美］大卫·雷·格里芬:《后现代精神》,王成兵译,中央编译出版社1998年版。

［法］邦雅曼·贡斯当:《古代人的自由与现代人的自由》,阎克文、刘满贵译,上海人民出版社2005年版。

［德］哈贝马斯:《合法化危机》,刘北成、曹卫东译,上海人民出版社2000年版。

［德］哈贝马斯:《重建历史唯物主义》,郭官义译,社会科学文献出版社2000年版。

［英］哈耶克:《通往奴役之路》,王明毅等译,中国社会科学出版社1997年版。

［英］哈耶克:《自由秩序原理》,邓正来译,三联书店1997年版。

［英］哈耶克:《致命的自负》,冯克利等译,中国社会科学出版社2000年版。

［美］劳伦斯·E.哈里森:《自由主义的核心真理:政治如何能改变文化并使之获得拯救》,严春松译,吉林出版集团有限责任公司2010年版。

［法］哈列维:《哲学激进主义的兴趣:从苏格兰启蒙运动到功利主义》,曹海军译,吉林人民出版社2006年版。

［英］哈夫洛克:《希腊人的正义观》,邹丽、何为等译,华夏出版社2016年版。

［美］琼·哈利法克斯:《美德反思:行善的边界与智慧》,苑东明译,中国人民大学出版社2020年版。

［美］罗伯特·海尔布罗纳:《几位著名经济思想家的生平、时代和思想》,蔡受百等译,商务印书馆1994年版。

［美］汉密尔顿等:《联邦党人文集》,程逢如等译,商务印书馆1980年版。

［美］阿瑟·赫尔曼:《苏格兰:现代世界文明的起点》,启蒙编译所译,上海社会科学院出版社2016年版。

［英］赫胥黎:《进化论与伦理学》,宋启林等译,北京大学出版社2010年版。

［德］黑格尔:《法哲学原理》,范扬、张企泰译,商务印书馆1961年版。

［德］黑格尔:《精神现象学》,贺麟、王玖兴译,商务印书馆1979年版。

［德］黑格尔:《历史哲学》,王造时译,上海书店出版社2001年版。

［德］黑格尔:《哲学史讲演录》第1、2、4卷,贺麟、王太庆译,商务印书馆1960年版。

[德]黑格尔:《哲学史讲演录》第3卷,贺麟、王太庆译,商务印书馆1959年版。

[德]威尔福莱德·亨氏:《被证明的不平等:社会正义的原则》,倪道钧译,中国社会科学出版社2008年版。

[英]霍布斯:《利维坦》,黎思复、黎建弼译,商务印书馆1985年版。

[英]霍布豪斯:《自由主义》,朱曾汶译,商务印书馆1996年版。

[英]L.T.霍布豪斯:《形而上学的国家论》,汪淑钧译,商务印书馆1997年版。

[法]霍尔巴赫:《自然政治论》,陈太先、眭茂译,商务印书馆1994年版。

[德]霍内特:《为承认而斗争》,胡继华译,上海人民出版社2005年版。

[美]怀特:《拯救亚当·斯密》,彭一勃等译,机械工业出版社2004年版。

[美]科利斯·拉蒙特:《人道主义哲学》,贾高建等译,华夏出版社1990年版。

[英]保罗·卡特莱奇:《实践中的古希腊政治思想》,陶力行译,华夏出版社2016年版。

[美]亚历克斯·卡里尼克斯:《平等》,徐朝友译,江苏人民出版社2003年版。

[美]马泰·卡林内斯库:《现代性的五副面孔》,顾爱彬、李瑞华译,商务印书馆2002年版。

[美]约翰·凯克斯:《反对自由主义》,应奇译,江苏人民出版社2005年版。

[英]坎南:《亚当·斯密关于法律、警察、岁入及军备的演讲》,陈福生、陈振骅译,商务印书馆1962年版。

[英]G.D.H.柯尔:《社会主义思想史》第1卷,何瑞丰译,商务印书馆1977年版。

[德]康德:《实践理性批判》,韩水法译,商务印书馆1999年版。

[德]康德:《道德形而上学原理》,苗力田译,上海人民出版社1986年版。

[德]康德:《法的形而上学原理》,沈叔平译,商务印书馆1991年版。

[德]康德:《历史理性批判文集》,何兆武译,商务印书馆1990年版。

[美]科恩:《论民主》,聂崇信、朱秀贤译,商务印书馆1988年版。

[英]G.A.科恩:《拯救正义与平等》,陈伟译,复旦大学出版社2014年版。

[美]刘易斯·A.科塞:《社会学思想名家:历史背景和社会背景下的思想》,石人译,中国社会科学出版社1990年版。

[德]彼得·科斯洛夫斯基:《伦理经济学原理》,孙瑜译,中国社会科学出版社1997年版。

[美]伊斯雷尔·柯兹纳:《市场过程的含义》,冯兴元等译,中国社会科学出版社2012年版。

[新西兰]杰弗雷·库珀特:《作为恰当性的正义》,马新晶译,江西人民出版社

2020年版。

[法]安德烈·孔特—斯蓬维尔:《小爱大德》,吴岳添译,中央编译出版社1998年版。

[美]凯斯·R.孙斯坦:《自由市场与社会正义》,金朝武等译,中国政法大学出版社2002年版。

[美]约瑟夫·克罗普西:《国体与经体:对亚当·斯密原理的进一步思考》,邓文正译,上海人民出版社2005年版。

[英]乔治·克劳德:《自由主义与价值多元论》,应奇等译,江苏人民出版社2006年版。

[法]基佐:《欧洲文明史》,程洪逵、沅芷译,商务印书馆2005年版。

[美]乔治·吉尔德:《财富与贫困:国民财富的创造和企业家精神》,蒋宗强译,中信出版社2019年版。

[英]安东尼·吉登斯:《现代性的后果》,田禾译,译林出版社2000年版。

[加]金利卡:《当代政治哲学》,刘莘译,上海三联书店2004年版。

[美]理查德·拉克曼:《不由自主的资产阶级:近代早期欧洲的精英斗争与经济转型》,郦菁等译,复旦大学出版社2013年版。

[英]马特·里德利:《理性乐观派:一部人类经济进步史》,闾佳译,机械工业出版社2016年版。

[美]哈里·兰德雷斯、大卫·C.柯南德尔:《经济思想史》,周文译,人民邮电出版社2014年版。

[法]皮埃尔·勒鲁:《论平等》,王允道译,商务印书馆1988年版。

[法]保罗·利科:《论公正》,程春明译,法律出版社2007年版。

[法]卢梭:《论人类不平等的起源与基础》,李常山译,商务印书馆1962年版。

[法]卢梭:《社会契约论》,何兆武译,商务印书馆2003年版。

[英]史蒂文·卢克斯:《道德相对主义》,陈锐译,中国法制出版社2013年版。

[英]洛克:《政府论》上篇,瞿菊农、叶启芳译,商务印书馆1982年版。

[英]洛克:《政府论》下篇,叶启芳、瞿菊农译,商务印书馆1964年版。

[英]洛克:《自然法论文集》,李季璇译,商务印书馆2014年版。

[英]洛克:《论宗教宽容》,吴云贵译,商务印书馆1982年版。

[英]洛克:《人类理解论》,关文运译,商务印书馆1959年版。

[英]爱德华·乔纳森·洛:《洛克》,管月飞译,华夏出版社2013年版。

[意]多米尼克·洛苏尔多:《自由主义批判史》,王崇兴、张蓉译,商务印书馆2014

年版。

[美]约翰·罗尔斯:《正义论》,何怀宏等译,中国社会科学出版社1988年版。

[美]约翰·罗尔斯:《正义论》,何怀宏等译,中国社会科学出版社2009年版。

[美]约翰·罗尔斯:《政治自由主义》,万俊人译,译林出版社2000年版。

[美]约翰·罗尔斯:《作为公平的正义》,姚大志译,上海三联书店2002年版。

[美]约翰·E.罗默:《分配正义论》,张晋华、吴萍译,社会科学文献出版社2017年版。

[英]艾玛·罗斯柴尔德:《经济情操论:亚当·斯密、孔多塞与启蒙运动》,赵劲松、别曼译,社会科学文献出版社2019年版。

[美]内森·罗森堡、L.E.小伯泽尔:《西方现代社会的经济变迁》,曾刚译,中信出版社2009年版。

[瑞典]博·罗思坦:《正义的制度:全民福利国家的道德和政治逻辑》,靳继东、丁浩译,中国人民大学出版社2017年版。

[法]尼洛·马尔图切利:《现代性社会学》,姜志辉译,译林出版社2007年版。

[英]马尔萨斯:《人口原理》,朱泱等译,商务印书馆1992年版。

[英]马尔萨斯:《人口论》,郭大力译,北京大学出版社2008年版。

[英]马尔萨斯:《政治经济学原理》,厦门大学经济系翻译组译,商务印书馆1962年版。

[英]艾伦·麦克法兰:《英国个人主义的起源》,管可秾译,商务印书馆2008年版。

[英]麦克尼尔:《新社会契约论》,雷喜宁、潘勤译,中国政法大学出版社1994年版。

[英]麦考密克、[奥]魏因贝格尔:《制度法论》,周叶谦译,中国政法大学出版社1994年版。

[美]麦金太尔:《德性之后》,龚群等译,中国社会科学出版社1995年版。

[美]麦金太尔:《谁之正义?何种合理性?》,万俊人等译,当代中国出版社1996年版。

[美]阿拉斯代尔·麦金太尔:《伦理学简史》,龚群译,商务印书馆2003年版。

[美]卡洛琳·麦茜特:《自然之死》,吴国盛译,吉林人民出版社1999年版。

[英]梅因:《古代法》,沈景一译,商务印书馆1959年版。

[法]孟德斯鸠:《论法的精神》上册,张雁深译,商务印书馆1959年版。

[法]孟德斯鸠:《论法的精神》下册,张雁深译,商务印书馆1963年版。

[英]戴维·米勒:《社会正义原则》,应奇译,江苏人民出版社2005年版。

[英]戴维·米勒:《布莱克维尔政治思想百科全书》,邓正来等译,中国政法大学出版社 2011 年版。

[英]米尔恩:《人权哲学》,王先恒等译,东方出版社 1991 年版。

[英]约翰·米尔斯:《一种批判的经济学史》,高湘泽译,商务印书馆 2005 年版。

[奥]路德维希·冯·米瑟斯:《自由与繁荣的国度》,韩光明等译,中国社会科学出版社 1995 年版。

[英]约翰·密尔:《论自由》,许宝骙译,商务印书馆 1959 年版。

[英]密尔:《代议制政府》,汪瑄译,商务印书馆 1982 年版。

[英]蒂姆·莫尔根:《理解功利主义》,谭志福译,山东人民出版社 2012 年版。

[英]威廉·莫里斯:《乌有乡消息》,黄嘉德译,商务印书馆 1981 年版。

[英]约翰·穆勒:《功利主义》,徐大建译,上海人民出版社 2008 年版。

[英]约翰·穆勒:《政治经济学原理》上卷,赵荣潜等译,商务印书馆 1991 年版。

[英]约翰·穆勒:《政治经济学原理》下卷,胡企林、朱泱译,商务印书馆 1991 年版。

[美]玛莎·C.纳斯鲍姆:《寻求有尊严的生活:正义的能力理论》,田雪译,中国人民大学出版社 2016 年版。

[美]玛莎·C.纳斯鲍姆:《正义的前沿》,朱慧玲等译,中国人民大学出版社 2016 年版。

[美]托马斯·内格尔:《平等与偏倚性》,谭安奎译,商务印书馆 2016 年版。

[美]莱茵霍尔德·尼布尔:《道德的人与不道德的社会》,蒋庆译,贵州人民出版社 1998 年版。

[美]诺齐克:《无政府主义、国家与乌托邦》,何怀宏译,中国社会科学出版社 1991 年版。

[美]R.T.诺兰:《伦理学与现实生活》,姚新中等译,华夏出版社 1988 年版。

[美]道格拉斯·诺思:《经济史中的结构与变迁》,陈郁、罗华平译,上海三联书店 1994 年版。

[美]道格拉斯·诺斯、罗伯特·托马斯:《西方世界的兴起》,厉以宁、蔡磊译,华夏出版社 2014 年版。

[英]欧文:《欧文选集》第 1 卷,柯象峰等译,商务印书馆 1984 年版。

[英]欧文:《欧文选集》第 2 卷,柯象峰等译,商务印书馆 1984 年版。

[美]潘恩:《潘恩选集》,马潘槐等译,商务印书馆 1982 年版。

[法]阿兰·佩雷菲特:《官僚主义的弊害》,孟鞠如等译,商务印书馆 1981 年版。

[比]亨利·皮朗:《中世纪欧洲经济社会史》,乐文译,上海人民出版社 1964 年版。

[法]蒲鲁东:《贫困的哲学》,余叔通、王雪华译,商务印书馆 1998 年版。

[美]亨利·乔治:《进步与贫困》,乐文译,商务印书馆 2010 年版。

[法]萨伊:《政治经济学概论》,陈福生、陈振骅译,商务印书馆 1963 年版。

[美]乔·萨托利:《民主新论》,冯克利、阎克文译,东方出版社 1998 年版。

[美]乔治·霍兰·萨拜因:《政治学说史》,盛葵阳、崔妙因译,商务印书馆 1986 年版。

[英]唐纳德·萨松:《欧洲社会主义百年史:二十世纪的西欧左翼》,姜辉等译,社会科学文献出版社 2013 年版。

[美]迈克尔·桑德尔:《公正:该如何做是好?》,朱慧玲译,中信出版社 2011 年版。

[印]阿马蒂亚·森:《以自由看待发展》,任赜、于真译,中国人民大学出版社 2002 年版。

[印]阿马蒂亚·森:《伦理学与经济学》,王宇、王文玉译,商务印书馆 2000 年版。

[印]阿马蒂亚·森:《贫困与饥荒》,王宇、王文玉译,商务印书馆 2001 年版。

[印]阿马蒂亚·森:《正义的理念》,王磊、李航译,中国人民大学出版社 2012 年版。

[印]阿马蒂亚·森、[英]伯纳德·威廉姆斯:《超越功利主义》,梁捷译,复旦大学出版社 2011 年版。

[美]菲利普·塞尔兹尼克:《社群主义的说服力》,马洪、李清伟译,上海人民出版社 2009 年版。

[德]马克斯·舍勒:《价值的颠覆》,罗悌伦等译,三联书店 1997 年版。

[法]圣西门:《圣西门选集》第 1 卷,王燕生等译,商务印书馆 1979 年版。

[美]伯纳德·施瓦茨:《美国法律史》,王军等译,法律出版社 2007 年版。

[美]列奥·施特劳斯:《自然权利与历史》,彭刚译,三联书店 2003 年版。

[美]列奥·施特劳斯:《霍布斯的政治哲学:基础与起源》,申彤译,译林出版社 2001 年版。

[德]沃尔夫冈·施特雷克:《资本主义将如何终结》,贾拥民译,中国人民大学出版社 2021 年版。

[英]丹尼斯·史密斯:《后现代性的预言家:齐格蒙特·鲍曼传》,萧韶译,江苏人民出版 2002 年版。

[英]亚当·斯密:《国民财富的性质和原因的研究》上卷,郭大力、王亚南译,商务印书馆 1972 年版。

[英]亚当·斯密:《国民财富的性质和原因的研究》下卷,郭大力、王亚南译,商务印书馆1974年版。

[英]亚当·斯密:《道德情操论》,蒋自强等译,商务印书馆2020年版。

[英]詹姆斯·斯蒂芬:《自由·平等·博爱:一位法学家对约翰·密尔的批判》,冯克利、杨日鹏译,广西师范大学出版社2007年版。

[英]赫伯特·斯宾塞:《论正义》,周国兴译,商务印书馆2017年版。

[英]赫伯特·斯宾塞:《社会学研究》,张宏晖、胡江波译,华夏出版社2001年版。

[英]赫伯特·斯宾塞:《社会静力学》,张雄武译,商务印书馆1996年版。

[英]赫·斯宾塞:《教育论》,胡毅译,人民教育出版社1962年版。

[荷]斯宾诺莎:《伦理学》,贺麟译,商务印书馆1983年版。

[荷]斯宾诺沙:《神学政治论》,温锡增译,商务印书馆1963年版。

[澳]J.J.C.斯马特、[英]B.威廉斯:《功利主义:赞成与反对》,牟斌译,中国社会科学出版社1992年版。

[加]查尔斯·泰勒:《现代性之隐忧》,程炼译,中央编译出版社2001年版。

[英]威廉·汤普逊:《最能促进人类幸福的财富分配原理的研究》,何慕李译,商务印书馆1986年版。

[美]弗兰克·梯利:《伦理学导论》,何意译,广西师范大学出版社2001年版。

[美]约翰·托马西:《市场是公平的》,孙逸凡译,上海社会科学院出版社2016年版。

[英]杰弗里·托马斯:《政治哲学导论》,顾肃、刘雪梅译,中国人民大学出版社2006年版。

[法]托克维尔:《论美国的民主》,董果良译,商务印书馆1988年版。

[法]托克维尔:《旧制度与大革命》,董果良译,商务印书馆1997年版。

[美]卡尔·威尔曼:《真正的权利》,刘振宇等译,商务印书馆2015年版。

[英]B.威廉斯:《伦理学与哲学的限度》,陈嘉映译,商务印书馆2017年版。

[英]哈罗德·威尔逊:《英国社会主义的有关问题》,李崇淮译,商务印书馆1966年版。

[德]马克斯·韦伯:《经济与社会》,林荣远译,商务印书馆1998年版。

[德]艾尔弗雷德·韦伯:《西洋哲学史》,詹文浒译,华东师范大学出版社2007年版。

[美]爱德华·希尔斯:《论传统》,傅铿、吕尔译,上海人民出版社2009年版。

[英]亨利·西季威克:《伦理学方法》,廖申白译,中国社会科学出版社1993年版。

［英］亨利·西季威克:《伦理学史纲》,熊敏译,江苏人民出版社 2008 年版。

［英］西尼尔:《政治经济学大纲》,蔡受百译,商务印书馆 1977 年版。

［瑞士］西斯蒙第:《政治经济学新原理》,何钦译,商务印书馆 1964 年版。

［古罗马］西塞罗:《国家篇 法律篇》,沈叔平、苏力译,商务印书馆 1999 年版。

［美］约瑟夫·熊彼特:《经济分析史》第 1 卷,朱泱等译,商务印书馆 1996 年版。

［美］约瑟夫·熊彼特:《经济分析史》第 2 卷,杨敬年译,商务印书馆 2001 年版。

［美］熊彼特:《资本主义、社会主义与民主》,吴良健译,商务印书馆 1979 年版。

［日］幸德秋水:《社会主义神髓》,马采译,商务印书馆 1963 年版。

［英］大卫·休谟:《人性论》,关文运译,商务印书馆 1980 年版。

［英］休谟:《道德原理探究》,王淑芹译,中国社会科学出版社 1999 年版。

［英］雪莱:《雪莱政治论文选》,杨熙龄译,商务印书馆 1981 年版。

［英］伊凡·亚历山大:《真正的资本主义》,杨新鹏等译,新华出版社 2000 年版。

［古希腊］亚里士多德:《尼各马科伦理学》,苗力田译,中国人民大学出版社 2003 年版。

［古希腊］亚里士多德:《政治学》,颜一、秦典华译,中国人民大学出版社 2003 年版。

［英］安东尼·德·雅赛:《重申自由主义》,陈茅等译,中国社会科学出版社 1997 年版。

［英］保罗·约翰逊:《知识分子》,杨正润等译,江苏人民出版社 1999 年版。

［加］戴维·约翰斯顿:《正义简史》,张安译,新华出版社 2018 年版。

［英］唐纳德·温奇:《亚当·斯密的政治学》,褚平译,译林出版社 2010 年版。

［美］帕特里夏·沃哈恩:《亚当·斯密及其留给现代资本主义的遗产》,夏镇平译,上海译文出版社 2006 年版。

［美］弗雷德里克·沃特金斯:《西方政治传统:近代自由主义之发展》,李丰斌译,广西师范大学出版社 2016 年版。

［加］艾伦·梅克辛斯·伍德:《西方政治思想的社会史:自由与财产》,曹帅译,译林出版社 2019 年版。

［加］艾伦·梅克辛斯·伍德:《西方政治思想的社会史:公民到领主》,曹帅译,译林出版社 2019 年版。

［奥］弗朗茨·M.乌克提茨:《恶为什么这么吸引我们?》,万怡、王莺译,社会科学文献出版社 2001 年版。

第四部分

James Wood Bailey, *Utilitarianism, Institutions, and Justice*, New York: Oxford University Press, 1997.

John R. Fitapatrick, *John Stuart Mill's Political Philosophy*, London: Continuum, 1988.

Athol Fitzgibbons, *Adam Smith's System of Liberty*, Wealth and Virtue, Clarendon Press, 2003.

Serge-Christophe Kolm, *Modern Theories Justice*, Cambridge, Massachusetts: The MIT Press, 1996.

Tibor R.Machan, *Individual and Their Rights*, La Salle, Illinois: Open Court Publishing Company, 1989.

Carlos Santiago Nino, *The Ethics of Human Rights*, Oxford: Clareddon Press, 1991.

Mariko Nakano-Okuno, *Sidgwick and Contemporary Utilitarianism*, Palgrave Macmillan, 2011.

Richard Norman, *Free and Equal*, New York: Oxford University Press, 1987.

John Rawls, *Lectures on the History of Political Philosophy*, Harvard University Press, 2008.

Peter Westen, *Speaking of Equality*, Princeton: Princeton University Press, 1990.